Idries Shah

Sufi-Wege zum Selbst

Aus dem Englischen von
Wieland Grommes

Eugen Diederichs Verlag

Die Originalausgabe erschien 1994 unter dem Titel
The Commanding Self
bei The Octagon Press, London

Die Deutsche Bibliothek – CIP-Einheitsaufnahme
Shah, Idries:
Sufi-Wege zum Selbst / Idries Shah. Aus dem Engl. von
Wieland Grommes. – 1. Aufl. – München: Diederichs, 1995
   (Diederichs Gelbe Reihe; 119: Islam)
   ISBN 3-424-01299-8
NE: GT

Umschlaggestaltung: Zembsch' Werkstatt, München
Produktion: Tillmann Roeder, München
Satz: Uhl + Massopust, Aalen
Druck und Bindung: Ebner, Ulm
Printed in Germany

ISBN 3-424-01299-8

Inhalt

Denken, Erfahrung und Lehre der Sufis 15

Das Beherrschende Selbst –
kulturelle und psychologische Probleme 22

EINFÜHRUNG

Der Höllenschlund ... 25
Der Zweck von Studium und Forschung 27

1. TEIL

Abgenutzte Techniken 33
Kundenfang und Erziehung 34
Sich selbst verstehen 35
Kritisieren und Lernen 38
Warum sollte ich mich auf einmal ändern? 39
Wissenschaft und Philosophie 43
  Das Badehaus 44
Menschliche Entwicklung 45
Der Wert der Suche 46
Die Welt 48
Die Abkürzung 50
Der Esel und das Kamel 50
Wie spät ist es? 52
Der Lehrer 52
Messer und Gabel ... 54
Mystische Formeln 54
Wiederholbare Experimente 56
Gefahren der Nachahmung 58
Die Maus und der Elefant 59
Gestalt und Gehalt von Sufi-Geschichten 60

Von höchster Wichtigkeit   61
Wie es wirklich ist   62
Fehlinterpretation   62
Entrinnen   63
Innerer ›Leerraum‹   64

2. Teil

Drei wesentliche Formen menschlichen
Organisierens und Lernens   67
»Auf dem Rücken eines Esels...«   68
Der richtige Moment   71
Schicksal und Handlungen   71
Denk an das Ende   74
Die abenteuerlustigen Frösche   76
Hitze und Durst   77
Die Unterhaltung der Vögel   78
Einbildung   79
Die Vögel   80
Wissen oder Experiment?   80
Süßes Wasser   82
Direktes und indirektes Lernen   83
Die Truhen   83
Mit dem Lernen beginnen   85
Der Rat und das Suchen   86
Der hohe Preis des Lernens   89
Wen imitieren Sie?   92
Das Tieferliegende wirkt sich auf das
Oberflächliche aus   93
Unsicherheit, Unzufriedenheit, Verwirrung   94
Annäherung an östliche Lehren   95
Meditation und andere Themen   97

3. Teil

Qualität, Quantität, Zeit   101
Geschmack   101

Richtiges und falsches Studieren 102
Vertrauen 104
  Alternative 104
  Augenbrauen 104
Belanglos 105
Wert gegen Geld 106
Granatfeuer 107
Gestohlenes Eigentum 109
Die fünf Tiere 109
Dein Beitrag und mein Beitrag 112
Das Argument der »Gabe« 113
Ameisen 114
  Wahre und falsche Lehrer . . . 115
Einen Lehrer finden 116
Wie man unterscheiden kann 117
Nachahmer 118
Heute versteht er . . . 118
Der Koch 122
Bedeutendes und unbedeutendes Tun 124
Wem gehören die Tiere? 125
  Menagerie 125
Intolerantes Verhalten von Sufis 126
  Der Reisende und das Badehaus 126
Unhöflich zu den Leuten 127
Eine weitere Tür öffnen 130
Wild und mild 131
Was ist ein Derwisch? 132
Der Derwisch und der Schüler 133
Derwisch, Sufi, Schüler 135
Der Zaubertrick 137
Was ein Lehrer ist 138
  Ich bin 139
Die Schachspieler 139
Eine Art zu lehren . . . 140
Das Seil 141
Weisheit des Westens 142

4. Teil

Heuchler 145
Unterwegs . . . 146
Das Leichenhemd hat keine Taschen 147
Beide Straßenseiten 148
Arzt und Patient 149
Die allergrößte Mühe 150
Der Mann, der Baum und der Wolf 151
Dualität 153
Zwei Schwerter 154
Opponieren und unterstützen 155
Rukhsa 157
Etikette 158
Gemeinschaftsgefühl 160
Schicksal 161
Ewig leben 162
Das Floß 163
Unmöglich 164
Aufrichtigkeit und Wahrheit 166
Reisen in den Osten 168
Der Zaubertrank Ahong-Ahoi 169
Bitte leise anklopfen 171
Uhrzeigersinn 172
Die Bedeutung von Worten und Erfahrungen 173
Die Verhältnisse des reichen Mannes 175
Autoschlüssel 176

5. Teil

Acht Analogien 179
Erstarrte Aufmerksamkeit 182
Unachtsamkeit 184
Einem seine wahre Natur zeigen 185
Heuchelei 188
Die Pointe verfehlt . . . 190
Unwesentlich 191

Grün und blau 191
Die Hindernisse 192
Unverdaut 194
  Goldstücke 194
Aprikosenpasteten 194
Be- und entladen 197
Traubendiät 199
Aufmerksamkeit 202
Wann ist Lernen nicht Indoktrination? 203
Verbindung zwischen den Traditionen 204
»Barbaren« 212
Der kultivierte Barbar 213
Wie man menschliche Entwicklung messen kann 215
Die Gesetze und der Lehrer 216
»Upper Class« 218
Rechtfertigung 219
  Der Mann, der keine Medikamente wollte 220
Die Maschine 221
Übersetzungen 221

6. TEIL

Fragen 223
Unaufmerksamkeit 224
Zyklisch 225
Warum Fragen gestellt werden 226
Warum die Leute Fragen stellen 228
Antwort 230
Keine Antwort 231
Briefe und Antworten 232
Rhetorik 234
Gespräche im Kopf behalten 235
Zu vage 236
Entmutigend 237
Die Bedeutung der Absicht 238
Natur 239

Das Boot   240
Oberflächliches Lesen   241
Schreiben   243
Der Schatten ohne den Baum   244
Derwisch-Literatur   245
Die Bedeutung von Biographien   246

7. Teil

Religiöse oder sufische Art der Darstellung   251
Was ist was?   252
Unbesiegbarer Unverstand   254
Sufi-Verhalten und Guru-Gebaren   259
Konditionierung   260
Täuschung   263
Götter und Geister   264
Gebet   266
Geister   267
Held oder Ignorant   268
Reklame   269
Das Volk Gottes   271
Leichter ...   271
Trottel   272
  Geschichte vom Spatz und dem Priester   273
Leid   273
Ersatz-Beschäftigungen   274
Im Notfall   275
Worauf sie reagieren   276
Levitation   276
Sie mit Wissenschaft blenden   278
Das »Two-Thirty«   279
Die Leute, die uns beeindrucken ...   280
  Der Baum, der Brunnen und der Sohn   281
Frömmigkeit   282
Glauben   283
Das menschliche Glauben   285

Der beste Beweis... 286
Spirituelle Lehrer 287
Gold spricht, nicht der Glaube 289
 Jesus und das Gold 289
Der Falter und der Ruß 291
Einnahme 292
Warnung 293
Wandernde Geschichten 294
Wunder... 295
Namen 296
Missionare 297
Reis-Christen 298

8. Teil

Heilige Rituale, Tänze, Zeremonien 299
»Zusammengehörigkeitsgefühl« 300
Anwesend sein 301
Die Mystiker 302
Yoga und Erleuchtung 303
Die ›Arbeits‹-Phase 304
Die ›Arbeits‹-Phase (II) 305
Antike Monumente 307
Besondere Bedeutungen des Dienens 308
Über das Erkennen... 310
Die geheime Bedeutung der Reinkarnations-Theorie 311
Gefahren des automatischen Argumentierens 313
Wie ich Sie sehe 315
Nicht für Sie 316
Voraussetzungen... 317
Telepathie 319
Neugier 320

9. Teil

Ein bißchen Anthropologie 321
Noch ein bißchen Anthropologie 322

Wie die Welt funktioniert   323
   Die Geschichte vom weinenden Welpen   323
Nagen   324
Des Fischers Nachbar   325
Denunzieren   326
Nichtigkeiten   327
Demut   328
Ein guter Rat   329
Analogie   330
Nett   330
Das Bewußtsein für das Gute   331
Wie viele Meilen . . .   333
Geduld, Glaube und Ehre   334
Der tapfere Händler-Ritter   337
Horten   341
Musik und das Gute   342
Hinter dem Bild   344
   Der Philosoph und die sündige Gasse   344
Der Pfad des Tadels   345
Perspektive   347
Besitz und besitzen   348
Probleme der Welt   349
Gegenleistung   351
Der Diamant   352
Empört   353
Der böse Geist und das glückliche Paar   354

ZUM AUTOR   356

»Nafs – *die niedere Seele oder Psyche; auch das Ich oder steuernde Selbst. Im Sinn von Seele bezeichnet es die Realität des Menschen, die zwischen dem Geist (ruh) und dem Körper vermittelt. In der Stunde des Todes wird die Seele durch das Urteil erlöst oder verdammt, während der Körper bis zum Tag der Auferstehung zurückbleibt. Als Ego verstanden, wirkt sie dem Wirken des Geistes des Menschen entgegen, indem sie dessen Strahlen trübt und nicht zum Vorschein kommen läßt.*«

Omar Ali-Shah, »*Sufismus für den Alltag*«

»*Das Vorwärtsschreiten auf dem Pfade, das von Reue und Enthaltsamkeit eingeleitet wird, besteht aus ständigem Kampf gegen die* nafs, *die ›Seele‹, das niedere Selbst, die niedrigen Triebe oder das, was wir im biblischen Sinne als ›das Fleisch‹ übersetzen können. Der Gläubige war im Koran ermahnt worden,* »den Ort seines Herren zu fürchten und die* nafs *an der Lust zu hindern*« (Sura 79/40). *Denn die* nafs *ist die Ursache für tadelnswerte Handlungen, Sünden und niedere Eigenschaften, und der Kampf mit ihr wird von den Sufis als der ›Größere Heilige Krieg‹ bezeichnet, denn* »der schlimmste Feind, den ihr habt, ist (die* nafs) *zwischen euren Seiten*«, *wie das* hadīth *sagt.*«

Annemarie Schimmel, »*Mystische Dimensionen des Islam*«

Denken, Erfahrung und Lehre der Sufis

Über die Sufis und den Sufismus wurden bereits Tausende von Büchern und Monographien geschrieben, fast alle jedoch aus dem Blickwinkel anderer Denkweisen. Das Ergebnis davon war Chaos in der Literatur und Konfusion bei den Lesern. Im Lauf der Jahrhunderte erlagen sogar einige der herausragendsten Gelehrten der Welt dem Trugschluß, sie könnten versuchen, das Phänomen *Sufi* durch die Brille kulturbedingt vorgefaßter Meinungen zu untersuchen, zu bewerten oder zu verstehen.

Vielleicht war all dies nicht einmal so töricht, wie es uns heute erscheint: Immerhin, wenn auch erst seit relativ kurzer Zeit, begannen die, die sich eingehend mit dem Thema befaßten, darunter auch Akademiker und spirituelle Menschen, zu erkennen, daß ihre Ansichten in der Vergangenheit gewöhnlich stark von Subjektivität und ungeprüften Annahmen beeinflußt waren. Obwohl das Pendel allmählich wieder zurückschwingt, herrscht jedoch unter Spezialisten wie Laien auch heute kein Mangel an Leuten, die weiterhin alles, inklusive die Sufis, auf jede andere als eine objektive Art betrachten.

Das Hauptproblem ist, daß die meisten Kommentatoren es gewohnt sind, spirituelle Schulen als »Systeme« zu betrachten, die einander mehr oder weniger gleichen und von Dogma und Ritual abhängen – insbesondere von ständiger Wiederholung und der Ausübung von konstantem, genormtem Druck auf ihre Anhänger.

Der Sufi-Weg ist jedoch – außer in degenerierten Formen, die man nicht als sufisch bezeichnen kann – etwas völlig anderes.

Eng verbunden mit dieser primären Fehlauffassung ist der allgemeine Eindruck, alles Spirituelle müsse stark von

Emotionen abhängen. Tatsächlich herrscht sogar bei den scharfsinnigsten Autoren eine ausgeprägte Konfusion zwischen Spiritualität und Emotionalität. Diese Begriffsverwirrung gibt es in der echten Sufi-Lehre und im wahren Studium des Sufi-Wegs dagegen nicht.

Die Fehlauffassungen, wofür die beiden genannten typisch sind, produzieren ein Denkschema, das absehbar zu unbrauchbaren Ergebnissen führt, wenn der Lernende versucht, mit seiner Hilfe an das Verständnis oder Studium des Sufismus heranzugehen. Gerade aus diesem Grund zeigt die Sufi-Literatur eine ausgeprägt ablehnende Haltung gegenüber Ultra-Formalismus, Denkfetischismus und übertriebener Vereinfachung, denn dies beeinträchtigt das Verständnis.

Sufis betrachten das Vermengen von primitiver Emotionalität und unangebrachten Assoziationen, was außenstehenden Pseudo-Beobachtern den Verstand verwirrt, als Wirkung des *Beherrschenden Selbst*.

Erst seit den fünfziger Jahren, d.h. mit der Entdeckung der weitreichenden Auswirkungen von Konditionierung, Gehirnwäsche und Verhaltenssteuerung, wurde die subjektive Natur nahezu aller Wege zum Wissen in dem Umfang erkannt, wie die Sufis dies seit Jahrhunderten zu beweisen versuchen.

Stets haben die Sufis nämlich gelehrt: »Überprüfe deine Behauptungen; meide mechanisches Denken; unterscheide zwischen Glauben kraft erwiesener Wahrheit und Glauben kraft festgefahrener Meinung.«

Der Sufi-Lehrer muß zuallererst jemand sein, der alle Stadien und Stufen des Weges, auf dem er seine Schüler zu führen gedenkt, selbst erfahren hat. Außenstehende Beobachter können nicht über den Sufismus an sich, sondern nur über seine äußerlichen Erscheinungsformen diskutieren. Es fehlt ihnen sowohl an Erfahrung als auch an der Fähigkeit, zwischen seinen wirklichen und seinen degenerierten Formen zu unterscheiden. »Wer schmeckt, der weiß«, so lautet ein Spruch der Sufis. Dementsprechend kann einer, der nicht hineinschmeckt, auch nicht wissen.

Die Gültigkeit dieser Auffassung wird, und das ist ganz natürlich, von außenstehenden Beobachtern heftigst bestritten. Aber wenn ein unqualifizierter Mensch, dem es an der wesentlichen Erfahrung fehlt, auf irgendeinem Gebiet beschließt, »ein Experte zu werden«, so wird – und muß – der Fachmann, der die Erfahrung besitzt, auf dem Vorrang des tatsächlichen Wissens bestehen.

An dieser Stelle sei daran erinnert, daß man den Außenstehenden selbst (seien es Menschen der Spiritualität oder der Feder und Sprache) nicht einmal einen besonderen Vorwurf machen kann. Da sie von der Auffassung ausgehen, daß jeder wahllos alles erforschen kann, sind sie nämlich Opfer der Behauptungen ihrer eigenen Kultur. Dieser Ansatz ist zwar in vielen Disziplinen angemessen, nur haben sie hier ein Prinzip, das auf einem bestimmten Gebiet gültig ist, auf einen Bereich übertragen, wo dies nicht der Fall ist.

Im Gegensatz zu einem Außenstehenden kann der Sufi nicht mechanisch vorgehen, und er tut es auch nicht. Die Vermittlung der Botschaft und die Hilfe, die dem Lernenden erteilt wird, muß stets den Erfordernissen der Zeit, der betreffenden Kultur sowie dem Wesen und geistigen Potential des Lernenden entsprechend variiert werden.

Doch sobald wir dies feststellen, können wir erkennen, daß sich Organisation, Lehren und Lernen in der von Sufis praktizierten Form grundlegend von allen anderen »Systemen« unterscheiden.

Mit anderen Worten, der Sufi zielt auf eine Entwicklung ab und nicht darauf, konditionierte Reflexe hervorzurufen. Er trainiert nicht, er lehrt. Er greift ein, um der richtigen Person zur richtigen Zeit den richtigen Anreiz zu geben. Ein solches Vorgehen erscheint denen, die seine Zweckmäßigkeit nicht erkennen können, ebenso chaotisch, wie den Menschen, die gerade einer streng reglementierten Gesellschaft entronnen sind, der Lebensstil in manchen offenen

Gesellschaften unerträglich ordnungslos erscheint – und das ist in unseren Tagen keine Seltenheit.

Die Tendenz, nach Sicherheit und geregelten Verhältnissen zu streben, ist allen Menschen eigen. Das spiegelt sich in der Art wider, mit der sie sich an übertrieben vereinfachte Systeme klammern. Und es erklärt, weshalb viele Leute von Organisationen angezogen werden, die Autorität und Gewißheit bieten. Gegen Ordnung und Disziplin ist an sich nichts einzuwenden: im Gegenteil, beide sind wesentliche Grundbedingungen für alle menschlichen Zusammenschlüsse. Aber der Mißbrauch dieser Neigung auf Gebieten, wo von ihr keine Rede sein kann, verdünnt oder verzögert den Fortschritt. Es führt selbst bei den Diszipliniertesten zu dem unwohlen Gefühl: »Es muß auch noch etwas anderes geben...«

Und doch bewirkt der Umstand, daß man einer strengen Disziplin unterworfen ist, noch nicht von sich aus eine unbedingt gesunde Affinität zur Wahrheit. Es ist zu beobachten, daß unterdrückende, reglementierte oder streng intellektualistische Gesellschaften die verrücktesten Kulte und Verirrungen hervorrufen, die die Menschen nicht nur mit bestimmten Emotionen versorgen, sondern auch die Nachfrage danach erwecken.

Es gibt eine schier unüberschaubare Menge von Sufi-Lehren, zumeist in schriftlicher Form, und wenn sich diejenigen, die sich mit dem Sufismus eingehender befassen möchten, durch sie hindurchackern, wundern sie sich, weshalb diese so häufig voller Widersprüche stecken. Die Antwort ist einfach: All dieses Material ist weitgehend zeit- und kulturbedingt. Meistens wurde es zu bestimmten Zeiten und unter besonderen Bedingungen als Vorschrift für ein spezielles Publikum verfaßt. Die für die jeweilige Zeit relevanten Texte auszuwählen ist Aufgabe des Fachmanns. Der Versuch, das gesamte Material für sich zu nutzen, wäre so, als ob man ein Bündel medizinischer Rezepte nähme, die über Jahre hinweg den unterschiedlichsten Leuten verschrieben wurden, und sich aus diesem weitgehend unbrauchbaren Papierwust seine eigene Therapie zusammenbrauen würde – und dies ohne ein gewisses Maß an fundiertem medizinischem Wissen. Sufi-Lehren werden stets als Rezept *verschrieben*.

Die Passagen aus den klassischen Sufi-Schriften, Märchen und Geschichten der Meister, Briefe und Vorträge etc., die heute für den einzelnen oder die Gruppe Gültigkeit besitzen, müssen sehr bewußt und in geeigneter Weise ausgewählt und angewandt werden, und zwar von jemandem, der mit bestimmten Realitäten vertraut ist.

Diese Auffassung ist dem akademisch Arbeitenden besonders unliebsam, da er stets dazu neigt, jedes Stückchen Information, das er finden kann, sofort zu verwenden, anstatt zuerst einmal seine Anwendbarkeit auf die Gegenwart zu überprüfen. Er bewegt sich im Grunde in einer anderen Welt als der Sufi. Und doch beeinflußt seine Haltung sogar das allgemeine Lesepublikum.

Doch nicht nur der Gelehrte ist nicht gewillt, dieses Konzept zu akzeptieren, sondern auch der gewöhnliche Spirituelle fühlt sich dadurch in seinem Denken gehemmt. Er will nicht der Tatsache ins Auge sehen, daß Sufis häufig in einer Art und Weise vorgehen, die nach herkömmlicher Auffassung mit spirituellen Dingen überhaupt keine Ähnlichkeit hat. Der Umstand, daß der Sufi seine Lehre in einer Form verfassen und vermitteln muß, die auch eine Wirkung zeigt – und nicht in einer Form, die andere an etwas Spirituelles erinnert –, erweckt im konditionierten »frommen Gläubigen«, sofern sie wahrgenommen werden, Gefühle eines großen Unbehagens.

Und doch legen Sufis Wert auf die Feststellung, daß eine Verbundenheit mit traditionellen Formen überhaupt noch keine spirituelle Aktivität ist. Erst seit jüngster Zeit können sie auf die Erkenntnisse und Experimente der Soziologen und Psychologen zurückgreifen, um in einer heute üblichen Terminologie und somit in akzeptabler Form nachzuweisen, daß sehr viele »spirituelle Menschen« lediglich in dem Sinn religiös sind, daß sie dazu konditioniert wurden, auf bestimmte Dinge mit bestimmten Emotionen zu reagieren. Und daß solche Leute, anthropologisch ausgedrückt, kaum etwas anderes sind als Mitglieder eines Stammes. Diese Tatsachen, die von Sufis bereits vor Jahrhunderten schriftlich niedergelegt und vertreten wurden, werden heute von modernen Denkern für eine großartige neue Entdeckung gehalten...

Die angeblich gläubigen Menschen sind nach sufischen Begriffen (wie auch nach dem neuen Verständnis der heutigen Soziologen) Kultanhänger, aber kaum spirituelle Menschen im sufischen Sinn.

Die Verwendung von Autoritätsfiguren, kanonischer Literatur, Liturgie, Übungen, besonderen Gewändern sowie ähnlich genormte Elemente werden heute ganz offen als Ingredienzien von Trainingssystemen erkannt, die sich nur durch die jeweils verwendeten Ideen und Symbole voneinander unterscheiden.

Aber all diese Faktoren wirken so lähmend wie verwirrend und produzieren Köpfe mit Scheuklappen.

Die verblendeten Möchtegern-Sufis aller Jahrhunderte sind diejenigen, die zeitgebundene Lehrsituationen, Gleichnisse und ähnliches herangezogen und zu ewig gültigen »Wahrheiten«, »Übungen« und ähnlichem gestreckt haben. Diese Art Entwicklung – oder Auswuchs – hat es nicht nur in den als Sufi-Lehren bekannten, sondern auch in anderen Denkprojektionen gegeben. Dies ist die wahre Ursache der Existenz einer Vielzahl von Kulten und religiösen Gemeinschaften, die allgemein für echt und maßgeblich gehalten werden. In Wirklichkeit ist der Versteinerungsprozeß, den solche Gruppen darstellen, das genaue Gegenteil einer spirituellen Schule. Anstatt die Menschen weiterzuentwickeln, sperrt er sie ein, wie die Sufis nie müde wurden aufzuzeigen.

Dieser Prozeß ist bereits so weit fortgeschritten, daß in den meisten Kulturen die Imitation das Original so gut wie verdrängt hat. Betrachtet man gewisse existierende religiöse Kulte einmal näher (einige davon verfügen über viele Millionen Anhänger und besitzen mächtigen Einfluß), so gelangt man zu dem Ergebnis, daß man keinem einen Vorwurf machen könnte, wenn er diese degenerierte Form als Religion an sich betrachtet.

Als ich kürzlich einem berühmten spirituellen Führer diesen Standpunkt erläuterte, bekam ich zur Antwort: »Aber das Ganze *muß* doch wahr sein, sonst würden nicht so viele Menschen daran glauben.«

Er hatte sichtlich noch nichts von Greshams Gesetz gehört, das da lautet: »Das schlechte Geld verdrängt das gute.«

Ich sagte zu ihm: »Die Religion X hat doppelt so viele Anhänger wie die Ihre. Ihrer Logik zufolge müßte *diese* also die wahre sein. Ihr Erfolg beweist es. Weshalb treten Sie dann nicht dieser bei, anstatt in Ihrer zu bleiben?«

Damit hatte ich den Punkt erreicht, wo er anfing, mich anzubrüllen...

Bei den Sufis gibt uns die Entwicklung von »Orden« *(turuq)* ein deutliches Beispiel für den Prozeß, den ich gerade beschrieb. Von allen bedeutenden »Pfaden« unter den angeblichen Sufis von heute läßt sich nicht ein einziger in seinen Grundlagen zu dem Mann zurückverfolgen, der als sein Gründer genannt wird. Jeder dieser Orden entstand erst nach dessen Tod, wurde ausgehend von seinen speziellen Lehren, die er zu bestimmten örtlichen Zwecken verwendete, ausformuliert und entwickelte sich schon bald zu einem Kult. »Orden« sind jeweils an die Gegenwart gebunden und zeitlich begrenzt. Kein einziger wurde von seinem »Gründer« ins Leben gerufen. Wenn der Lehrer starb, versuchten dessen Schüler heroisch, doch irregeleitet, seine Lehren am Leben zu halten. Das Ergebnis davon ist uns bekannt.

Folgen Sie ihnen und Sie werden vielleicht eine hervorragende Kopie eines Menschen aus dem 13. Jahrhundert zustande bringen, aber das ist alles.

Schuld an all diesen Entstellungen – und noch schlimmeren Dingen –, die sich in den Sufi-Lehren und nicht nur dort hartnäckig gehalten haben, ist die Präsenz und das Wirken des *Beherrschenden Selbst.*

Es liegt nicht in unserer Absicht, das Beherrschende Selbst zu zerstören oder zu unterminieren. Doch das Wirken der Sufis besteht darin, immer wieder zu fragen: Beherrscht es Sie oder beherrschen Sie es?

Das Beherrschende Selbst – kulturelle und psychologische Probleme

Das kulturelle Milieu des Westens liefert mehr als das des Ostens den Hintergrund zu einer Geisteshaltung, die das Beherrschende Selbst fördert. Lehrmethoden, die für Menschen des Ostens bestimmt sind, können sehr wahrscheinlich negative Auswirkungen haben, wenn sie von Menschen des Westens übernommen werden.

Kurz gesagt, die östliche Tradition, so lange zu lernen, bis man von einem Lehrer die Erlaubnis erhält, selbst zu lehren (eine alte Tradition, die im Abendland noch in den »Lehrlings«- und »Gesellen«-Stufen sowie in der Verleihung von akademischen »Graden« fortlebt), hat in vielen nicht-akademischen Bereichen des Westens keine Anhänger.

Nach dem Grund dafür braucht man nicht lange zu suchen. Im Westen legt man Wert auf die Eile, darauf, etwas zu erwerben und dann weiterzugeben (z. B. Produkte oder Ideen, nachdem man ihren Wert gesteigert hat). In spirituellen, psychologischen und anderen Kreisen führte dies dazu, daß die Leute bereits zu lehren, erläutern, behandeln, heilen und kommunizieren versuchen, bevor sie in geeigneter Weise dazu ausgebildet sind.

Die Tatsache, daß im Westen jeder x-Beliebige als Sachverständiger, Lehrer, Therapeut oder Berater praktizieren kann, macht diesen Fehler noch schlimmer.

Stets wendig und raffiniert, verschließt das Beherrschende Selbst dem Individuum den Blick dafür, daß es bereits zu rennen versucht, bevor es gehen kann. Sobald die Leute gutheißen, was der Betreffende macht, wird dies als Qualitätsprädikat für seine Rolle mißdeutet. Der Grund dafür ist gewöhnlich nur der, daß manche Leute aufgrund ihres Wesens oder ihrer Ausbildung eben abhängige Naturen sind.

Dies ist in der Tat die Entwicklungsgeschichte vieler Kulte und der meisten Menschen, die weit über ihr jeweils gültiges Können hinaus berühmt geworden sind.

Irgend jemand hat die Rechnung dafür zu bezahlen. Manchmal müssen sogar sehr viele dafür bezahlen. Der Grund dafür ist, daß die gerade skizzierte Situation innerlich instabil ist. Streß im Innern des Individuums führt zu Leid und Schmerzen, manchmal sogar zum Zusammenbruch. Streßsituationen sind das Ergebnis des Kampfes zwischen der Eitelkeit, so gut sie auch verborgen sein mag, und dem inneren Wissen, daß die vermeintliche Persönlichkeit nicht echt ist, daß sie zu rennen versucht, bevor sie gehen kann.

Dieser Situation ist schwer beizukommen. Das Beherrschende Selbst wird verbissen darum kämpfen, sich zu behaupten und den Leidenden davon zu überzeugen, daß die Symptome Wesenselemente seiner Persönlichkeit sind. Der Leidende wird sich beständig einbilden, er sei unfähig, wieder auf den Boden zu kommen und bescheidener, demütiger, weniger überheblich zu werden, weil er das Gefühl hat, dies würde eine Entleerung seiner Persönlichkeit bedeuten.

Das Beherrschende Selbst kann jedoch auch als eine Art Parasit betrachtet werden, der zuerst die Persönlichkeit vollkommen macht, dann bestimmte Teile davon an sich reißt und schließlich im Kostüm der Persönlichkeit selbst auftritt.

Zusammenbrüche von Kommunikation sind ein häufiges Ergebnis. Wenn Sufi-Lehrer dieses Syndrom beschreiben, wird ihnen häufig der Vorwurf gemacht, sie würden den einzelnen niederhalten, indem sie ihm sagen: »Sie sind noch nicht reif«, um ihre Autorität zu bewahren. Dieser Vorwurf ist jedoch gegenstandslos, solange es nicht eine Fülle von Beweisen gibt, die ihn stützen können; und wenn es sie gibt, dann ist der angebliche Lehrer überhaupt kein Sufi.

Und wie lautet die Antwort? Sich Zeit lassen und dienen, anstatt einen Platz am Totempfahl anzustreben. Daher leiten die Sufi-Lehrer die Eitelkeit aus dem spirituellen Bereich heraus, indem sie ihre Schüler dazu anhalten, das Wirken des Beherrschenden Selbst auf irgendein wertvolles weltliches Ziel zu konzentrieren – und daneben in Bescheidenheit und ohne Eigenwerbung das Studium des Sufi-Weges fortzusetzen.

Einführung

Der Höllenschlund ...

Eine junge Engländerin, die man gegen viele Erfahrungen des Lebens abgeschirmt hatte, fand sich eines Tages im glitzernden Foyer eines Londoner Theaters wieder.

Sie war noch nie in einem Theater gewesen und daher nahezu völlig unvorbereitet auf das, was sie zu sehen bekam. Alles, was sie zu Hause an Indoktrination erhalten hatte, war eine emotionale Frömmigkeit, die genährt wurde von den *delights of heaven* – »Freuden des Himmels« – und den Schrecknissen des *pit of hell* – des »Höllenschlundes«.

Das verschwenderische Dekor des Foyers, in dem sie auf ihre schützenden Begleiter warten mußte, die die Billets abholen gingen, war eine völlig neue Umgebung für sie. Die Menschen waren ihr nicht nur alle fremd, sondern auch in einer verwirrend bunten Farbenpracht gekleidet und zeigten ein lebhaftes, weltgewandtes Auftreten, was sie mit nichts in ihrem eigenen Leben in Zusammenhang bringen konnte.

Mitten in der Benommenheit, die all diese Eindrücke in ihr erzeugten, fiel plötzlich ihr Blick auf ein Hinweisschild, und wie versteinert las sie die Aufschrift: »*The Pit*«.

Was hätte sie anderes tun können, als einen Schrei des Entsetzens auszustoßen, fluchtartig aus dem Theater zu stürzen und auf schnellstem Wege in inbrünstigem Gebet Trost und Vergebung zu suchen? Genau das tat sie auch – ohne zu ahnen, daß das grauenhafte Wort, das sie gelesen hatte, hier nicht »Höllenschlund« bedeutete, sondern ganz einfach: »Orchestergraben«!

Ist diese Geschichte ein Märchen? Keineswegs, sondern sie stand als Korrespondentenbericht über einen ›theatralischen‹ Zwischenfall in einer Londoner Tageszeitung (*The Observer*, 25.8. 1968, S. 30).

Berichte dieser Art zeugen, unter der Annahme, sie seien *wahr*, von einem konditionierten Verhalten sowie vom Fortleben eines unschwer als archaisch erkennbaren Reaktionsmusters in unseren Tagen. Wenn emotional bedingte Ideen auf archaische aufgepfropft werden, ohne daß man diese zuvor reifen läßt, so wird dadurch jenes »Beherrschende Selbst« produziert, das vieles im alltäglichen Denken der Menschen beeinflußt. Die Reaktionen, die durch das Erlebnis jenes Mädchens ausgelöst wurden, unterscheiden sich in nichts von denen eines Wilden, der seinem eigenen lokalen Training ausgesetzt worden war – oder sogar denen eines beliebigen zivilisierten Menschen, egal, ob Mann oder Frau. Wenn die Geschichte *nicht* wahr ist, so zeigt der Umstand, daß sie als wahr ausgegeben werden kann, zumindest, daß sich solche primitiven Muster auch in der Gesellschaft unserer Tage wiederholen können. Die Tatsache, daß die Leute über diese Geschichte lachen sollen, ist hochinteressant. Hinter dem Anbieten der Geschichte als etwas Witziges (und das ist sie zweifellos) verbirgt sich die unausgesprochene Absicht, eine Trennlinie – vielleicht der Erleichterung – zwischen »uns« und »ihr« zu ziehen.

Das Hervorheben dieser Art eines leicht zu illustrierenden primitiven Verhaltens sowie die Einbildung, wir selbst würden uns, da wir das Absurde daran zu erkennen vermögen, *nicht* in ähnlicher Weise verhalten, ist seinerseits absurd.

Das Mädchen war dazu konditioniert worden, mit Entsetzen und einem Sturm von Emotionen auf bestimmte Reize zu reagieren. Heute gibt es jedoch in den barbarischsten wie in den fortschrittlichsten Gesellschaften Millionen Menschen, viele darunter sicher in leitenden und bedeutenden Positionen, die ganz ähnlich reagieren, sobald man auf ihre »Entsetzen-Taste« drückt.

Mag der Anthropologe seine Lektionen auch durch das

Beobachten und Studieren anderer Gesellschaften gelernt haben, in denen für ihn die Muster klarer zutage treten, so dürfte sein eigentliches Studienobjekt mit Sicherheit seine eigene Gesellschaft sein.

Ebenso sicher wird man es in künftigen Zeiten als eine der Abnormitäten der heutigen Gesellschaft betrachten, wenn er seinen Blick nicht auch auf diese richtet – und das wird gewiß noch nicht getan. Wir sagen schließlich immer noch: »Stellt euch vor: die Chinesen haben das Schießpulver und den Magnetkompaß erfunden, und doch haben sie die Verwendung dieser Mittel nicht weiterentwickelt.«

Vielleicht werden unsere Nachfolger, wer immer sie sein mögen, einmal über uns sagen können: »Stellt euch vor: sie hatten all diese Mittel zur Erforschung und Darstellung, und doch haben sie sie nur auf andere Menschen angewandt, anstatt auf sich selbst.«

Der Zweck von Studium und Forschung

Der Zweck eines Sufi-Buches oder einer Sufi-Aktivität ist der, die Entwicklung des Sufismus zu fördern. Sie werden sich nun sagen, das sei ja wohl klar. Zweifellos ist es aber den Leuten nicht klar, die Jahr für Jahr zu Hunderten um Auskunft und Erläuterung nachsuchen, was zeigt, daß sie in einer Richtung vorzugehen versuchen, die in keinerlei Bezug zu den Zielen der Sufis steht.

Nehmen wir ein einfaches Beispiel: Wir könnten eine Geschichte veröffentlichen, möglicherweise in Verbindung mit einer oder mehreren anderen Geschichten und vielleicht in einem Kontext, der das Ganze zu einem »Lehrpaket« macht. Sobald dieses Material veröffentlicht ist, werden viele versuchen, es zu entschlüsseln oder alle möglichen Assoziationen damit zu verknüpfen. Ein so eifriges Herumversuchen wird die Wirkung des »Paketes« natürlich zunichte machen.

In manchen Fällen, vielleicht sogar in allen, wird diese Tendenz durch ein erlerntes Muster ausgelöst. Dieses Muster mag vielleicht pedantisch-wissenschaftlicher Forschungstrieb, vielleicht Rätsellöselust sein oder die Neigung, nach emotionaler Befriedigung oder nach Assoziationen zu suchen.

Natürlich wird das Problem noch dadurch kompliziert, daß die Leute sich nicht bewußt zu sein scheinen, daß das Material, wie es präsentiert und verwendet wird, einen bestimmten Zweck hat und ein Ganzes ist. Sie müßten sich dringend die Geschichte von dem kleinen Jungen vor Augen halten, der eine Fliege sezierte: Am Ende saß er vor einem Haufen von Flügeln, Beinen und sonstigen Segmenten und fragte sich verwundert, wo denn die Fliege selbst geblieben war.

Was die Sache ebenfalls kompliziert macht, ist das normale menschliche Bestreben, zu untersuchen, einzuschätzen, Daten auszuwerten und so fort. Das ist alles schön und gut, vorausgesetzt jedoch, man besitzt die dazu nötige Erfahrung. Oder, um ein Sprichwort für unser Gebiet abzuwandeln: »Wer nicht kann, der versucht; wer kann, der kann sich das sparen.« Zum Glück läßt sich das Dilemma für diejenigen, die es wirklich verstehen möchten, leicht illustrieren. Bietet man Ihnen zum Beispiel Erdbeermarmelade an, so haben Sie mehrere Möglichkeiten. Sie können probieren, wie sie schmeckt, Sie können versuchen, sie chemisch zu untersuchen, oder Sie können die Etymologie ihrer Namen und Inhalte zurückverfolgen. Sufis befassen sich, wie sie traditionell zu sagen pflegen, mit dem »Schmecken« und nicht mit Forschung oder Tests. Auf alle Fälle läßt sich Sufi-Wissen nicht durch Forschung oder durch die Neuerfindung des Rades erwerben.

Ein positiver Beweis dafür, daß sich viele Leute, die behaupten, sie würden sich für den Sufismus interessieren, in Wirklichkeit nicht dafür interessieren, was er zu bieten hat, liegt in der schlichten Tatsache, daß die Flut von Bitten um unwichtige Auskünfte, egal wie oft man die eben genannten Tatsachen bereits erläutert hat und wie oft von den Sufis der Vergangenheit auf sie hingewiesen wurde, beileibe nicht abreißt. Und die Berge von Fliegenbeinen werden natürlich immer größer.

Die Erklärung dafür ist zum Glück recht einfach. Zunächst sei daran erinnert, daß die Menschen auch dann noch fortfahren etwas zu tun, wenn man ihnen gesagt hat, daß es absurd oder unnötig ist, da es ihnen besser gefällt, auf diesem Weg fortzufahren, als einen richtigen einzuschlagen. Nun wende man dies auf die Situation an, in der einem Menschen gesagt wird, daß sein Beharren auf einem bestimmten Weg sinnlos ist.

Natürlich gibt es dafür auch »harmlose« oder naive Gründe. Im Fall der Wissenschaftler ist die Routine, wie wir an ihren oft nutzlosen Büchern sehen, bereits so weit fortgeschritten, daß die Betreffenden nicht mehr in der Lage sind, auf irgendeine andere Weise zu arbeiten. Aber das bedeutet nichts anderes als daß, wenn überhaupt, nur noch sehr wenig Kommunikation mit Menschen möglich ist, die auf diesem oder irgendeinem ähnlichen Weg in beschränkter Art und Weise konditioniert wurden. Konventionelle Gelehrte haben die Sufis jahrhundertelang bezichtigt, sie würden sich über wissenschaftliches Arbeiten lustig machen. Daraus spricht jedoch nur die Geisteshaltung: »Gib dem Hund einen üblen Namen und dann häng ihn auf«, denn auch unter Sufis gab und gibt es beachtliche Gelehrte. Nur kennen sie den Unterschied zwischen Sufi-Erfahrung und akademischer Pedanterie und wissen, daß zwischen beidem ein deutlicher Unterschied besteht.

Natürlich sind nicht nur Sufis die Empfänger von Anfragen dieser Art. Sogar wenn Sie Ingenieur sind, können Sie Anfragen von Leuten erhalten, die Metaphern aus dem Maschinenbau in der Tanz-Choreographie, in der Werbung oder sonstwo verwenden wollen. Daran ist an sich noch nichts auszusetzen. Wenn die Leute sich gewissermaßen einbilden, Ballett sei in Wirklichkeit Maschinenbautechnik, dann wird es jedoch problematisch.

Die Tendenz, nach einem Allheilmittel zu suchen, ist ebenfalls ein Aspekt dieses Problems. Nicht nur Sufis, sondern Spezialisten auf allen möglichen Gebieten werden regelmäßig von Leuten konsultiert, die sofort wirkende Behandlungen, Verbesserungen in ihrem sozialen, psychologischen oder wirtschaftlichen Leben oder die, was vielleicht am häufigsten vorkommt, irgendein emotionales Stimulans suchen. Im letztgenannten Fall sorgt natürlich ein innerer geistiger Zensor dafür, daß das Ansuchen in eine Form gekleidet wird, die der Betreffende für akzeptabel hält. Und obwohl ein solches Verhalten auch oft als Heuchelei oder Selbstbetrug betrachtet wird, ist es sehr viel wahrscheinlicher durch die Gesellschaft anerzogen.

Manchmal ist es nahezu grotesk, welche Auswüchse das Konditionieren bereits angenommen hat. Vor ein paar Tagen erhielt ich einen Brief von einem prominenten, aber mittellosen Mann, der mich um Rat fragte, wie er in kürzester Zeit zu sehr viel Geld kommen könnte. Weshalb? »Nicht für mich«, meinte er, »sondern weil ich damit so viel Gutes tun könnte …«

Alles läuft immer wieder darauf hinaus, daß die Leute leider mehr über sich selbst wissen müssen, bevor sie Dinge in Angriff nehmen, von denen sich häufig herausstellt, daß es fehlgeplante Projekte sind. Je dringender sie einen solchen Rat brauchen, desto geringer ist die Wahrscheinlichkeit, daß sie ihn annehmen werden; das war schon immer so – und doch gibt es immer noch Sufis, die trotz eines anscheinend ungeheuer großen Problems in der Lage sind, ihre Arbeit auszuführen.

Als ich vor nicht allzu langer Zeit einem Mann etwas in dieser Art sagte, entgegnete er sofort: »Aber ich muß mich doch selbst erkennen, und das ist das Ziel aller richtig denkenden Menschen!« Als ich ihn fragte, was er mit »*sich selbst erkennen*« meinte, stellte sich heraus, daß er glaubte, das würde bedeuten, er könnte von dort aus, wo er sich im Moment befand, den Durchbruch zu einer höheren Bewußtseinsstufe erreichen. Er hatte ganz ehrlich keine Ahnung, daß man – in der richtigen Reihenfolge – zuerst die niedrigere Bewußtseinsstufe erreichen muß. Daß er in diesem Sinn sofort zu rennen versuchte, bevor er gehen konnte, kam ihm nicht absurd vor.

Im Gegenteil, als nächstes bestürmte er mich folgendermaßen: »Wenn es wahr sein soll, daß man sich zunächst kleineren Dingen widmen muß, bevor man sich an größeren Dingen versucht, warum wird das dann nicht ausführlicher gelehrt? Schließlich gibt es doch eine lange Geschichte von weisen Männern, die einfach sagten: *Erkenne dich selbst!* Und sie haben diesen Satz nicht mit den Einschränkungen versehen, die Sie aufzuerlegen versuchen!«

Ich halte ihm durchaus zugute, daß er redete, wie er dachte. Aber er hatte, so gab ich ihm zu bedenken, seine Quellen oder Annahmen nicht überprüft, und zwar nicht einmal innerhalb des Gebietes, auf dem er kompetent war. Denn erstens sind einfache Maximen traditionsgemäß lediglich »Schlagzeilen«. Zweitens wurden viele »Schlagzeilen« endlos wiederholt von Leuten, die zwar vielleicht den Ruf renommierter Autoritäten erlangt haben, von denen aber viele lediglich gängige Slogans nachbeteten, so aufrichtig sie es auch meinten.

»Nur der Goldschmied kann den Wert des Goldes prüfen«, wie Rumi sagte. Ständig begegnen wir aber Leuten, die Rumi gelesen und doch von diesem bedeutenden und oft zitierten Ausspruch keine Notiz genommen haben. Was übernehmen sie statt dessen von Rumi? Den Derwisch-Tanz zum Beispiel. Und was ist daran auszusetzen? Lediglich der Umstand, daß von Rumi selbst der Hinweis belegt ist, daß er ihn speziell auf die Menschen aus dem Kleinasien des 13. Jahrhunderts zugeschnitten hat, und zwar aufgrund bestimmter Charakterzüge von ihnen. Und diese lassen sich kaum im gleichen Ausmaß unter den Tausenden von Leuten finden, die in jüngster Zeit das Derwisch-Tanzen im Westen übernommen haben.

Nicht nur im Osten beobachten wir Leute, die eifrig daran arbeiten, sich zu Imitationen der Orientalen des Mittelalters zu verwandeln. Aber wenn sie einmal innehalten und sich betrachten müßten, was sie tun, dann würde ihnen dies den Spaß an der Sache verderben.

Wundert es Sie da, wenn die Sufis all die Jahrhunderte hindurch so häufig bemerkt haben, daß ein Großteil derer, die offen erklären, sie wollen den Weg der Sufis gehen, dies in Wirklichkeit überhaupt nicht will?

Tatsache ist, daß die Menschen ihre individuellen oder allgemeinen Vorlieben haben. Diese suchen sie zu befriedigen, und zwar durch den Kanal und die Methode, die ihnen dazu geeignet erscheinen – nur werden sich diejenigen, die zum Sufi-Weg oder irgendeinem anderen Fachgebiet gehören, oft erheblich von diesen unterscheiden.

Sufis sind nicht dazu da, eine Nachfrage zu befriedigen. Sie sind dazu da, mit anderen etwas zu teilen, was sie besitzen. Und diese beiden Dinge sind nicht immer dasselbe.

I. Teil

Abgenutzte Techniken

Frage: *Hat es überhaupt einen Wert, die Lehren und Taten von Sufis und anderen Systemen der Vergangenheit zu studieren? Manche davon sind nämlich ausgestorben und manche scheinen zu einer vergangenen Zeit zu gehören, so daß sie nicht auf die heutige übertragbar sind...*

Antwort:* Es hat einen Wert, diejenigen zu studieren, die auch für die Gegenwart gelten. Das bedeutet natürlich, daß nur diejenigen sagen können, welche Texte – oder welche Teile davon – studiert werden müssen, die auch wissen, was sie einmal bedeutet haben, für wen sie bestimmt waren und was sie bewirken sollten. Dies wiederum bedeutet, daß reines Imitieren nutzlos ist. Sufi-Studium ist Rezept, Vorschrift, Anweisung und nicht Nachahmung oder gar Tradition. Nebenbei bemerkt gibt es etwas, was »aussterben« könnte, im sufischen Sinn nicht. Ein medizinisches Rezept zum Beispiel kann auch nicht »aussterben« – sondern es wird ersetzt. Im weitesten Sinn gehört alles, sobald es aufgezeichnet ist (z. B. auf Papier), bereits einer vergangenen Zeit an. Anders als bei einem ärztlichen Rezept ist die Wahrscheinlichkeit gering, daß die »Situation«, für die bestimmte Sufi-Übungen etwa in der Vergangenheit verschrieben wurden, heute wiederkehren wird. Wir befassen uns nämlich nicht mit den Krankheiten des menschlichen Körpers.

Damit sind wir wieder bei dem Problem des Lehrers und seiner Fachkenntnis. Es ist so wichtig, daß Sie einen falschen

---

* Im folgenden wird die Frage jeweils in kursiver, die Antwort (die immer von Idries Shah stammt) in normaler Schrift wiedergegeben.

oder irregeleiteten Lehrer tatsächlich erkennen können, wenn Sie sich vor Augen halten, daß jemand, der lediglich andere dazu anhält, Sufi-Übungen zu wiederholen, die vor Dutzenden, Hunderten, ja Tausenden von Jahren verschrieben wurden, auf keinen Fall ein Sufi-Lehrer ist. Er mag ein Schwärmer für Tradition, Religion oder Zeremonie sein, aber er kann nicht dazu beitragen, die Sichtweise der Sufis in anderen oder in sich selbst zu entwickeln. Tradition, Farbe, Bewegung und ähnliche Dinge haben etwas unbestreitbar Attraktives. Sie haben sogar zeitweise eine therapeutische Wirkung. Aber sie sind keine sufische Aktivität. Sie sind Degenerationserscheinungen ihrer Äußerlichkeiten: Das ist so gewiß wie die Tatsache, daß das Auffüllen einer Medizinflasche mit Wasser und das Bewundern ihres Etiketts keinen Wert hat – abgesehen von seinem Placebo-Effekt, d. h. seiner psychologischen Wirkung. Und diese läßt sich auf fast jede beliebige Weise erzielen. Außerdem gibt es so etwas wie ein spirituelles Placebo nicht.

Kundenfang und Erziehung

Haben Sie jemals etwas über die Bedeutung des Sufi-Wissens für die heutige Zeit geschrieben?
Bis vor kurzem sehr wenig. Der Grund dafür ist der: Sobald Sie mit einem bestimmten Standpunkt identifiziert werden, werden die Leute dies kritisieren und werden Sie ein für allemal abschreiben; und was Sie zu tun versuchen, wird darunter leiden, es sei denn, Sie konditionieren die Leute dazu, Sie zu unterstützen – und das führt am Ende zur Entstehung von so etwas wie einer gesellschaftlichen Gruppe, die das Stammesverhalten verstärkt, aber das Wissen verdummt.

Daher habe ich mich statt dessen zuallererst stark darum bemüht, *Fakten* bekannt und verständlich zu machen. Das erwies sich tatsächlich als ungeheuer ertragreich. Es vergrößerte den Fundus an allgemeinen Informationen, und Informationsquellen, die bisher nicht zugänglich waren, wurden unter Umgehung persönlicher Vorurteile neu verbreitet.

Ich möchte, daß die Leute über Informationen verfügen, bevor sie ihre Wünsche beschwören, ein Individuum, eine Tradition oder ein System zu unterstützen oder zu bekämpfen. Dies bedeutet natürlich, einen Unterschied zu machen zwischen einer Aktivität des Kundenfangs und einer der Erziehung.

Sich selbst verstehen

Die Menschen sind sehr darum bemüht, sich selbst zu verstehen. Ein Teil der vorbereitenden Arbeit der Sufis besteht darin, dies zu ermöglichen, denn die leicht zu illustrierende Beschränktheit der meisten von uns ist nahezu weltweit verbreitet.

Bestimmte Anfragen verdienen es, unter diesem Gesichtspunkt betrachtet zu werden, denn es ist gut möglich, wenn nicht gar unvermeidlich, daß man aus dem Verhalten anderer selbst etwas lernt.

Das allererste Problem ist, zu erkennen, daß wir die Wünsche und Bedürfnisse der Leute untersuchen müssen, die Kontakt mit Sufis aufnehmen. Wünsche sind nicht unbedingt Bedürfnisse – und dies, obwohl Wünsche sogar als Treibstoff und Stabilisator für die momentane Situation des Anfragenden wirken mögen.

Vor mir liegt ein Bündel Korrespondenz mit jemandem, der bei der Produktion eines Films über das Leben von Al-Ghazzali mit uns zusammenarbeiten wollte. Er ist ein erfahrener Filmemacher und geht davon aus, daß er auf diese Weise einen Beitrag zu unserer Arbeit leisten und er selbst durch das Arbeiten mit speziellen Quellen etwas lernen wird.

In unserer Antwort teilen wir ihm mit, daß wir, so wünschenswert das Projekt theoretisch auch ist, bereits selbst an einem Plan dieser Art arbeiten. Was jedoch hinzukommt und noch wichtiger ist: Wir können nicht mit Sichtweisen »von außen« über diese Dinge arbeiten. Mit anderen Worten: Sufi-Filme müssen ein Mittel zum Zweck sein, d. h. sie müssen auf eine bestimmte Wirkung hin konzipiert werden. Nur Sufis können dies tun, und um dies zu tun, würden sie sich nicht unbedingt für diesen Filmemacher entscheiden. Sein Interesse an dem Thema ist für sich genommen noch keine Qualifikation dafür.

Dann habe ich hier eine Auswahl an Korrespondenz mit einem Gelehrten, der sehr freundlich schreibt und möchte, daß wir ihm helfen (und er möchte auch »uns helfen«) bei der Suche nach mehr Material zur Veröffentlichung über einen bestimmten Derwisch-Orden. Wir antworten ihm, daß Sufis mit genau kalkulierten Methoden arbeiten. Dies ist weder die Zeit noch der Ort – und dies sind nicht die geeigneten Leute, um sich mit dieser speziellen Aufgabe zu befassen.

Eine dritte Sammlung von Briefen betrifft ein Dame, die ein Buch über unsere Tätigkeit geschrieben hat und um die Genehmigung ansucht, aus Materialien zu zitieren, die wir veröffentlicht haben und die sie verwendet, um bestimmte Dinge klarzustellen, damit wir »bekannter und besser verstanden werden«. Wir antworten, daß es zwei Arten von Quellen über Sufismus gibt: diejenigen, die aus dem Blickwinkel eines Außenstehenden verfaßt wurden, und diejenigen, die geschrieben wurden, um die Tätigkeit der Sufis zu fördern. Letztere sehen vielleicht manchmal so aus, als wären sie überhaupt keine Sufi-Bücher, aber sie können nur von Leuten mit einem gewissen Maß an Einblick verfaßt werden. Rein deskriptive oder propagandistische Bücher sind dagegen keine Sufi-Bücher – und daher können wir sie nicht unterstützen. Wir wissen nämlich nicht, wie sie am Ende aussehen werden. Wir fügen noch hinzu, daß das Hinzuziehen von Material, das von uns stammt, nicht nur keinem Nutzen für unsere Arbeit bringt, sondern bei den Lesern auch noch den Eindruck erwecken könnte, das Buch sei etwas, was von uns authorisiert ist.

Und hier habe ich schließlich die Korrespondenz eines Geistlichen, der behauptet, alle Spiritualität sei die gleiche, und der uns bittet, unsere »schroffen Haltungen« gegenüber verschiedenen Glaubensrichtungen und Aktivitäten im religiösen Bereich etwas zu mäßigen.

All diese Anfragen haben gewisse Dinge gemein, die (obwohl für einen völlig außenstehenden Betrachter vielleicht zu erkennen) den Briefeschreibern nicht aufgefallen sind.

Das erste ganz eindeutige Merkmal ist, daß der Betreffende von der Annahme ausging, daß er etwas Nützliches tut, ohne zu wissen, ob dies zutrifft oder nicht. Zweitens verbirgt sich in dieser Annahme eine weitere, nämlich die, wir würden ziemlich wahllos und auf einer gleichmäßig dünnen Basis handeln, kurz: es fehle uns im Grunde an Weitblick. Drittens ist hier die Annahme zu beobachten, daß der einzelne Gesichtspunkt, Text, Gegenstand etc. nützlich sei; viertens, daß wir Sufis nicht auch selbst bereits an bestimmten Projekten arbeiten; fünftens, daß es offensichtlich kein anderes Projekt gibt, an dem die betreffende Person mitwirken könnte; sechstens, daß man statt am Anfang auch in der Mitte anfangen kann. Mit anderen Worten: daß sich der Betreffende ohne die absolut essentielle Ausbildung, die einen allein dazu qualifiziert, an solchen Programmen mitzuwirken, eine Idee zu eigen machen kann und daß es sicher ist, daß es eine gute ist.

Kurz: die Frage, die man sich zuerst hätte stellen müssen, lautet: »Kann ich lernen? Was kann ich, wenn überhaupt, tun?«

Alle Sufis lehren zuerst einmal dies. Und das ist keine leichte Aufgabe, denn die unverblümte Feststellung: »Zuerst müssen Sie etwas anderes tun« wird vom *Beherrschenden Selbst* häufig als Ablehnung oder Affront aufgefaßt anstatt als das, was sie ist, nämlich eine konstruktive und gut gemeinte Beschreibung der gegenwärtigen Position oder der Bedürfnisse des Betreffenden.

Genau dies verbirgt sich hinter der Idee von *taubat* (»Reue«, in diesem Fall: Abkehr von unüberlegten Annahmen und Behauptungen) und *khidmat* (»dienen« – d. h. sich selbst den besten Dienst erweisen, in dem man sich nicht an irrelevanten Dingen versucht – und zugleich: im Dienst der Wahrheit wirken).

Kritisieren und Lernen

Sufi-Lehrer beklagen sich in ihren Büchern und in den Geschichten über Lehrtätigkeiten oft über die Probleme im Umgang mit den Leuten und sie kritisieren ständig ihre Anhänger und alle möglichen anderen Leute. Wenn die Dinge so schlecht liegen, besteht dann irgendeine Hoffnung, daß das Lehren überhaupt anfangen kann?

Erstens muß das, was manche als Kritik auffassen, auch als Beschreibung einer Situation betrachtet werden. Zweitens ist die Beschreibung der Leute und ihres Verhaltens bereits für sich ein Bestandteil des Lehrprozesses. Wenn Sie von solchen Fragen und Antworten etwas sehen, hören oder lesen, sehen Sie in Wirklichkeit bereits das Lehren in vollem Gang, so daß sich die Frage: »Wann fängt es denn an?« erübrigt. Ein Teil der Wirkung des Lehrprozesses ist, daß einem dies auffällt. Wenn es Ihnen nicht aufgefallen ist, so bedeutet das, daß Sie derjenige sind, der sich nicht im Lernprozeß befindet, und es bedeutet nicht, daß der Lehrprozeß noch nicht begonnen hat.

Wenn einem das nicht aufgefallen ist, kann man also nicht lernen!

O doch! Die Tatsache, daß jemandem auf einem Weg oder bei einer Gelegenheit – oder auf vielen Wegen und bei vielen Gelegenheiten – etwas nicht aufgefallen ist, ist absolut kein Indiz dafür, daß der Betreffende nichts lernen kann. Beharrlichkeit im Lehren geht einher mit der Beharrlichkeit im Lernen. Die Leute werden durch verschiedene Ansätze dazu veranlaßt, verschiedene Facetten ihres Selbst gegenüber dem Lehren zu zeigen, so daß sie am Ende in der Lage sind, zu lernen. Tatsächlich bringt, um auf die erste Frage zurückzukommen, gerade das gewaltsame Aufbrechen einer Hemmung gegenüber bestimmten Ansätzen den Lernenden dazu, daß er aufhört, ein Spiel zu spielen – denn das tut er im Grunde –, und es könnte ihn dazu bringen, sich ernsthaft auf das zu konzentrieren, was gerade gelehrt wird. Kann dieser Prozeß aufgrund seines Herumstreitens und Sich-Herumdrückens aber nicht in Gang gebracht werden, so kann er auch nichts lernen. Das ist der Grund, warum Dialektiker auf dem Sufi-Weg nichts lehren können und rationale oder emotionale Ansätze der Studierenden zu nichts führen können außer zu gegenseitig stimulierenden Reaktionen. Deshalb haben sie in der sufischen Lehrsituation auch keinen Platz und werden durch jene Form von »Kritik«, auf die Sie anspielen, vermieden oder unterbunden.

Warum sollte ich mich auf einmal ändern?

Es war einmal ein Kaufmann, der kaufte sich ein Paar Schuhe. Er trug sie, bis sie so gut wie durchgetreten waren, und da sie sehr bequem waren, ließ er sie flicken und trug sie so lange weiter, bis selbst die Flicken in Fetzen hingen. Dann wurden Flicken über Flicken draufgesetzt, und obgleich Geizhälse und Leute, die sich wenig Gedanken über die Dinge machen, seiner Sparsamkeit Beifall zollten, waren die Schuhe mit der Zeit arg außer Fasson geraten und unschön anzusehen und sie wirbelten auf der Straße viel Staub auf. Wenn die Leute sich über den Staub beschwerten, antwortete er stets: »Wäre der Staub nicht da, dann würden die Schuhe ihn nicht aufwirbeln – also geht zur Stadtverwaltung und beschwert euch dort über die Straßen!«

Die Schuhe machten großen Lärm, wenn der Kaufmann durch die Straße schlurfte, doch die meisten Leute hatten sich daran gewöhnt, und die andern waren in der Minderheit und so hatten sie sich am Ende ebenfalls daran zu gewöhnen.

Da es somit genügend Leute gab, die ihn ob seines sorgsamen Umgangs mit seinem Geld lobten, und da viele Leute drauf und dran waren, sich an seinen Störwert zu gewöhnen, fiel das, was der Rest dachte, nicht ins Gewicht. Jedermann hatte so gut wie der Kaufmann selbst begriffen, daß des Kaufmanns Schuhe nun einmal so sein sollten, wie sie waren. Man hatte sich so sehr damit abgefunden, daß schon etwas recht Ungewöhnliches hätte eintreten müssen, um die Leute dazu zu bewegen, erneut über die Sache nachzudenken.

Und wie nicht anders zu erwarten, trat dies eines Tages auch ein.

Der Kaufmann hatte sich zu einem Spottpreis ein paar kostbare Gläser gekauft und gedachte sie weiterzuverkaufen und dabei einen hohen Gewinn zu machen. Um dies zu feiern, beschloß er, sich ins Türkische Bad zu begeben und sich ein luxuriöses Dampf- und Wannenbad zu genehmigen. Während er so im Bad saß, begann ihn die Frage zu beschäftigen, ob er sich von seinem Gewinn, der durch den Verkauf der Gläser zu erwarten war, nicht ein Paar neue Schuhe kaufen sollte; doch dann schlug er sich den Gedanken wieder aus dem Kopf und sagte sich: »Die werden noch eine Weile halten.«

Aber irgendwie blieb die Idee doch in seinem Kopf haften und irgendwie schien sie sein Denken, die Schuhe und sogar die Gläser und, wie wir sehen werden, noch vieles andere mehr infiziert zu haben. Das erste, was sich ereignete, war, daß er, als er das Badehaus verließ, ganz mechanisch mit seinen Füßen in ein Paar sündhaft teure Pantoffeln schlüpfte und sich mit ihnen von dannen machte. Er hatte beim Verlassen die Tür verwechselt, und die Pantoffeln, die dort in ähnlicher Stellung wie sein eigenes abscheuliches Schuhwerk gestanden hatten, gehörten dem Obersten Richter der Stadt.

Als der Richter aus dem Bad trat, vermißte er seine Pantoffeln, und alles, was er sehen konnte, waren die schrecklichen Schuhe des Kaufmanns, die er nun gezwungen war, auf seinem Nachhauseweg zu tragen.

In fast weniger Zeit, als man braucht, um es zu erzählen, ließ der Richter den Kaufmann vor sein Gericht zitieren und wegen Diebstahls schwer bestrafen.

Rasend vor Empörung trat der Kaufmann an das zum Wasser hinausblickende Fenster seines Hauses und warf seine Schuhe in den Fluß. Nun, so dachte er, würde er von diesen Instrumenten seines Schadens befreit sein und ihrem Einfluß entrinnen können. Doch damit war die Macht der Schuhe noch nicht erschöpft...

Bald darauf zog nämlich ein Fischer die Schuhe an Land. Sie zerrissen seine Netze – so schwer waren die Nägel, mit denen sie im Laufe ihrer zahlreichen Reparaturen beschlagen worden waren.

In seinem Zorn über den Kaufmann – denn wie jeder andere konnte er sehen, wessen Schuhe es waren – trug der Fischer sie zurück zu des Kaufmanns Haus und schleuderte sie durch ein Fenster. Sie landeten auf den kostbaren Gläsern, die der Mann gekauft hatte, und zertrümmerten sie in tausend Stücke.

Als der Kaufmann sah, was geschehen war, platzte er schier vor Wut. Er ging in den Garten und schaufelte ein Loch, um die Schuhe zu verscharren.

Aber als die Nachbarn ihn bei einer so ungewohnten Arbeit erblickten, erstatteten sie dem Gouverneur Bericht, daß der Kaufmann offensichtlich nach einem Schatz grabe, und ein solcher gehöre per Gesetz dem Staat. Fest davon überzeugt, daß hier eine reiche Ernte einzusacken sei, nahm der Gouverneur Kredite auf und machte Schulden für einige sehr feine Porzellanobjekte, auf die er schon immer ein

Auge geworfen hatte. Dann befahl er den Kaufmann zu sich und forderte ihn auf, ihm den verscharrten Schatz auszuhändigen.

Der Kaufmann erklärte, er versuche lediglich, seine verdammten Schuhe loszuwerden; und nachdem der Gouverneur den Garten hatte um und um graben lassen, bestrafte er den Kaufmann mit einer Geldsumme, die seine Sorgen, sein Porzellan und die Umgrabekosten deckten sowie mit einem Zuschlag dafür, daß er die Beamten habe ihre Zeit verschwenden lassen.

Da packte der Kaufmann seine Schuhe, trug sie weit weg von der Stadt und warf sie in einen Kanal. Sie wurden vom Wasser in die Bewässerungskanäle geschwemmt, verstopften ein Leitungsrohr und beraubten die königlichen Gärten des Wassers. Alle Blumen gingen ein. Kaum hatten die Gärtner die Schuhe gefunden und identifiziert, da wurde der Kaufmann vor den König befohlen und wieder zu einer gewaltigen Geldsumme verurteilt.

In seiner Verzweiflung hackte der Kaufmann die Schuhe entzwei und vergrub je eine Hälfte in jeder der vier Hauptmüllhalden, die rings um die Stadt lagen. Doch vier Hunde schnüffelten in diesen Halden herum, und so kam es, daß jeder von ihnen einen halben Schuh fand, ihn zu des Kaufmanns Haus zurückbrachte und so lange um Belohnung bellte und knurrte, bis die Leute, sei es wegen des anhänglichen Gewinsels oder wegen des bösen Geknurrs der Köter, nachts kein Auge mehr schließen oder sich tagsüber noch auf die Straße trauen konnten. Als die Hunde schließlich beruhigt waren, begab sich der Kaufmann vors Gericht.

»Euer Ehren, Herr Richter!« sprach er, »ich wünsche mich offiziell von diesen Schuhen zu trennen, doch diese sind nicht gewillt, mich aufzugeben. Ich bitte Sie daher, mir einen Schein auszustellen als Dokument, welches amtlich bestätigt, daß hinfort nichts, was durch diese Schuhe oder mit ihnen geschehen mag, noch in irgendeiner Verbindung mit mir steht!«

Der Richter ging mit sich über den Fall zu Rate. Schließlich verkündete er folgendes: »Da ich in meinen Büchern keinerlei Präzedenzfall für die Behauptung finden kann, daß Schuhe in irgendeinem Sinn des Wortes juristische Personen seien, welchen man irgend etwas erlauben oder verbieten kann, sehe ich mich außerstande, Eurem Antrag stattzugeben.«

Sobald sich der Kaufmann jedoch ein neues Paar Schuhe angeschafft hatte – denn in der Zwischenzeit war er barfuß gegangen –, erlebte er, und dies war höchst sonderbar, von Stund an nicht mehr die geringsten bösen Überraschungen.

Dies ist natürlich die Antwort auf die Frage: »Warum sollte ich gerade jetzt meine Ansichten, mein Verhalten oder mein Denken ändern?«

Solche Fragen lassen sich nur durch Gleichnisse beantworten, die die These illustrieren, daß auch Dinge passieren können als Folge davon, daß man nichts getan hat. Und der Zusammenhang zwischen diesen Dingen und unserem Verhalten liegt leider nicht so klar auf der Hand, wie es bei jenem Kaufmann der Fall war. Wenn alles so klar wäre, dann bräuchte schließlich niemand diese Frage zu stellen!

Wissenschaft und Philosophie

Wie denken Sufis über die Kontroversen zwischen der Wissenschaft und der Philosophie sowie zwischen ähnlichen Gruppierungen, die verschiedene Lösungen für eine Neuordnung der Welt anbieten? Es gibt zwar unüberschaubar viele Systeme, aber wir können doch sicher den Schiedsrichter zwischen ihnen spielen, denn wir sind ja gewissermaßen ihre Arbeitgeber.

Vielleicht haben Sie noch nicht die Geschichte von den zwei Masseuren in dem Badehaus, ihrem Arbeitgeber und ihrem Kunden gehört? In seinem Buch *Maqama von Halwan* erläutert der antike Autor Hamadani diese Frage auf sehr subtile Weise und demonstriert, wie tiefreichend – und wie oberflächlich und unbrauchbar – solche Systeme sein können, wenn es an Wissen fehlt:

Das Badehaus

Es war einmal ein Mann, der auf der Rückkehr von einer Pilgerfahrt in eine Stadt gelangte und dort sorgfältige Erkundigungen einholen ließ, welches das beste Badehaus sei, in dem er sich erfrischen könnte und wo man ihn mit warmem Wasser und lieblichen Wohlgerüchen am besten bedienen würde.

Schließlich fand er sich in jenem Etablissement wieder, das von allen in den höchsten Tönen empfohlen wurde. Sobald er durch die Tür getreten war, massierte ein Bediensteter seine Stirn mit Lehm ein, wie es der Brauch ist, und zog sich dann zurück. Kurz darauf trat ein anderer Masseur ein und knetete und walkte den Gast mit seinen Händen.

Nun kehrte der erste Mann zurück, fuhr sofort auf seinen Kollegen los und schrie ihn an: »Finger weg von diesem Kopf – es ist der meine!«

Doch der zweite Mann bestritt diesen Anspruch. Da begannen sie sich zu prügeln, wälzten sich auf dem Boden. Der erste schrie: »Das ist *mein* Kopf, denn ich war derjenige, der ihn mit Lehm einmassiert hat!«

»Das gilt nicht«, entgegnete der andere Anspruchsteller, »ich war derjenige, der den Körper massiert hat, auf dem der Kopf sitzt!«

Als die Kräfte der beiden erschöpft waren, rief man den Besitzer des Hauses als Schiedsrichter herbei. Der wiederum bat den Kunden, seine Meinung darüber zu äußern, wem von beiden sein Kopf gehöre.

»Verdammt und zugenäht!« donnerte der Reisende, »er gehört keinem von beiden – es ist der *meine*!«

Doch den Besitzer des Badeshauses brachte dies in helle

Wut, und wütend meinte er zu seinen Bediensteten: »Gott verfluche diesen verdammenswerten Kerl, denn sein Kopf ist offensichtlich zu nichts nutze. Ich sehe nicht ein, weshalb ihr euch noch mit ihm abgebt! Er soll zur Hölle fahren...«

Menschliche Entwicklung

Wie lange dauert eigentlich der menschliche Entwicklungsprozeß des einzelnen?
So lange, wie der Lehrer braucht, den einzelnen und die Gruppe in die richtige Harmonie zu bringen. In Ihren Begriffen gesprochen dürfte dies zehn Minuten oder zehn Jahre dauern – oder etwas mehr oder weniger.
Angeblich kann nur einer von Hunderttausend das Ziel erreichen...
Ach, wirklich?
Stimmt das denn nicht?
Für uns und diejenigen, die sich in unserer Situation befinden, stimmt das nicht. Ich bin nicht dafür verantwortlich, was andere zu anderen Zeiten, an anderen Orten und in anderen Situationen gesagt haben. Wenn Sie alles in einen Topf werfen wollen, was verschiedene Leute zu Ihnen oder zu anderen Leuten gesagt haben, und das Ergebnis dann verwenden, sind Sie ein Geschichtensammler oder Zusammenfasser, aber kein Suchender in dem Sinn, wie wir diesen Begriff verwenden.
Eine solche Auffassung ist mir neu. Die Lehren der großen Männer, die vor uns gelebt haben, sind doch sicher noch gültig?
Sie sind noch so gültig, wie sie es immer waren, sofern die Bedingungen und die Studierenden die gleichen sind. Wie man sie zu verstehen und anzuwenden hat, hängt voll und ganz von der richtigen Erfahrung und Fähigkeit derer ab, die versuchen, sie anzuwenden. Die schmerzliche Tatsache ist nur die, daß die Bedingungen und die Suchenden nicht

mehr die gleichen sind. Dementsprechend ist ihr Lebenslauf für uns als Vorbild ungeeignet.

Der Wert der Suche

Ist es nicht besser, man hat sich einige Zeit oder sogar einige Jahre lang mit dem Versuch befaßt, irgendeine Form von Wahrheit zu finden, als daß man es überhaupt nicht versucht hat?

Wir können doch gewiß nicht behaupten, daß man nichts dabei profitiert hat, wenn man seine Zeit mit Büchern oder Menschen verbracht hat, die mit einer esoterischen oder höheren Suche in Verbindung stehen?

Wenn es eine Suche auf dem falschen Weg war, dann bringt dies wahrscheinlich keinen Vorteil und ganz bestimmt eine Menge Nachteile. Das ist eine Frage, die immer wieder von Leuten gestellt wird, die Bestätigung suchen.

Wenn die Betreffenden bereit sind, sie zu akzeptieren, dann sei hier der Rest der Antwort gegeben: Sie haben sich jahrelang mit bestimmten Büchern oder Leuten beschäftigt – folglich muß irgend etwas damit erreicht worden sein. Diese Schlußfolgerung ist aus dem Blickpunkt der Erfahrung, von der wir sprechen, jedoch falsch.

»Esel bleibt Esel, auch wenn er eine Melone frißt« und »Sie werden nie nach Mekka gelangen, denn Sie befinden sich auf dem Weg nach Samarkand«, so lauten zwei Sprichwörter, die die Situation von manchen dieser Leute verdeutlichen sollen. Denn was haben sie dabei konkret erreicht außer dem Gefühl, daß sie irgend etwas erreicht haben *müssen*?

Die Antworten, die die Leute sich selbst auf diese Frage geben, bestehen aus Behauptungen, sie fühlten sich besser, sie fühlten sich glücklicher oder sie hätten »anderen helfen« können. Natürlich gibt es auch noch eine Menge anderer Antworten.

In Wirklichkeit verhält es sich aber so, daß der »Gewinn«, solange sie nicht wissen, was und wieviel sie gewonnen haben und auf welchem Weg sie sich befinden, wenn überhaupt, dann bestenfalls im verborgenen vorhanden ist. Also kann er zu diesem Zeitpunkt nicht als nützlich betrachtet werden. Er hat überhaupt keinen Wert, solange er nicht durch Harmonisierung mit einem sinnvollen Wirken in der wahren Tradition aktiviert wird.

Ich begegne vielen Leuten, die auf diesem Gebiet hart gearbeitet und sich dabei so sehr abgemüht haben, daß sie nicht wußten, wann sie das Ende ihrer konstrukiven Entwicklung erreicht hatten. Sie brauchten unbedingt noch bestimmte weitere Entwicklungen und haben dadurch, daß sie ewig dasselbe taten, alles nur noch schlimmer gemacht. So sind sie in Wirklichkeit völlig nutzlos, obwohl sie vielleicht das Gefühl haben, sie wären schon von Nutzen, und sogar Mittel und Wege ersinnen, dieses Gefühl an andere weiterzugeben.

Die schlimmsten sind jedoch diejenigen, die in diffusen, sporadischen und unvollständigen Beziehungen zu einer »unsichtbaren Welt« stehen. In Wirklichkeit sind solche Gefühle lediglich Verstümmelungen oder der äußere Kitzel einer Potentialität, die ihre eigene Subjektivität mit fantastischen, verzerrten Wesenheiten und Bedeutungen füllt, und häufig sind es auch Versuche, die Dinge zu systematisieren. Und die Schlimmsten unter diesen suchen wiederum nach ähnlich verrenkten Individuen oder Beispielen aus der Literatur, um ihre Erfahrung unter Berufung auf diese zu »beweisen«.

Solche Leute leiden unter verborgenem Größenwahn.

Die Welt

Die Menschen folgen einem Glauben oder System nach dem anderen, und von allen glauben sie, sie würden die Antwort liefern, also das, was alle Probleme lösen wird. Im Westen zum Beispiel folgten die Menschen zuerst der Religion und verwarfen sie dann zugunsten der »Vernunft«; danach setzten sie all ihr Geld auf die Industrie und schließlich auf die Technologie. Und so lange ihnen die Allheilmittel nicht ausgehen, werden sie von dieser Gewohnheit wohl nicht geheilt werden.

Es war einmal ein Bauer, der mit einer Herde Schafe und ein paar Säcken Korn zum Markt ging. Er verkaufte das Korn, versteckte das Geld in seinem Gewand und sah sich nach einem Käufer für die Herde um, als ein Betrüger an ihn herantrat.

»Ich kenne jemanden, der eine Schafherde genau wie diese sucht«, sagte er und führte den Bauern zu einem Hoftor. »Du brauchst nur vor diesem Haus zu warten, ich werde die Schafe in den Hof treiben und den Besitzer einen Blick auf sie werfen lassen. Mich kennt er nämlich, und Leuten vom Lande traut er nicht über den Weg.«

Und so trieb er die Tiere durch das Tor und durch einen Ausgang auf der Rückseite des Hauses hinaus auf eine andere Straße. Kurz darauf verkaufte er die Schafe blitzschnell und billig weiter.

Dann verkleidete er sich als Pilger, eilte zurück zu der Stelle, wo dem Tölpel gerade ein Licht aufgegangen war, daß man ihn übers Ohr gehauen hatte. »Guter Herr«, rief er, »gerade habe ich gesehen, wie ein Mann, wie Ihr ihn beschreibt, eine Herde Schafe ganz wie die Eure in eine bestimmte Scheune trieb. Kommt mit, ich werde sie Euch zeigen.«

Als sie tatsächlich an einer großen Scheune angelangt waren, sagte der Gauner: »Geht rasch hinein, ich werde derweil Euer Pferd halten.«

Als der Bauer sich zu der Scheune hin entfernte, um wieder in den Besitz seiner Herde zu gelangen, sprengte der Dieb mit dem Pferd im Galopp davon und verkaufte es für ein Zehntel seines Wertes auf dem Markt.

Der Bauer war tief verzweifelt, rannte ziellos hin und her und jammerte: »Man hat mich bestohlen.« Nun verkleidete sich der Dieb als ein Gelehrter und trat dem Verzweifelten, der weder ein noch aus wußte, wieder über den Weg. »Habt Ihr denn gar nichts mehr, was Euch noch geblieben ist, armer Freund?«

»Gut, ich besitze noch das Geld, das ich für mein Korn bekommen habe, daher sollte ich mich besser auf den Heimweg machen nach X ... , wo ich wohne, und mich glücklich schätzen, daß mir doch noch etwas geblieben ist.«

»Wie's der Zufall will«, meinte da der Betrüger, »geh auch ich dorthin mit diesem Sack voll Geld, das für den Bau einer neuen Hochschule bestimmt ist«, und zeigte auf einen Sack, den er mit Steinen gefüllt hatte.

»Laß uns wegen der Unsicherheit der Straßen lieber gemeinsam reisen.«

Der Bauer war einverstanden, und so brachen sie auf.

Als die beiden nach einer Weile gerade auf einer Brücke einen breiten Strom überquerten, ließ der Dieb den Sack ins Wasser fallen.

»O je!« schrie er auf, »ich bin ruiniert ... Ich bin zu alt und zu gebrechlich, um in den Fluß zu steigen, und das ganze Geld ist verloren. In Schimpf und Schande wird man mich zum Teufel jagen ...«

»Ich werde Euch Euren Sack wieder herausfischen«, sagte der Bauer, »wenn Ihr mir zehn Prozent von dem gebt, was er enthält.«

»Mit Vergnügen«, rief der Schuft – und der Bauer zog sich seine Kleider aus und ließ sie mitsamt seinem eigenen Gewinn vom Verkauf des Korns auf der Brücke zurück.

Der Dieb machte sich mit dem Geld und den Kleidern aus dem Staub.

Als der Bauer nackt und triefend naß das Ufer erreichte und den Sack öffnete, fand er nichts als Steine.

Dieser Schock verwirrte ihm schließlich den Verstand. Er ist nun überzeugt, so erzählt man mir, daß man ihm alles stehlen wird, was er selbst hinterlassen hat, und irrt, bald sein verlorenes Hab und Gut beklagend, bald den Dieb verfluchend, von dem er so oft geglaubt hatte, er sei sein Freund, durch die Straßen der Stadt.

Die Abkürzung

Ist es falsch, einem Weg zu folgen, den in der Vergangenheit bereits Tausende oder gar Millionen Menschen gegangen sind?

Nicht im geringsten, vorausgesetzt, es macht Ihnen nichts aus, daß Ihnen dasselbe passiert wie dem Mann am Londoner Flughafen, der dem Weg folgte, den vor ihm schon Millionen Menschen gegangen waren.

Was passierte ihm denn?

Er folgte einem Schild mit der Aufschrift: »To the aircraft.« Er stellte fest, daß es zur Gangway eines Flugzeugs führte. Als er an Bord gegangen war und die Maschine abgehoben hatte, fragte er die Stewardeß: »Wo bekomme ich den Anschlußflug nach Rom?«

Sie antwortete: »Unter den gegebenen Umständen werden Sie am Ende des Fluges umsteigen müssen – in Tokio!«

Der Esel und das Kamel

Die Menschen beschäftigen sich ungeheuer intensiv mit den Problemen der Gegenwart und der Geschichte und sie gründen alle möglichen Organisationen und Institutionen, um neben hundert anderen Dingen für Gerechtigkeit, Gesundheit, Erziehung und Frieden zu sorgen. Woher kommt es dann, daß es immer noch die schrecklichsten Probleme auf der Welt gibt und daß ständig neue entstehen?

Offensichtlich kennen Sie noch nicht die Geschichte vom Esel und dem Kamel.

Ein Esel und ein Kamel zogen einmal gemeinsam des Weges. Das Kamel schritt in ruhigen, weit ausgreifenden Schritten, während der Esel ungeduldig dahinwetzte und alle naslang stolperte. »Woher kommt es«, fragte schließlich der Esel seinen Weggefährten, »daß ich ständig in Schwierigkeiten gerate, auf die Nase falle und mir die Hufe aufschürfe, obwohl ich sorgsam auf den Boden schaue und acht gebe, wohin ich trete, während du deine Umgebung nie zu beachten scheinst, deine Augen starr auf den Horizont gerichtet hältst und dabei so schnell und doch, wie es scheint, ganz mühelos rennst?«

»Dein Problem ist«, erwiderte das Kamel, »daß deine Schritte zu kurz sind, und daß es, sobald du etwas erblickt hast, zu spät ist, um deine Schritte noch zu korrigieren. Du schaust ständig nach allen Seiten und bewertest nicht, was du siehst. Du glaubst, Hast sei Schnelligkeit; du bildest dir ein, du könntest durch Herumschauen sehen; du denkst, das Nahe zu betrachten sei soviel wie weit zu blicken.

Du vermutest, ich hätte die Augen auf den Horizont gerichtet. In Wirklichkeit schaue ich lediglich geradeaus, um herauszufinden, was zu tun ist, wenn das Ferne näherkommt. Ich behalte auch im Kopf, was zuvor geschehen war, und muß mich nicht danach umdrehen und noch einmal stolpern. Auf diese Art wird das, was dir verblüffend oder schwierig erscheint, klar und einfach.«

Dementsprechend sind eselhirnige Menschen diejenigen, die glauben, sie könnten mit kurzsichtigen Mitteln sich oder ihr Los verbessern. Was dabei fehlt, ist der Blick voraus auf die Zukunft oder sogar in sie hinein. Was dagegen nicht fehlt, ist das Verlangen nach einem bestimmten Tempo, ohne zu erkennen, ob es hinderlich ist oder nicht. Der Esel ist der gewöhnliche Mensch, das Kamel ist der Sufi.

Wie spät ist es?

*Weshalb verwenden Sie Zitate von modernen Autoren und
aus Zeitungen, wo doch schon vor Jahrhunderten auch von
Sufis genügend gute Gedanken formuliert wurden?*
Ich glaube, das läßt sich am besten mit einen modernen Witz
verdeutlichen. Es war einmal ein Armbanduhrenhändler,
der feststellte, daß es ihm nicht schwerfiel, Uhren an Städter
zu verkaufen, die wußten, wie spät es war. Wenn er Bauern
vom Lande vor sich hatte, war die Sache dagegen schwieri-
ger.

Eines Tages befand er sich weit draußen auf dem Lande
und traf einen alten Mann beim Holzfällen. Er nahm sich
vor, den Alten so weit zu bringen, daß er begriff, wie
wertvoll doch eine Uhr ist. Also rief er laut zu ihm hinüber:
»Wissen Sie, wie spät es ist?«

Der Alte blickte kurz auf den Holzstapel und sagte:
»So um die zwanzig Stämme bis zum Mittagessen.«

Der Lehrer

Lehrerschaft zeichnet sich durch ganz bestimmte Merkmale
aus. Wer ein Lehrer ist, ist eine sehr umfassende Frage,
obwohl sie in ihrem wahren Kern eine sehr einfache ist.
Damit will ich sagen, daß sie sich auch mit hunderttausend
Worten höchstens *berühren* läßt – oder aber ohne ein Wort
verstanden werden kann, je nachdem, wie man sich ihr
nähert.

Man beachte aber folgendes: Der Sufi-Führer lehrt von
einer Position aus, die sich zeitweise »in der Welt« befindet,
da er mit seiner Umgebung in Kontakt bleiben muß. Er folgt
der »ansteigenden Kurve« des Lernstoffes, und wenn er am
Ende der »absteigende Kurve« angelangt ist, befindet er sich
mitten unter den Menschen. Nun ist er ein anderer. Das
bedeutet: Obwohl vielleicht seine äußerliche Gestalt und

sogar ein Teil seines Wesens sichtbar sind, erschließt sich seine ganze Tiefe nur denen, die in ihrer Entwicklung weit genug fortgeschritten sind, um sie zu verstehen und wahrzunehmen.

In diesem Punkt besteht mehr als nur eine Analogie zum Vorgang des Lehrens oder des Führens auf anderen Gebieten; denn Führung in den gewöhnlicheren Dingen ist ein »Schatten« oder Zerrbild des Wesens von »Lehrerschaft«.

Wenn Sie ein Kind oder einen Studenten etwas lehren, was Sie wissen und der Lernende nicht weiß, müssen Sie sich zuerst zu der Ebene herabneigen, die Sie als »sein Niveau« bezeichnen, und ihn dann zu sich heraufziehen, und zwar ganz allmählich. Auch hier müssen Sie Ihre eigene Position verlassen, um die Sache objektiv zu sehen. Wie im allgemeinen, so im besonderen, und so steht der Lehrer in mancher (oder, wie es scheinen mag, in vieler) Hinsicht außerhalb der Masse oder wurde aus ihr herausgesetzt. Einerseits gehört er nicht zur Masse, andererseits gehört er doch zu ihr. Er verhält sich zur Masse wie das gereinigte Gold zum Rohmetall.

Der Lehrer befindet sich nicht »in seinem eigenen Land«, denn dieses ist bereits bestellt, d. h. kultiviert. Die zugrundeliegende Idee und die Distanz seiner Position werden klar, wenn Sie spirituelle wie andere Lehrer betrachten und nach dem allgemeinen Gesetz suchen, das sie bewegt. Lassen Sie dabei im Augenblick den Aspekt des Unterschieds in Person und Authentizität, ja sogar in Qualität, Nationalität oder Art des Lehrens beiseite und betrachten Sie die Menschen als solche.

Buddha wirkte in einem Milieu außerhalb seines königlichen Palastes. Bevor er zu lehren begann, trennte er sich von seinem »Land«, wie es auch andere Propheten taten. Napoleon kam aus Korsika nach Frankreich; Jesus kam aus Nazareth – und damit letztlich aus einem Ort jenseits der »Welt« oder des »Landes« in dem Sinn, wie wir beides normalerweise kennen. Dieses »Ausländer-sein«, wie die Sufis es nennen, muß er in all seinen Aspekten empfinden, wenn er das Paradox des »Retters aus der Fremde« als solches begreifen und innerhalb des Organismus, in dem er auftaucht, einsetzen will.

Messer und Gabel ...

Mir fällt auf, daß Sie in Ihren Vorträgen unsere an den Westen angepaßten Formen östlichen Denkens, z. B. das Christentum, als oberflächlich hinstellen und als etwas, was die Sache ihrer Tiefe beraubt. Aber Sie würden doch sicher nicht bestreiten, daß man eine Sache in geeigneter Weise anpassen muß, damit sie sich für die Verwendung an einem bestimmten Ort eignet?

Lieber Freund, interessanterweise hat der frühere Sir (und jetzige Lord) Geoffrey Howe, ohne es zu wissen, Ihre Frage, wenn auch in einem anderen Zusammenhang, beantwortet.

Er sagte nämlich: »Man kann kaum von Fortschritt sprechen, wenn ein Kannibale mit Messer und Gabel ißt.«

Das Problem ist nicht die Anpassung an sich, sondern die Frage, ob die Anpassung den Möglichkeiten entspricht oder ob sie nicht sogar schädlich sein kann.

Mystische Formeln

Was hat es mit dem Problem mystischer Wiederholungen auf sich? Es scheint sie in allen religiösen und magischen Traditionen, in den primitiven ebenso wie in anderen, zu geben.

Das »Problem«, wie Sie es nennen, hängt voll und ganz von der Art seiner Verwendung ab, die in Einklang mit seiner wahren Natur stehen muß. Es gibt eine Sufi-Geschichte, die dieses »Problem« behandelt:

Um Einblick in die Geheimnisse der Sufis zu bekommen,

kletterte einmal ein Mann auf das Dach eines Gebäudes, in dem gerade ein Sufi einen Schüler privat unterrichtete. Er hörte den Sufi sagen: »Und nun müßt Ihr täglich siebenundsiebzigmal den Satz: ›Ist es das wert?‹ wiederholen.«

Der heimliche Lauscher entfernte sich und beschloß, sein neues Wissen anzuwenden. Wie dem anderen Mann vorgeschrieben, wiederholte er den Satz, doch für ihn war dieser wenig geeignet, denn schon bald brachte er nichts anderes mehr über die Lippen. Wann immer er einen Laden betrat, um etwas zu kaufen, fragte er: »Ist es das wert?«, bis er schließlich aus der Stadt geworfen wurde und sich von dem ernähren mußte, was er wild wachsend auf dem Lande finden konnte.

Eines Tages fand er ein Stück Papier auf der Erde und, immer noch tief durchdrungen von jenem Satz, schrieb er darauf:

»Ist es das wert?« lautet die geheime Formel
der Sufis, die man ständig wiederholen muß.

Da kam zufällig der Befehlshaber der königlichen Garde, der ebenfalls etwas über das Sufi-Wissen erfahren wollte, vorbeigeritten und sah dieses Blatt auf dem Boden liegen. Er hob es auf und las es, dann ritt er weiter seines Wegs und wiederholte pflichtgemäß ständig die mystische Formel. Nun hatte er den Hof des Königs erreicht, der gerade zu einem Krieg rüstete, und er wiederholte immer noch mechanisch die aufgeklaubten Worte.

»Was habt Ihr da gesagt?« fragte der König.

»Ich sagte: ›Ist es das wert?‹«, antwortete der Offizier.

Da ließ ihn der König wegen Defätismus enthaupten. Und was den heimlichen Ohrenzeugen betrifft: Er ist der Ahne jener Leute, die glauben, sie könnten Sufi-Wissen durch mechanisches Einpauken lehren. Der Papierfetzen wurde immer wieder irgendwo gefunden, und die Leute veröffentlichten, was darauf stand, in Büchern. Der Lauscher vermerkte natürlich nicht mit auf dem Zettel (denn er wußte es nicht), daß der Satz speziell einer bestimmten Person verschrieben worden war. Dies ist der Grund, weshalb so viele Leute ihn verwenden und versuchen, ihn wirksam werden zu lassen ...

Wiederholbare Experimente

Bei der Erforschung höherer Wahrnehmungen wird eine Menge Zeit und Energie auf den Versuch verschwendet, Experimente zu ersinnen, die wiederholt werden können. Oft gleicht dies aber dem Versuch, ein Pferd per Telefon zu füttern: Das Ziel mag lobenswert und der Grund bekannt sein, doch der gewählten Methode gebricht es stark an Information und sie führt wahrscheinlich kaum zum Erfolg.

Was das Ziel betrifft, so hängt dieses sowie die Frage, ob es lobenswert ist, davon ab, was der Experimentierende damit bezweckt. Manche halten es für eine gute Sache, »Wissen zu vermehren«, indem sie wiederholbare Phänomene ausfindig machen und dazu heranziehen, um zu einem allgemeinen Regelsystem, Gesetz oder Prinzip zu gelangen.

Im Fall der Erfahrung mit außersinnlichen Phänomenen ist das Prinzip, auf das die Sufis Wert legen, ein anderes. Ihre Untersuchungen zeigen, daß eine Orientierung an äußeren Phänomenen zu einer Verminderung dessen führt, was man dabei erfährt. Der Grund sei, daß die Kenntnis von örtlich begrenzten Phänomenen nur bis zu einem gewissen Punkt vermehrt werden kann. Tatsächlich zeigt der Detail- oder Nebeneffekt von »PSI« ihrer Ansicht nach deutlich, daß auf diesem Weg kein weiterer Forschritt möglich ist. Der Fortschritt kommt eher durch den holistischen Ansatz.

Man könnte sagen, daß der wissenschaftliche Ansatz meistens so lautete: »Ich werde dieses Phänomen dazu zwingen, seine Geheimnisse preiszugeben«, während die sufische Haltung die ist: »Möge sich mir die wirkliche Wahrheit enthüllen, wie immer sie aussehen mag.«

Die erstere ist die »heroische« Methode: mit unzureichendem Wissen etwas zu erreichen suchen; letztere ist die »Selbst-Entwicklungs«-Methode: sich in geeigneter Weise vorbereiten, um zu begreifen, was begriffen werden soll. Sie schließt Heroismus aus.

In dieser Methode ist zuerst Erfahrung erforderlich, bevor Wissen begriffen werden kann. In der ersteren dagegen liefert die Erfahrung Wissen. Eine Andeutung davon, welche Fallgrube der »heroische« Weg bieten könnte, mag die Geschichte vom Professor und dem Teppich geben – worin der gute Mann allein aus den Angaben, die er besitzt, allgemeine Schlüsse zieht:

Es war einmal ein Professor, der ein Buch verlegt hatte und es nirgends mehr finden konnte. Eines Tages hatte er lediglich seinen Hut abgelegt, schlug aus irgendeinem Grund einen Teppich zurück, und schon fand er den vermißten Band auf dem Boden.

Diese Lektion merkte er sich. Denn als ihm kurz darauf jemand erzählte, er hätte einen wertvollen Ring verloren, meinte der Professor: »Das ist im Grunde kein Problem: Sie brauchen nur zu tun, was auch ich getan habe und was zu Erfolg führte: Nehmen Sie Ihren Hut ab und schlagen Sie den Teppich zurück – dann werden Sie den Ring so gut wie auf der Stelle finden.«

Dieser Falle entgehen diejenigen, die sich um wiederholbare Experimente bemühen. Lauert aber dabei nicht eine weitere Falle, nämlich die, daß sich die Leute, die um wiederholbare Experimente bemüht sind, auf eine Mechanik verlassen, die ihrerseits das Erscheinen dessen unmöglich macht, was sie herbeizuführen versuchen?

Unter Mitgliedern wirklich mystischer Schulen ist es keineswegs unbekannt, daß der Versuch, etwas zu erzwingen, der beste Weg ist, zu verhindern, daß es gelingt. Wahrscheinlich muß aber noch oft und oft versucht werden, die Tore zum Himmel zu erstürmen, bevor erkannt wird, daß dieses Erstürmen ein Mittel ist, um sie zu verschließen.

Das Gleichnis von dem Professor paßt also gar nicht so schlecht auf den Wissenschaftler, wenn es einen Menschen porträtiert, der sich auf etwas verläßt, das, wie die Erfahrung anderer zeigt, nicht funktionieren kann. Gleichzeitig können die Ergebnisse der Experimente als solche (inklusive die negativen) aber mitunter »versuchen, Ihnen etwas zu zeigen«.

In einer weitverbreiteten Geschichte aus dem Lande der Narren beschließt eines Tages eine Gruppe einfältiger Tölpel, ihr Haus um einige Meter nach links zu versetzen. Sie ziehen ihre Kittel aus und legen sie ein Stück weit neben das Haus, um die Stelle zu markieren, die sie erreichen möchten. Dann begeben sie sich auf die andere Seite, stemmen sich gegen die Hauswand und beginnen mit vereinten Kräften zu schieben. Als sie zu der markierten Stelle zurückkehren, um nachzusehen, wie weit sie das Gebäude schon bewegt haben, entdecken sie, daß ihre Kittel nicht mehr da sind: Ein Dieb hat sich nämlich mit ihnen aus dem Staub gemacht. »O je, all unsere Kittel sind verschwunden!« jammern sie. »Das bedeutet, daß wir zu kräftig gestemmt und das ganze Haus auf sie drauf geschoben haben.«

Gefahren der Nachahmung

Was passiert, wenn echte Lehren, das heißt andere als verdünnte, einer Gesellschaft angeboten werden, die zuvor noch nicht mit ihnen in Berührung gekommen war?
Dabei muß man mit größter Vorsicht vorgehen. Ich verbürge mich zwar nicht für ihre Wahrheit, aber ich bekam einmal von einem Yogi in Indien folgende Geschichte erzählt:

Ein echter Yogi hörte während eines Englandbesuchs, daß ein höchst populärer Yogalehrer, der weithin als »Meister« oder Guru verehrt wurde, schwer erkrankt war.

Er suchte ihn auf und fand sein Bett umringt von seinen

westlichen Jüngern; alle hatten die Augen geschlossen und saßen in den bewährten Positionen da, wie Sie sie auf den attraktiven Fotos sehen können, die heutzutage an jeder Ecke veröffentlicht werden.

Der echte Yogi sagte: »Ich werde euch nun die geheimen Heilpositionen demonstrieren, die diesen Mann wieder gesund machen können.«

Gefolgt von seinen Anhängern (die dieser dramatische, aufregende Auftritt natürlich allesamt sprachlos machte), führte der Self-made-Yogi die Übungen aus, die der wahre Yogi vorgemacht hatte.

Und so sehr es auch an ein Wunder grenzte – durch die Kraft des echten Yoga wurde der falsche Meister gesund.

Nur wurden nun seine Schüler krank, denn die Anstrengungen der fortgeschrittenen Techniken gingen über ihre Kräfte...

Die Maus und der Elefant

Vielleicht möchten Sie noch eine andere (diesmal eine alte), aber nach wie vor erzählte Geschichte hören, nämlich die von der Liebesaffäre zwischen dem Elefanten und der Maus:

Der Opposition ihrer beiden Familien zum Trotz beschlossen ein Elefant und eine Maus, die unsterblich ineinander verliebt waren, zu heiraten.

In ihrer Hochzeitsnacht kippte der Elefant jedoch um und starb.

»Oh, was für ein Schicksal!«, klagte die Maus. »Einen Moment Lust und haufenweise Phantasien habe ich unwissentlich eingetauscht gegen das lebenslange Schaufeln meines Grabes!«

Wenn Sie versuchen, Fragen zu stellen, sollten Sie zunächst prüfen, ob Sie die logischen oder anderen Kurzschlüsse darin erkennen können.

Gestalt und Gehalt von Sufi-Geschichten

Mir fällt auf, daß heutzutage in allen möglichen Publikationen und Vorträgen Sufi-Geschichten verwendet werden. Welches sind die Vor- und Nachteile dieser explosionsartigen Zunahme des Interesses an und Experimentierens mit ihnen?

Der Hauptnachteil ist der, daß die jeweilige Geschichte auf eine so oberflächliche Weise verwendet wird, daß ihre innere Dynamik nicht für ihren wahren Zweck zur Verfügung steht. Immer mehr Leute schreiben uns Briefe, in denen sie anfragen, ob sie diese oder jene Geschichte verwenden dürfen, oder uns mitteilen, daß sie sie sehr brauchbar gefunden haben. Das Interessante daran ist, daß die Geschichte für den geringfügigen Zweck, den die Leute zu erreichen suchen, in den meisten Fällen nicht einmal richtig verwendet wurde. In Wirklichkeit ist es nämlich so, daß da nur jemand Wasser für seine Mühlen haben will und daß ihm das Verlangen nach Wahrheit fehlt, obwohl nur dieses ihm oder der Geschichte (von seinen Studenten ganz zu schweigen) die Möglichkeit gibt, ihre volle Potentialität zu erreichen.

Vielleicht sollten Sie sich an eine Geschichte zu diesem Thema erinnern: Es war einmal ein Mann, der, als ein Schiff im Sinken begriffen war, die Passagiere zusammenrief und ihnen erklärte, wie sie die Rettungsboote zersägen sollten, um ein Floß daraus zu zimmern!

Für Wissen gibt es keinen Ersatz. Der Versuch, die Dinge verfrüht in die Praxis umzusetzen, ist beileibe nicht nur die Angewohnheit von Leuten, die Sufi-Geschichten lehren oder sich für sie interessieren.

Wie das Obst enthalten auch Geschichten so etwas wie Farbe, Geschmack und Nährwert. Der augenscheinliche Effekt (etwa die erfrischende Wirkung) ist nicht der eigentliche Zweck ihrer Verwendung. Der Unterschied zwischen Obst und Geschichten ist der, daß die Geschichte die Aufmerksamkeit dessen erfordert, der sie zum besten gibt, während sich die nahrhafte Wirkung des Obstes automatisch einstellen wird. Auf der untersten Ebene sollte der Betreffende die Tür offenlassen, indem er darauf hinweist, daß es darin auch noch diesen anderen Gehalt gibt – oder daß zumindest diejenigen, die die Geschichte verfaßt haben, behaupten, es gebe einen solchen.

Häufig wird gesagt, andere hätten die Geschichten zu oberflächlichen Zwecken benutzt. Das berechtigt aber noch lange nicht alle dazu, es nun selbst so zu machen und die Quellen zu verwässern, die für einen höheren Zweck bestimmt sind. Übertragen Sie dies auf irgendeine Analogie, die Ihnen genehm ist (z. B. auf irgendeine Form hochspezialisierter Technologie, die zu niedrigeren Zwecken verwendet wird) und Sie werden erkennen, was für eine Verschwendung dies bedeutet und wie sehr es der Unwissenheit Vorschub leistet.

Von höchster Wichtigkeit

Sie haben, glaube ich, mehr Anekdoten über die alten Sufis veröffentlicht als jeder andere in der Geschichte des Sufismus. Bleibt dem westlichen Publikum die große Bedeutung dieser Lehrer nicht verborgen, da sich die Geschichten auf Persönlichkeiten beziehen, die in der Kultur des Ostens wohlbekannt, im Westen aber im allgemeinen unbekannt sind?

Inwiefern meinen Sie das?

Insofern, als wir wissen, daß ein Wort, wenn es, sagen wir, von Junaid oder Nuri stammt, von höchster Wichtigkeit und wirklich wahr sein muß. Wie kann aber ein westlicher Mensch dies fühlen, wenn er den Rang von Junaid oder Nuri nicht kennt?

Wenn es von Junaid oder Nuri stammt, ist es in der Tat von objektiver Wichtigkeit, und niemand braucht zum Zweck des Lernens zu wissen, wer es gesagt hat, oder zu fühlen, daß es wahr ist. Entscheidend ist: Es muß eine Wirkung haben.

Warum wird dann Junaid oder Nuri überhaupt erwähnt?

Das geschieht nicht deshalb, um die Echtheit einer Äußerung zu belegen oder um die Leute zu beeinflussen; sondern lediglich, um den Kontext festzuhalten, damit das Material für östliche wie für westliche Lernende gleichermaßen von Nutzen sein kann.

Wie es wirklich ist

Was kann man tun, wenn die engsten Freunde oder der Ehepartner etwas dagegen haben, daß man Studienversammlungen aufsucht?

Ich schlage vor, solchen Leuten erzählen Sie die folgende Geschichte:

Fehlinterpretation

Es war einmal ein Mann, der abends auszugehen pflegte, um mit einigen anderen Leuten spirituelle oder psychologische Themen zu studieren. Seine Frau war damit nicht einverstanden und beklagte sich stets, er sei selbstsüchtig und eigensinnig.

Eines Tages brachte er sie dazu, ihn zu begleiten, um sich ein Bild von der Sache zu machen. Sie hockte also unter all diesen Fremden da und mußte sich lauter unverständliches Zeug anhören. Als sie wieder aufbrachen, meinte sie schließlich: »Was für ein Haufen alberner Unsinn! Ich konnte es fast nicht aushalten...«

»Nun weißt du also, wie die Sache aussieht«, meinte der Ehemann, »und wirst doch wohl nicht mehr glauben, für mich sei das Ganze ein Vergnügen?«

Diese Geschichte zeigt zweierlei. Erstens, daß Dinge, die Ihnen nicht vertraut sind oder zu denen Sie keinen Zugang haben, unangenehm oder grauenhaft wirken. Der zweite Punkt, der in vielen Fällen durchaus der Wahrheit entsprechen wird, ist der, daß in einer Menge solcher Gruppen eine Atmosphäre herrscht, die vielen Neuhinzukommenden tatsächlich sagt, daß sie nicht ganz normal sind. Es ist also stets ein guter Test, ob Verwandte oder andere – normale – Freunde Ihre Freunde auf diesem Interessengebiet akzeptabel finden. Wenn ja, dann um so besser. Wenn nicht, dann ist es Ihre Aufgabe, herauszufinden, ob Sie einer Gruppe von Verrückten angehören und ob die Ihnen auf andere Weise Verbundenen am Ende vielleicht recht haben.

Entrinnen

Ich möchte den »Dingen dieser Welt« entrinnen und bin daher in das Studium aller möglichen Bücher über Okkultismus und experimentelle Religion eingetaucht.

Ich habe das Gefühl, daß ich dabei bin, »mich selbst zu finden« und möchte gerne wissen, ob Sie mir zustimmen, daß das der richtige Weg ist.

Haben Sie schon einmal von dem Mann gehört, der in einen Fluß getaucht ist, um dem Regen zu entrinnen?

Bücher über Okkultismus und Religion werden Sie, wenn Sie ein weltlicher Mensch sind, lediglich dazu bringen, über solche Dinge in einer »weltlichen« Weise zu denken. Was Sie lernen müssen, ist, wie man das Nichtweltliche in allen Dingen finden kann. Können Sie das? Offensichtlich nicht, denn sonst hätten Sie die Frage nicht gestellt.

Es kommt nicht allein auf das »Eintauchen«, wie Sie es nennen, an, sondern darauf, wer oder was eingetaucht wird. Manche Dinge werden durch Eintauchen gereinigt, andere lediglich patschnaß.

Innerer ›Leerraum‹

Wie kann man Fehler und Laster ausmerzen, so daß man ein wahrhaft spiritueller Mensch im sufischen Sinn wird? Es gibt so viele Berichte über Kämpfe von Heiligen gegen Versuchungen und Sünden...

Nichts von dem, was Sie gesagt haben, deckt sich mit Diagnose, Theorie, Praxis oder Erfahrung der Sufis. In Wirklichkeit handelt es sich da um etwas, was von einem nur halben Verständnis spiritueller Übungen aus der Ferne aufgeschnappt wurde.

Beachten Sie folgendes:

Sufische Spiritualität kann einem Menschen helfen, mit Dingen umzugehen, die Sie als »Fehler und Laster« bezeichnen. Aber das heißt nicht, daß man sich sofort in Aktivitäten stürzen soll, die das Ziel haben, Versuchungen und ähnliches zu bekämpfen. Solche Anstrengungen sind ohne Wirkung, und das ist das beste Argument gegen sie. Was hat aber dann Wirkung? Das erste, was man beachten muß, ist, daß Sufis nichts gegen, sagen wir, menschliche Gefühle an sich haben: Was sie verurteilen, ist das Überreagieren der Gefühle, denn es führt zum Laster oder zu dem anderen Extrem, nämlich zu eingebildeter Heiligkeit und zu pseudo-spirituellen Übungen.

Mit anderen Worten, das sufische Lernsystem verlangt, den Lernenden zuerst dazu anzuleiten, sich mit dem geringsten emotionalen Anreiz zufriedenzugeben, den er gerade noch benötigt, um Funktionen zu aktivieren, die den Einsatz von Gefühlen erfordern. Wenn dies erreicht ist, entsteht ein innerer ›Leerraum‹, der mit der sich entwickelnden Funktion ›ausgefüllt‹ werden kann.

Viele bekannte Religionssysteme haben die Dinge zu sehr vereinfacht. Sie haben z. B. behauptet, Emotionalität sei schlecht, folglich haben sie versucht, die Menschen dazu zu bringen, ihr Gefühlsleben abzutöten. Dies hatte jedoch nur trügerische Wirkungen. Oder sie haben die Gefühle in das kanalisiert, was, wie sie beschlossen haben, »gute« oder »spirituelle« Emotionalität ist. Im besten Fall ist das natürlich nur eine andere Form von Sichgehenlassen. Was wie bei jeder anderen Energie, die der Mensch benötigt, getan werden muß, ist, diese (sei es die Gewinnsucht, den Leistungszwang oder was immer der »Sünde« oder dem »Laster« zugrunde liegen mag) so zu regulieren, daß der notwendige ›Leerraum‹ gefunden werden kann. Und dieser erste Schritt ist die gemeinsame Arbeit des Lehrers und des Lernenden.

2. TEIL

Drei wesentliche Formen menschlichen Organisierens und Lernens

Alle menschlichen Leistungen werden in einem der drei »Fachbereiche« organisiert:

1. Allgemeines und Informatorisches;
2. Spezielleres oder Fachspezifisches;
3. persönliche Erfahrung.

Daraus ergibt sich z. B. für den Bereich von Nahrung und Ernährung: Information über Nahrung, Organisation von Nahrung, Konsum von Nahrung. Im Bereich der Religion finden wir: Information und allgemeine Exegese (Lehre), Anwendung religiöser Organisation (Glaubensregeln und Gottesdienst) und schließlich persönliche Erfahrung von Spiritualität.

Alle religiösen Systeme sind auf persönlicher Erfahrung gegründet (Stadium 1), die in der Folgezeit kodifiziert wurde (Stadium 2) und dann auf eine bestimmte Gemeinde angewendet wurde (Stadium 3). Wenn diese drei Stadien miteinander vermengt werden oder eines davon in Vergessenheit gerät, glauben die Menschen, die Organisation sei alles oder das Wichtigste wären die Regeln oder keines von beidem sei von Belang, da sie lediglich nach persönlicher Erleuchtung streben.

Menschen, die sich mit Übereifer um persönliche Erfahrung bemühen, könnten auf die Idee kommen, die Institution oder das Dogma anzugreifen, da sie sich einbilden, diese stünden ihr im Weg. Das Problem, auf das sie gestoßen sind, besteht in Wirklichkeit darin, daß sich diese Bereiche so weit ausgedehnt haben, daß sie den Anspruch erheben, die individuelle Erfahrung entweder zu repräsentieren, zu vernichten oder zu ersetzen. Das Gleichgewicht zwischen den drei Bereichen ist verlorengegangen, und es ist nicht so, daß der eine oder andere der allerwichtigste oder aber mit anderen austauschbar geworden wäre.

Daraus folgt: Wir mögen vielleicht etwas über Nahrung wissen oder die nötige Apparatur besitzen, um sie uns zu verschaffen, sie zu kosten und zu verdauen. Das heißt aber nicht, daß wir auch in geeigneter Weise organisiert sind, dies immer tun zu können, oder daß wir sie kosten können, ohne sie uns zu verschaffen. Und wenn wir sie gekostet haben, folgt in ganz ähnlicher Weise daraus noch nicht, daß wir die nötige Information oder Organisation besitzen, um sie ein zweites Mal zu erkennen oder zu bekommen.

Diese einfache Formel ist so wenig bekannt, daß man beinahe Hemmungen hat, sie auszusprechen. Und doch ist sie für die Wiederherstellung der Ausgewogenheit in der Strategie des Zugangs – d. h. für das Wiederfinden der Wahrheit und das Erkennen der Tatsachen – von wesentlicher Bedeutung.

»Auf dem Rücken eines Esels ...«

Vor kurzem besuchte mich ein Mann, der von einem ungeheuren Eifer getrieben war. Er hatte eine Menge Bücher gelesen, in vielen Gruppen von »Suchenden« geweilt und sich in den Wunsch hineingesteigert, in eine Lernsituation zu gelangen. Ich erklärte ihm, daß eine so hochgradige Emotionalität den Weg zum Lernen versperre.

Offensichtlich hatte er in der Vergangenheit von anderen die Information erhalten: »Inbrunst ist der erste Schritt zur Spiritualität«, und war daher nicht gewillt, kampflos von diesem Ziel abzulassen. Er sagte, was ihn zu mir geführt habe, sei intensives, aufrichtiges und tiefempfundenes Verlangen, und er fragte, was daran also schlecht sein könne.

Allein die Tatsache, daß er die Dinge so sah und den Fehler in seinem eigenen Denken nicht sehen konnte, war ein ausreichend deutliches Symptom für seinen Zustand. Also mußte ich ihm diesen erläutern. Ich sagte: »Wenn Sie auf einem Esel bis vor mein Haus gelangt wären, so hätte Ihnen dies noch nicht das Recht gegeben, auf seinem Rükken bis in mein Büro hineinzureiten. Der Esel erfüllt durchaus seinen Zweck, aber dann übernehmen andere seine Rolle.«

Wieder führte sein Zustand der Aufgeregtheit dazu, daß er meine Auskunft nicht als das betrachtete, was sie war, nämlich eine völlig vernünftige Stellungnahme zu seiner Situation, sondern als so etwas wie die Inspiration eines Meisters oder ein esoterisches Gleichnis.

Wenn eines der Symptome für den Zustand eines Menschen darin besteht, daß er nicht einsieht, daß er sie hat, ist natürlich die Wahrscheinlichkeit groß, daß das Reden wenig Sinn hat. Und dies ist der Grund, weshalb die Leute eine Behandlung und keine Erklärungen brauchen. Es besteht die Möglichkeit, daß er wieder gesund wird, wenn er dazu gebracht werden kann, daß er sich auf jene Art normal verhält wie jemand, der nicht solche Ambitionen hat.

Leider kann sich nämlich das Streben nach Höherem manchmal in eine Form von Anmaßung verwandeln – und das ist der Grund, weshalb alle Traditionen, die etwas taugen, Demut verlangen. Diese Haltung, die so häufig eine Tugend genannt wird, ist jedoch viel eher als eine rein technische Notwendigkeit zu betrachten.

Ein anderes Beispiel aus allerjüngster Erfahrung ist ebenfalls nützlich, um bestimmte Haltungen zu illustrieren. Ein Mann, der mir von einer oder mehreren Personen geschrieben hatte, die versucht hätten, mich anzugreifen, will mich ständig dazu bewegen, daß ich zurückschlage, und er findet, daß er sich selbst in irgendeiner Form daran beteiligen sollte. Ich schreibe ihm ständig in einer beruhigenden und vernünftigen Weise zurück, aber das befriedigt ihn nicht. Er beharrt darauf, daß er etwas unternehmen sollte, denn solchen Leuten sollte man nicht zu tun erlauben, was sie tun. Der Fehler ist hier natürlich der, daß mein Briefpartner keinen Überblick hat und wenig von den Zusammenhängen weiß. Er hat versäumt, sich selbst zu fragen, ob *er* überhaupt der richtige Mann für diese Aufgabe ist. Ständig kommen Menschen zu mir, die die ganze Welt oder auch nur kleine Teile davon ins Lot zu bringen versuchen. Aber bevor man das tun kann, muß man wissen, wie man dabei wirklich wirksam zu Wege geht. Heldenmut ist kein Ersatz für Wirksamkeit. Und *das* ist die Lektion, die hier vonnöten ist. Aufgrund der Sinnverwirrung in den gegenwärtigen Kulturen kann man das aber leider nicht unverblümt ansprechen, weil die Menschen auf Zustimmung und nicht auf Information aus sind. Wenn sie bereit sind, sich informieren zu lassen, können sie zu Kenntnis gelangen und dann wirksam handeln. Das erklären wir ihnen. Wenn sie nicht dazu bereit sind, bedeutet das in Wirklichkeit, daß sie uns ablehnen und letzten Endes die Strategie und sogar die Taktik diktieren.

Wie läßt sich das mit *unserer* Rolle vereinbaren? In jeder Lehrsituation muß der eine lehren und der andere lernen. Daher unsere Frage: »Wollen Sie mir erlauben zu lehren?«

Die Leute, die fragen: »Wollen Sie mich lehren?«, wollen selten wirklich lernen. Oder sie haben bestenfalls eine Prioriät, nämlich die, daß sie zuerst ihre eigene subjektive Rolle spielen dürfen. Sie errichten gewissermaßen eine Art Zirkus zwischen sich und der Lehrsituation.

Die einzige Antwort für sie ist die, daß sie sich zuallererst damit zufriedengeben, daß sie lernen wollen, und daß sie die Frage klären, ob sie bereit sind, den Lehrer und das Lehren zu akzeptieren. Wenn nicht, dann verschwenden sie eine Menge Zeit, die unsere so gut wie die ihre.

Der richtige Moment

Kann man die Handlungen eines Menschen voraussagen?
Kann ein Sufi-Lehrer einem dabei helfen, zu vermeiden,
daß man das Leben mit Studieren und Suchen oder mit
unnötigen Erfahrungen verschwendet?

Bei genügender Information ist es fast unmöglich, die
Handlungen der Menschen *nicht* vorauszusagen. Was die
Frage betrifft, ob ein Sufi einem dabei helfen kann, zu
vermeiden, daß man die Zeit verschwendet: Genau dazu ist
der Sufi den Lernenden gegenüber ja da. Die Frage ist nur,
ob sie es auch akzeptieren.

Dazu gibt es eine alte Geschichte, die teilweise im persischen *Tausend und ein Tag* zu finden ist und von dem
Derwisch Mukhlis von Isfahan verfaßt wurde:

Schicksal und Handlungen

Es war einmal ein weiser Mann, der seinem Sohn eine sehr
große Geldsumme hinterließ. Auf dem Sterbebett sprach er
zu ihm:

»Solltest du jemals in wirkliche Verzweiflung geraten –
nur dann und nicht früher! –, so öffne jene Tür, aber wirklich erst dann, wenn du buchstäblich nicht mehr genug zu
essen hast, um auch nur einen Tag zu überleben.«

Aber sowie der Vater starb, öffnete der Junge bereits
voller Ungeduld und Neugier die besagte Tür. Dahinter
befand sich eine Kammer, und in dieser Kammer befanden
sich ein Seil und ein hölzerner Block. Ein Hinweis an der
Wand forderte ihn auf, den Holzblock zu besteigen, sich die
darüber hängende Schlinge um den Hals zu legen und zu
springen.

»Das ist ja ein feines Verhalten eines Vaters seinem Sohn
gegenüber!« sagte er sich.

Als er sich umwandte und die Kammer wieder verließ,
entdeckte er eine weitere Inschrift an der Wand:

Wenn du nicht gehütet und genutzt hast, was dir geschenkt wurde, wird viel Wirrsal und unnötiges Leid dich verfolgen. Deine eigenen Handlungen werden diese Ereignisse so lange verursachen, bis du lernst, daß du zu reisen hast:

von Voreiligkeit und Neugier zu wilder Vermutung;

von Verschwendung zu Unglück;

von Verzweiflung zu ungenügender Abhilfe;

von Achtlosigkeit zu Verspottung;

von Elend zu Hoffnungslosigkeit;

von Gehorchen zu Erfüllung;

von Prüfen zu Erleuchtung.

Er verließ die Kammer und dachte nicht daran, seines Vaters Worten auch nur im mindesten zu glauben, sondern er stürzte sich in ein Leben aus Spielen und Spekulieren mit dem, was er geerbt hatte, wodurch er sich viele Freunde gewann, die ihm nach Kräften halfen, sein Geld zu verschleudern und seine Güter durchzubringen.

Schließlich war er tief verschuldet und gelangte am Ende zu dem Punkt, wo er kein Geld mehr besaß, um sich etwas zu essen zu kaufen. Er raffte die letzten kleinen Habseligkeiten im Haus zusammen und trug sie zum Markt, wo er sie für einen Spottpreis verhökerte und sich dafür ein wenig Brot und Joghurt kaufte. Als er sich auf dem Heimweg befand, fiel ihn ein Hund an, verschüttete den Joghurt, schnappte das Brot und rannte damit auf und davon.

Gar verzweifelt suchte der Junge nun die Häuser all seiner vermeintlichen Freunde auf und bat um einen Teller Essen und ein tröstendes Wort. Aber sie lachten ihm nur ins Gesicht und wimmelten ihn einer nach dem andern ab mit den Worten: »So arm kannst *du* doch nicht sein!«

Wie er nun hungrig und elend dasaß, dachte er bei sich: »Von Achtlosigkeit mit dem Brot und Joghurt zu Verspottung durch meine Freunde; dies ist die Zeit des Elends, ganz wie von meinem Vater vorausgesagt: und ein solches Elend führt sicher zur Hoffnungslosigkeit.«

Und damit trat er wieder in die Kammer mit dem Seil, wieder las er den Hinweis: »Steig auf den Block und häng dich auf.«

Er stieg auf den Holzblock, legte sich die Schlinge um den Hals und sprang.

Sowie er dies tat, riß das Seil ab, die Decke stürzte herab und mit ihr ein gewaltiger Schatz von Goldmünzen, der darüber verborgen war.

»Von Gehorchen zu Erfüllung!« schrie der Junge. Er bezahlte seine Schulden und kaufte seinen Besitz zurück. Dann lud er seine einstigen Freunde zu einem reichen Festbankett.

»Als ich von meiner Armut sprach«, sagte er, »habt ihr mir nicht geglaubt. Jetzt möchte ich euch eine Geschichte erzählen. Es gibt eine Menge Ratten in dieser Stadt, die so gefräßig sind, daß sie sogar Steine fressen. Manche von ihnen sind auf Edelsteine spezialisiert und ernähren sich nur von Rubinen und Smaragden. Jeder, der das glaubt, hebe die Hand ...«

Jeder der Anwesenden hob eine heuchlerische Hand.

»Ihr habt nicht an meine Armut geglaubt, als ich hungrig war und etwas von euch wollte, obwohl das, was ich benötigte, nur eine Krume Brot und ein freundliches Wort war«, sagte er, »und nun glaubt ihr jedes Wort, das ich sage, weil *ihr* etwas wollt, nämlich meinen Reichtum. Von Prüfen zu Erleuchtung, so lautete meines Vaters Lehre, die Lehre eines weisen Mannes. Nun schert euch aus meinem Haus, alle miteinander, und laßt mich zurückkehren auf den Pfad des Lernens, das ich mir aus eigener Dummheit so sehr erschwerte.«

Denk an das Ende

Obwohl man den Begriff *Derwisch* gewöhnlich mehr oder weniger vage als Bezeichnung für einen Sufi verwendet, ist ein Derwisch in Wirklichkeit nichts weiter als ein Mensch, der sich auf dem Pfad befindet: ein Lernender, der jedoch vielleicht allzuoft auf eine stereotype Art und Weise denkt oder handelt.

Es war einmal ein König, der die Gesellschaft von Derwischen schätzte. Als er einmal einem solchen begegnete, der alle Anzeichen großer Frömmigkeit aufwies, fragte ihn der König, ob er ihm nicht einen Satz nennen könne, der ihm in seiner spirituellen Entwicklung helfen würde.

»Gewiß kann ich das«, sagte der Derwisch. »Sprecht mehrmals täglich die Worte: ›Denk immer an das Ende, bevor du etwas anfängst‹. Das pflege auch ich zu tun.«

In Dankbarkeit machte es sich der König zur Gewohnheit, diesen Satz zu wiederholen, wann immer er ihm einfiel – und das geschah gewöhnlich, wenn er sich in entspannter Stimmung befand.

So kam es, daß der König eines Nachts gerade müßig in seinem Palast saß, sich immer wieder die Folge dieser Worte vorsagte und über ihre Weisheit meditierte, als zwei Diebe, die durchs Fenster eingestiegen waren, dies vernahmen. Sie glaubten, der König sei mit mystischen oder seherischen Fähigkeiten begabt und habe sie gesehen, obwohl er ihnen den Rücken zukehrte, und so wurden sie von Entsetzen gepackt und gestanden alles. Der König war hocherfreut.

Kurz danach saß der König entspannt in seinem Sessel, während sein Barbier sich anschickte, ihn zu rasieren. Nun war der Barbier aber mit dem Versprechen bestochen worden, er werde den Posten des Großwesirs erhalten, wenn er dem König die Kehle durchschneide. Dies wollte der Barbier gerade tun, als er den König zwei- oder dreimal die Worte »Denk immer an das Ende, bevor du etwas anfängst« in seinen Bart murmeln hörte.

Starr vor Entsetzen ließ der Barbier sein frischgewetztes Rasiermesser fallen, warf sich vor seinem Monarchen in den Staub, flehte um Vergebung und gestand alles.

Der König war überglücklich angesichts der anhaltenden Macht und Wirksamkeit seines Mantras und rief den gesamten Hof zusammen, damit alle von der Weisheit des Derwischs hörten und erführen, wie sie sein Leben gerettet habe. Doch es war auch ein Sufi zugegen, und dieser war sich der Begrenztheit der Philosophie von Derwischen wohl bewußt. Daher sagte er zu dem König:

»Wißt, mein König, daß Ihr auch mit unvorhergesehenen Möglichkeiten rechnen müßt.«

Aber der König, der die einfachen Lösungen liebte, lehnte es ab, seinen Worten Gehör zu schenken.

Da nahm der Sufi ein Stöckchen aus den Falten seiner Robe und hielt es in die Höhe. Dann klopfte er dreimal damit auf den Boden, und als Antwort auf dieses Signal kam ein Hund in den Thronsaal hereingelaufen.

»Jetzt bring uns«, befahl der Sufi dem Hund, »eine Erfrischung – sagen wir, einen Krug eisgekühlten Scherbett. Wenn du aber zurückkommst, so schlüpf in die Gestalt einer lieblichen Maid.«

Der Hund trottete hinaus, und nach wenigen Minuten trat ein wunderschönes Mädchen herein und brachte einen juwelenbesetzten Krug und zwei bernsteinerne Becher, um den Scherbett zu kredenzen.

Der König war entzückt. »Sufi«, rief er, »gib mir diesen Zauberstab und ich gebe dir dafür einen Sack, gefüllt mit meinen erlesensten Juwelen.«

Kaum war der Tausch vollzogen, da probierte der König den Stab aus, aber nichts passierte. Voll Zorn starrte er den Sufi an und verlangte eine Erklärung.

Der Sufi verneigte sich und sprach: »Majestät, Ihr denkt an ein bestimmtes Ende, wenn Ihr etwas anfangt. Aber Eure Auffassung über das Anfangen war so unbrauchbar wie die über das Ende. Ihr habt nämlich nicht am wirklichen An-

fang angefangen, denn dieser hätte darin bestehen müssen,
daß Ihr zuerst Euren Verstand zur Reife kommen laßt.«

Die abenteuerlustigen Frösche

Im Lande Irak lebten zwei Frösche: der eine in Bagdad, der
andere in der Stadt Basra.

Ungefähr zur selben Zeit kam beiden Fröschen eine ähnliche Idee. Der aus Bagdad dachte, er würde gerne einmal
Basra besichtigen; der Frosch von Basra sehnte sich danach,
eine Reise nach Bagdad zu machen.

Und so brach ungefähr zur selben Zeit jeder von ihnen zu
seiner Reise auf.

Genau auf halbem Wege zwischen den beiden Städten –
oder ungefähr an dieser Stelle, das spielt keine Rolle – begegneten sie einander.

»Wo gehst du hin?« fragte der eine Frosch.

»Nach Basra. Und du?«

»Nach Bagdad.«

»Und woher bist du? Ich bin aus Basra.«

»Ich bin aus Bagdad.«

Sie saßen eine Weile da und dachten nach. Unterdessen
kam ein Narr daher und erkundigte sich, woher sie kämen
und wohin sie gingen.

Nachdem er ihre Geschichten vernommen hatte, meinte
er: »Eure Reisen haben nicht den mindesten Sinn. Jeder von
euch sollte wieder nach Hause gehen.«

Das überzeugte die Frösche nicht.

Dann kam ein Weiser daher. Als der von den Plänen der
beiden Frösche hörte, gab er ihnen den gleichen Rat wie der
Narr.

Aber die Frösche interessierten sich weder für die Worte
des Narren, noch für die des Weisen, und so hüpfte jeder
weiter seines Wegs.

Nachdem die Frösche eine Weile an ihrem jeweiligen Zielort verbracht hatten, wurde ihnen jedoch klar, daß beide, der Narr wie der Weise, recht gehabt hatten.

Denn egal, wieviel Vergnügen das Reisen und das, was man dabei erlebt, einem Frosch auch bereiten mag, so sahen die Städte Bagdad und Basra einander doch so ähnlich, daß es kaum einen Unterschied machte, in welcher sie sich befanden.

Bevor Sie also loshüpfen, müssen Sie womöglich zuerst aufhören, ein Frosch zu sein...

Hitze und Durst

Können Suchende immer erkennen, wer ein wirklicher Lehrer ist? Wenn nicht – was kann ihnen dann passieren?
Was ihnen dann passiert, entspricht in gewisser Weise dem, was den fünf Derwischen passierte.

Eine Gruppe wandernder Derwische kam einmal zum Haus von Baba Farid (gest. 1265) und beklagten sich darüber, daß sie auf ihrer Suche bereits ungeheuere Entfernungen zurückgelegt, aber noch nicht einen wahren Sufi gefunden hatten.

»Setzt euch«, sagte Farid, »und ihr werdet einen finden.«

Aber die Derwische wollten nicht verweilen und sagten, sie müßten ihre Suche fortsetzen.

Als sie wieder aufbrachen, sagte Baba Farid:

»Ich bitte euch, nehmt nicht die Straße durch die Wüste, denn sie ist gefährlich für euch.«

Aber sie schenkten seinem Rat keine Beachtung. Das Ergebnis war: Vier starben an der Hitze; der fünfte fand schließlich zwar Wasser, aber er ging an übermäßigem Trinken zugrunde.

Dies ist eine Metapher dafür, wie es denen ergeht, die im normalen Alltagsleben auf das Suchen fixiert sind und daher nicht nur das Finden verpassen, sondern auch noch dafür leiden – und zwar ohne Sinn und Zweck.

Die Unterhaltung der Vögel

Ich habe beschlossen, mich auf das Unternehmen einzulassen, Wissen zu suchen, und ich bin entschlossen, es erfolgreich durchzuführen. Egal, welche Opfer und Probleme damit verbunden sein mögen, ich werde alle Bücher lesen, alle Übungen machen, alle Reisen unternehmen, die dazu notwendig sind, bis ich mein Ziel erreiche. Ist daran etwas falsch?

Es gibt eine klassische Sufi-Geschichte über einen König, der auf Krieg auszog. Er wurde von allem begleitet, was dazu notwendig war, vom Gold bis zu den Waffen, von tapferen Kriegern bis zu Marschmusikanten. Keine Einzelheit seines Unternehmens war vergessen worden. Unterwegs begegnete er einem Derwisch, der ein mittelloser und gebrechlicher Wanderer, aber ein weiser Mann war und in dem Ruf stand, er verstehe die Sprache der Vögel.

»Ich verstehe die Sprache der Vögel«, erzählte er dem König, »und auch, was sie über Eure Majestät sagen.«

Da fragte der König: »Sind sie darüber erfreut, daß ich diesen Weg beschreite und entschlossen bin, ihn erfolgreich bis zum Ende zu gehen?«

»Sie sind sogar entzückt, Majestät«, antwortete der Derwisch, »denn sie sagen: ›Dieser König wird so viele Städte in Schutt und Asche legen, daß wir zwischen all den verfallenen Gemäuern bis ans Ende aller Zeiten Nistplätze in Hülle und Fülle haben.‹«

Dies ist die Antwort auf Ihre Frage: Mit den Methoden, die Sie erwähnen, werden Sie ein Ziel erreichen. Die Frage, welche Wirkung dies auf andere haben wird, und welches Schicksal Sie selbst dabei erwartet, wird in diesem Denkschema nicht berücksichtigt. Das ist der Grund, weshalb es bei uns die Institution des Lehrens und des Lernens gibt: damit die Leute nicht nur auf dem Pfad fortschreiten, sondern dies auch in einer Weise tun, die für alle Wesen und Dinge, die davon betroffen werden, von Vorteil ist.

Einbildung

Wie können wir uns die Tatsache erklären, daß viele Leute, sogar sehr gebildete und geachtete, aufgrund von ungenügender Information Entscheidungen treffen und, wie sich zeigt, ihre Ansichten häufig zurückziehen oder ändern müssen? Und warum sind manche von ihnen nicht bereit, sie zurückzuziehen, selbst wenn sie falsch sind?

Das brauchen wir uns nicht zu erklären, sondern wir müssen es nur beachten, damit wir nicht den Fehler begehen, zu glauben, man könnte sich auf das, was die Leute glauben, verlassen. Nebenbei gesagt, können Sie nachweisen, daß die Menschen dies noch nicht begriffen haben, wenn Sie sich nur einmal umhorchen. Die Leute glauben nämlich, sie könnten sich auf ihren eigenen Verstand verlassen.

Ein psychologischer Test nach dem anderen zeigt heute jedoch das Gegenteil: nämlich, wie wenig man sich auf Augenzeugen, auf das Gedächtnis, auf Gelerntes, auf Meinungen und so fort verlassen kann. Hier ein Beispiel für eine übliche Art der Täuschung: Niemand käme auf den Gedanken, die Fernsehserie *Colditz* sei abgebildete Wirklichkeit oder der britische Schauspieler Anthony Valentine sei tatsächlich ein Nazi-Offizier. Und doch beklagte er sich in einem Interview mit Tim Ewbank darüber, daß sich eine Bedienung (im wirklichen Leben) geweigert habe, ihm Tee zu servieren, mit der Begründung, er sei ein Nazi-Offizier und würde die Post von Kriegsgefangenen öffnen. Er erwähnte auch, ein Parkplatzwächter in Waterloo habe ihn »von oben bis unten angestarrt und gemeint, Typen wie mich könne er nicht ausstehen« (*The Daily Mail*, London, 14. Januar 1974, S. 7).

Die Vögel

Einmal wandte sich gleich eine ganze Gruppe von Leuten an einen Sufi-Meister mit dem Gesuch, seine Schüler zu werden. Da gab er jedem ein Kästchen und einen Schlüssel mit der Anweisung, das Kästchen nicht zu öffnen und ihm am nächsten Tag wieder zurückzubringen.

Als sie wiederkamen, öffnete er die Kästchen und stellte fest, daß die meisten leer waren. In jedem hatte sich ein Vogel befunden, der entflogen war und nicht wieder eingefangen werden konnte, als die Möchtegern-Schüler versucht hatten, sich einen heimlichen Blick zu leisten.

Als sie damit konfrontiert wurden, so wird berichtet, seien nur wenige der Kandidaten erfreut gewesen. Einige meinten, dies sei kein fairer Test gewesen; andere beklagten sich, es sei nicht nett, Vögel in Kästchen zu sperren; wieder andere behaupteten, ein flüchtiges Nachsehen hätte ergeben, daß ihr Kästchen überhaupt keinen Vogel enthalten habe.

»Diese Erklärungen und Behauptungen«, sagte der Meister zu den Versammelten, »sind so wichtig und so aufschlußreich wie die Zurückhaltung der erfolgreichen Kandidaten, denn sie können uns allen etwas lehren.«

Wissen oder Experiment?

Inwieweit Sufis zur Freisetzung des menschlichen Potentials beitragen können, hängt davon ab, inwieweit verstanden wird, daß es notwendig ist, die Hindernisse zu beseitigen, die dem Verstehen entgegenstehen.

Das Haupthindernis gegen das Verstehen ist das Wunschdenken und das Befolgen dessen, was einem gefällt. Wenn jemand den Wunsch hat, spirituelle Zustände zu erreichen, wird er dieses Ziel daher auf eine Art und Weise verfolgen, die nicht dem Weg entspricht, auf dem dies möglich ist, sondern die ihm Befriedigung verschafft.

Dies ist die Haupttriebfeder aller menschlichen Bewegungen, seien es politische, nationale, religiöse, wirtschaftliche oder andere. Zuerst ist das Ziel da, dann der Mechanismus, um es zu erreichen. Das betreffende Ziel muß dem Aspiranten stets gefallen und die Methode so beschaffen sein, daß sie ihm Befriedigung verschafft.

Kein anderes Muster, keine andere Formel ist vonnöten, um zu erklären, weshalb die Leute an eine solche Fülle von Organisationen und Systemen glauben.

Das Muster ist vollkommen, das System liefert Resultate – wenn auch unter einem Vorbehalt. Er läßt sich mit dem Satz umschreiben: »Ein attraktives Ziel und ein befriedigendes Verfahren wird stets Ergebnisse bringen, vorausgesetzt, das Ziel liegt im Bereich des Möglichen und die Methode ist wirksam.«

Viele Ziele sind jedoch unrealistisch und sehr viele Verfahren sind unwirksam. Ein Ziel der alten Ägypter war es, die Bilharziose zu heilen – ein sehr attraktives Ziel. Die gewählte Methode war die Beschneidung. Der einzige Haken daran war, daß sie nicht wirkte. Unzählige Generationen von Menschen wollten Gold machen; ebenfalls ein sehr attraktives Ziel. Ihre Methoden (unter anderem das »Extrahieren der Unreinheiten aus dem Blei«) wirkten nicht.

Heute ist weithin bekannt, daß die Bilharziose durch einen Parasiten in den Blutgefäßen hervorgerufen wird und daß Gold kein gereinigtes Blei ist. Daher verliert entweder das Ziel oder die Methode, manchmal beides, seine Attraktivität. Der Grund dafür, daß der Reiz des Ziels oder der Methode versagt, ist – faktisches Wissen.

Auch an den Zielen der Menschen unserer Tage, die nach Macht, Vergnügen, Befriedigung etc. streben, ist zumindest in manchen Fällen unschwer zu erkennen, daß sie abgewandelt oder gar aufgegeben werden können durch eine Zunahme an faktischem Wissen, das über die falschen Annahmen aufklären könnte, auf denen das betreffende Unternehmen und/oder seine Methoden beruhen.

Diese falschen Annahmen, die durch Habgier oder andere Subjektivitäten noch verstärkt werden, sind die Hindernisse, die dem Wissen und sogar dem faktischen Wissen entgegenstehen. Solange die Menschen nicht anfangen, sich Fragen zu stellen von der Art wie »Was ist Bilharziose wirklich?« oder »Was sind Metalle wirklich?«, wird das »Beschneiden« und »Extrahieren« weitergehen.

Das ist der einzige Grund, weshalb alles Bemühen der Sufis auf das Wissen ausgerichtet ist. Von diesem Standpunkt aus muß alles Bemühen ohne Wissen als spekulativ und somit als energieverschwendend betrachtet werden und als etwas, das vielleicht nicht einmal zum Ziel führt.

Süßes Wasser[*]

Im Kreise der Weisen erzählt man sich eine Geschichte von einem Mann, der glaubte, das Vergnügen sei des Menschen höchstes Ziel in diesem Leben.

Eines Tages wurde er auf einer Reise von Durst gepackt. Er klopfte an die Tür eines Derwischs und bat um einen Schluck kühlen, klaren Wassers.

Der Derwisch, der sowohl seinen äußeren wie auch seinen inneren Zustand erkannte, brachte ihm eine Tasse, gefüllt mit einer warmen, fauligen Flüssigkeit.

»Das ist ja untrinkbar!« platzte der Besucher heraus. »Ich bat dich um sauberes, kühles Wasser...«

»Mein Freund«, sagte der Derwisch, »wir sind Gefangene dieser Welt, und Sträflinge erhalten nicht die beste Verpflegung – und dies, obwohl sie in ihren Träumen wahrhaftig mehr als jeder andere danach schmachten.«

---

[*] Eine ganz ähnliche Geschichte ist in *Silk al-Suluk – Die Schnur des Lebensweges* von Khaja Ziauddin Nakhshabi (gest. 1350/51) zu finden.

Direktes und indirektes Lernen

Wenn dem spirituellen Fortschritt ein Hindernis entgegensteht, so darf es nicht immer direkt angegangen werden. Das Anwenden von Wissen kann die Lösung von Problemen durch besondere Techniken ermöglichen.

Die Geschichte *Die Truhen* beschreibt diesen Prozeß auf allegorische Weise:

Die Truhen

Ein Zentralasiate befand sich auf dem Weg nach Mekka und beschloß, eine Truhe mit seinen Wertsachen bei irgendeinem Kaufmann mit gutem Leumund in Kairo zurückzulassen, bevor er aufbrach, und nur das Wenige auf die Pilgerreise mitzunehmen, was er wirklich benötigte.

Er zog Erkundigungen ein und befand sich schließlich im Laden eines Mannes, der bei Seinesgleichen als ein Muster an Aufrichtigkeit galt.

Als er zurückkehrte und sein Eigentum wieder abholen wollte, bestritt der Kaufmann jedoch, es jemals erhalten zu haben, und behauptete gar, er hätte den Pilger nie zuvor gesehen.

Sogar die Nachbarn mochten nicht glauben, daß ein Mann von solchem Ansehen wie dieser Kaufmann überhaupt imstande sei zu lügen.

In einem Zustand von Schock und völliger Verzweiflung, ohne Freunde und in einem fremden Land, wanderte der Pilger, dem nur noch wenig Geld verblieben war, die Straße hinunter und wußte nicht, was er als nächstes tun sollte.

Da bemerkte ihn eine nach Derwisch Art gewandete weise Frau und fragte ihn nach dem Grund seiner Trübsal.

Als er ihr erklärt hatte, was ihm widerfahren war, sagte sie:

»Was würdet Ihr vorschlagen, dagegen zu unternehmen?«

»Ich kann mir nur denken, daß ich zur Gewalt greifen oder zur Polizei gehen könnte«, sagte der Pilger.

»Die Polizei wird Euch nicht helfen können, da Ihr keinen Beweis für ein Verbrechen habt«, entgegnete die Frau, »und was Gewalt betrifft – die brächte Euch nur ins Gefängnis.«

»Wenn Ihr aber gewillt seid, mir voll zu vertrauen«, fuhr sie fort, »so kann ich einen Plan ersinnen, der Euch wieder zu Eurem Eigentum verhilft.«

Der Pilger war einverstanden, zu tun, was immer sie von ihm verlangte. Sie half ihm, für einen Tag zehn prächtige und kostbar aussehende Truhen zu mieten, und füllte diese mit Erde und Steinen. Dann bat sie einen anderen Freund, einen Derwisch, der als reicher Mann verkleidet war, die Kisten auf einem Wagen zum Laden des Kaufmanns zu begleiten.

Als der Mann mit seiner Fracht vor dem Laden ankam, tat er, als sei er fremd in der Stadt, und fragte den Kaufmann, ob er bereit sei, für die Zeit, wo er ins Ausland ginge, auf die zehn Truhen aufzupassen.

›Diese Truhen sehen ganz danach aus, als wären sie gefüllt mit Wertsachen‹, dachte der Kaufmann und so erklärte er sich einverstanden, sie gegen eine kleine Gebühr in seine Obhut zu nehmen und bewachen zu lassen.

Als man die Truhen gerade in den Laden schaffen wollte, kam der Auftritt des Pilgers. Er trat zu dem Kaufmann und dem verkleideten Derwisch und sagte:

»Ich komme wegen der Truhen mit meinen Wertsachen. Kann ich sie jetzt wiederhaben?«

Aus Angst, der Besitzer der aufregenden Truhen voller ›Wertsachen‹ würde ihm nicht mehr trauen, wenn es zu einer Meinungsverschiedenheit käme, händigte der Kaufmann dem Pilger mit einem sauren Grinsen seine Habe aus.

Dann erklärte der verkleidete Derwisch: »Besten Dank für Eure Mühe, aber ich hab's mir anders überlegt – ich nehme meine Truhen jetzt doch mit auf die Reise.«

84

Und so wurde des Pilgers Problem gelöst...

Er dankte den Derwischen für ihre Hilfe und sagte: »Ich kann mir einfach nicht vorstellen, wie ihr auf diese geniale Lösung gekommen seid.«

Mit dem Lernen beginnen

Wann kann ich mit dem Lernen beginnen?
Sie haben bereits begonnen. Sie lernen die ganze Zeit. Vieles von dem, was Sie lernen, ist für Sie nicht wahrnehmbar. Vieles von dem, was Sie wissen, ist kein geeignetes Wissen für das, womit wir uns befassen. Wenn wir darüber sprechen, ›wie man zu lernen lernt‹, verlangen wir auch die Fähigkeit, zu unterscheiden, welche Teile von dem, was Sie lernen, für die Entwicklung von Wert sind. Dies wiederum bedeutet: die Fähigkeit, zu erkennen, wann, wie und wo Sie das Lernen zu bewußter Entwicklung verwenden.

Erinnern Sie sich an die Geschichte von den dummen Fischen, die zu dem weisen alten Fisch geschwommen kamen und ihn fragten, ob er ihnen beschreiben könne, was es mit diesem Ding, genannt Wasser, auf sich habe, von dem sie gerade gehört hatten!

In Ihrem gegenwärtigen Stadium müssen Sie versuchen zu erkennen, daß ein Mensch, der blind herumtastet oder bestimmte, einem unvorbereiteten Verstand entspringende Fragen stellt, eine Antwort nur in seinen eigenen Denkmustern verarbeiten kann, die aber vielleicht nicht dazu geeignet sind, von dieser Antwort etwas zu profitieren. Sie sollten sich nicht so verhalten, daß Sie sich nur vage fragen: »Wie kann ich mit dem Lernen anfangen?«, sondern Sie sollten sich fragen: »Was soll ich mit mir anfangen?«

Der Rat und das Suchen

Es war einmal ein Dichter, der einen berühmten Sufi-Meister aufsuchte und viele Monate lang in dessen Versammlung saß, ohne daß irgend jemand ihn irgendwie beachtete.

Als auch der letzte Rest seiner Begeisterung für den Sufi verflogen war, bat der Dichter um Erlaubnis, ihn verlassen zu dürfen, da er seiner Wege ziehen und sein Glück suchen wollte.

Da sagte er Sufi:

»Wollt Ihr, daß ich Euch eine Summe Geld als Geschenk für Eure Reise gebe, oder würdet Ihr statt dessen lieber drei Ratschläge annehmen?«

Der Dichter sagte, er hätte lieber das Geld, denn damit könne man sich Rat kaufen, von Ratschlägen könne man dagegen nicht satt werden.

So machte er sich denn auf den Weg, und sein Geld fiel Räubern in die Hände, und er schloß daraus, daß er für das Sufi-Leben nicht geschaffen sei. Hier verläßt er unsere Geschichte.

Nun kam ein zweiter Mann, diesmal ein Kaufmann, und setzte sich zu des Sufis Füßen nieder. Sieben Jahre lang arbeitete er für ihn, und doch durfte er nicht einmal auch nur mit einem anderen Schüler in gesellicen Kontakt treten. Nach mehreren Jahren gelangte er zu dem Schluß, daß er genug von alledem hatte. Auch er bat um Erlaubnis, zu gehen.

Der Sufi bot ihm Geld oder Rat an. Der Kaufmann dachte: ›Zu Geld kann ich's bringen, da ich schließlich ein Händler bin, aber Rat ist nicht überall zu bekommen.‹ Also entschied er sich für den Rat.

Da sagte der Sufi: »Der erste Rat ist: ›Nimm nie den neuen Weg, so attraktiv er auch sein mag.‹«

›Damit ist ein Drittel des Geldes zum Teufel!‹ dachte der Kaufmann bei sich. ›Was für ein kurioser Rat!‹ Nach außen blieb er jedoch ruhig, und der Sufi fuhr fort:

»Der zweite Rat ist: ›Wähle das Kleinere, auch wenn es dem Anschein nach das Geringere ist.‹«

›Zwei Drittel meines Geldes dahin!‹, dachte sich der Kaufmann im stillen, ›dieser Rat klingt mir nicht gerade schlüssig…‹.

Und zu dem Sufi sagte er: »Großer Meister! Seid so gut und gebt mir ein Drittel des Geldes anstatt des letzten Rates, damit ich mir zumindest einen Teil meiner Reise bezahlen kann!«

Der Sufi lachte und sagte: »Gut, so sei's!« und gab dem Kaufmann hundert Goldstücke.

Der Kaufmann machte sich auf den Weg und mußte feststellen, daß die Straße sehr unwegsam und steil war. Schließlich gelangte er an eine Stelle, wo man gerade einen neuen Tunnel durch einen Berg gegraben hatte. Als er ihn betreten wollte, da er ein bequemerer Weg zu sein schien, kamen ihm plötzlich die Worte des Sufi in den Sinn: »Nimm nie den neuen Weg, so attraktiv er auch sein mag.«

Also wandte er sich von dem Tunnel ab und kletterte mühsam über das Gebirge. Als er das andere Ende erreicht hatte, hörte er von anderen Reisenden, daß der Tunnel in dem Moment, wo er sich in dessen Mitte befunden hätte, eingestürzt war.

Er setzte seinen Weg fort, bis er zu einer Stadt gelangte. Hier fand er einen Mann, der für einen Spottpreis riesige Hennen verkaufte, und einen anderen Mann, der kleine Hennen zu einem viel höheren Preis verkaufte. Er dachte, er könne in Geflügel investieren, und wollte sich gerade die größeren Hennen kaufen, da fielen ihm plötzlich die Worte des Meisters wieder ein: »Wähle das Kleinere, auch wenn es dem Anschein nach das Geringere ist.« Also kaufte er sich die kleineren Hennen und begann eine Geflügelfarm zu führen. Bald darauf fand er heraus, daß die kleinen Hühner ausgezeichnete Leghennen waren, während die großen, die der erste Mann ihm angeboten hatte, überhaupt nicht legten.

Zu guter Letzt brach ein Krieg aus, und er wurde unter die Soldaten gezwungen. Er verlor seinen Geflügelhof, der beschlagnahmt wurde, und sah sich als Soldat ohne einen Groschen, in Gefangenschaft geraten und vom Feind als Sklave verkauft, auf der Ruderbank einer Sklavengaleere wieder. Als die Galeere eines Tages Reisende über die See führte, erkannte er unter den Passagieren einen Mitschüler aus seiner Zeit bei dem Sufi-Meister wieder. »Ich wünschte, ich hätte auch den dritten Rat angenommen und nicht das Geld«, meinte er zu dem anderen Mann.

»Das wäre vielleicht das beste gewesen«, meinte der andere, »obwohl ich mir so ganz sicher auch nicht bin. Der Meister sagte uns nämlich, nachdem Ihr gegangen wart: ›Die hundert Goldstücke, die ich diesem Mann gab, werden ihm kein Ersatz für den dritten Rat sein, der da lautet: ›Wenn ihr einen Bauernhof gründet, so verkauft ihn so bald wie möglich weiter und reist in ein anderes Land!‹

Inzwischen war ein dritter Mann zum Schüler des Sufi-Lehrers geworden, diesmal ein Gelehrter, der sich geschworen hatte, seine engstirnige Pedanterie aufzugeben. Nach jahrelangem Umgang mit den Schülern und Verrichten bedeutungsloser Aufgaben bat auch er um Erlaubnis, fortzugehen. Der Meister sagte: »Geht, wenn Ihr unbedingt müßt, das beste ist jedoch, Ihr wartet, bis Ihr entlassen werdet, denn Gesellschaft bietet Sicherheit.«

Der Schüler entschloß sich, bis zur Entlassung zu bleiben.

Einige Jahre nach dieser Unterredung sagte der Meister schließlich:

»Nun könnt Ihr Euch auf Eure Reisen begeben. Wollt Ihr dafür Geld oder drei Ratschläge?«

Der Gelehrte wählte die Ratschläge.

Da spach der Meister zu ihm:

»Der erste Rat lautet: ›Iß nie etwas, worauf du mühelos verzichten kannst.‹«

Der Gelehrte prägte sich den Satz ein.

Der Meister fuhr fort:

»Der zweite Rat lautet: ›Weigere dich stets, Abkürzungen zu machen.‹«

Der Gelehrte nickte.

Dann sagte der Meister:

»Der dritte Rat lautet: ›Wenn dir etwas geschenkt wird, brauchst du nicht weiter zu suchen.‹«

Der Gelehrte versicherte dem Meister, daß er verstanden hatte.

»Wir werden ja sehen«, erwiderte der Meister.

Schließlich hatte der Gelehrte alle Vorbereitungen zum Aufbruch getroffen und ging sich von dem Meister verabschieden. Der Sufi bot ihm ein Mahl an seiner Tafel an. »Darauf kann ich mühelos verzichten und ich erinnere mich an Euren ersten Rat.«

»Wunderbar«, sagte der Lehrer lächelnd, »aber wenn Ihr es so eilig habt, fortzukommen, könnt Ihr Euch einer Karawane anschließen, die in Bälde an der Kreuzung aufbrechen wird; aber Ihr müßt rennen, um sie noch zu erreichen.«

»Meister«, sagte der Gelehrte, »ich kann Eure Instruktionen nicht vergessen: ›Weigere dich stets, Abkürzungen zu machen.‹«

»In diesem Fall«, sagte der Meister, »kann ich Euch Erleuchtung geben, denn Ihr seid reif dafür.«

»Besten Dank«, sagte da der Gelehrte, »denn Euer dritter Rat lautet: ›Wenn dir etwas geschenkt wird, brauchst du nicht weiter zu suchen.‹«

Der hohe Preis des Lernens

Wieviel kostet es, zu lernen?
Was das Lernen kostet, läßt sich in Geld natürlich nicht genau ausdrücken. Aber die folgende Geschichte liefert ein Beispiel, in dem Geld als eine Allegorie verwendet wird:

Es war einmal ein Weiser, der auf dem Marktplatz ein Geschäft als Wissensverkäufer eröffnete.

Einer seiner Kunden war ein frischvermählter junger Mann, der diese sonderbare Handelsform testen wollte.

»Wieviel kostet Euer Wissen, wenn ich es stückweise kaufe?« fragte er den Weisen.

»Es kann so viel oder so wenig kosten, wie du dafür bieten kannst, aber die Nützlichkeit des Rates wird proportional seinem Preis entspechen«, lautete die Antwort.

»Gut«, sagte der junge Mann, »dann will ich's mit einem Stück im Wert von einem Kupferpfennig versuchen.«

»Der Rat lautet«, antwortete der Weise, »Iß nicht mehr, als nötig, und mach Gymnastik – oder du wirst fett!«

›Nichts ist billig ohne Grund‹, dachte sich der Kunde im stillen. Dann fragte er laut:

»Was kann ich für fünf Pfennig bekommen?«

»Für fünf kann ich dir sagen, daß du achtzehn Jahre deines Lebens verlieren kannst, wenn du deine Pflicht versäumst.«

»Ich werde gewiß alles versuchen, damit mir dies nicht passieren muß; aber was werdet Ihr mir für eine Silbermark sagen?«

»Dafür kann ich dir sagen, daß du, wenn du ohne soliden Grund zu handeln versuchst und wenn es dir an Verstehen fehlt, dein Leben ruinieren wirst.«

Unter anderem aus Höflichkeit gegenüber dem Älteren, von dem er nun glaubte, er sei vielleicht ein wenig verrückt oder nur ein harmloser Schwindler, dankte der Junge ihm und sagte sich: ›Vielleicht habe ich heute gelernt, daß ich meinem eigenen klaren Verstand folgen muß und nicht versuchen darf, mir guten Rat zu kaufen, wenn ich mir Weisheit besser durch Erfahrung erwerben sollte.‹

Damit vergaß er die Sache.

Als er kurz darauf durch eine Straße wanderte, begegnete der junge Mann einem Bettler. »Es ist deine Pflicht, Almosen zu geben«, sagte dieser, »und ich flehe dich an im Namen dieser Pflicht, auf daß dir Gutes geschehe und Übel von dir abgewendet werde!«

Anstatt dem Mann etwas zu geben, begann er schneller zu laufen und murmelte: »Möge Gott dir etwas geben!«

So kam es, daß er aufgrund seiner beschleunigten Schritte plötzlich einer Militärpatrouille gegenüberstand, deren Aufgabe es war, kräftige junge Männer für die Armee einzufangen, denn der König seines Landes rüstete zu einem Krieg. Er wurde ergriffen und verbrachte die nächsten achtzehn Jahre in Kampf und Gefangenschaft.

Dies gab ihm reichlich Zeit zum Nachdenken, und die Worte den achtzehn Jahren, die seinem Leben genommen würden, wenn er seiner Pflicht nicht nachkäme, lasteten nun schwer in seinem Kopf.

Schließlich kam er gegen ein Lösegeld frei, und, wieder zurück in seiner Heimatstadt, suchte er nach dem Haus, wo er seine Frau vor so langer Zeit zurückgelassen hatte. Kaum hatte er es gefunden, da sah er, wie eine Frau, die er als seine Ehefrau wiedererkannte, Hand in Hand mit einem jungen Mann über die Schwelle trat und im Haus verschwand.

Das Blut schoß ihm in den Kopf, er griff nach seinem Schwert und dachte: »Mag man mich auch als Mörder hinrichten, aber den Anblick dieser Untreue kann ich nicht ertragen.« Da erinnerte er sich an die Worte des Weisen: »Wenn du ohne soliden Grund zu handeln versuchst und es dir an Verstehen fehlt, wirst du dir dein Leben ruinieren.« In diesem Moment vermochte er nicht zu sehen, daß es irgendwo an Verstehen fehlte oder daß es keinen soliden Grund dafür gab, die Missetäter zu töten. Aber irgendwie hielt er sich noch zurück, just für den Fall, es könnte sich vielleicht doch noch eine bessere Wendung ergeben.

Den ganzen Tag wanderte er rastlos umher, wurde gequält von dem Gedanken, sein Weib habe ihn betrogen oder zumindest als tot aufgegeben und sich einen neuen Ehemann oder einen Liebhaber genommen. Als der Abend dämmerte, ging er zurück zu dem Haus und spähte, so gut wie endgültig zu dem Doppelmord entschlossen, durch das erleuchtete Fenster hinein.

Drinnen im Zimmer konnte er das Paar beisammen auf einem Sofa sitzen sehen. Dann hörte er seine Frau sagen: »Wie ich gehört habe, ist wieder ein Schiff aus fremden Landen eingelaufen. Morgen früh solltest du zum Hafen gehen, mein Sohn, und die Seeleute ausfragen, wie wir es seit fast zwanzig Jahren tun, ob es irgendeine Nachricht von deinem Vater gibt.«

Damit war erwiesen, daß fünf Kupferpfennige dem Preis von achtzehn Jahren Leiden entsprachen, während eine Silbermark den Wert von drei Leben hatte, obwohl dies niemand ohne Einsicht in die Art, wie das Leben funktioniert, auch nur vermutet hätte.

Wen imitieren Sie?

Eine der gewöhnlichsten Verhaltensweisen im Leben ist das Imitieren. Die Menschen kopieren Könige oder weise Männer, je nachdem, ob sie Snobs oder (wie sie es nennen) ›Spirituelle‹ sind. Im einen Fall reagieren die Leute darauf mit Applaus, im anderen Fall mit Spott, anstatt daß ihnen der beiden Verhaltensweisen gemeinsame Faktor, das Mimikry, auffiele.

Mimikry ist der Versuch, wie jemand anderer oder etwas anderes auszusehen.

Aber wie wäre es, wenn Sie so aussähen, sich so vorkämen und so wären wie *Sie selbst*?

Ein weiser Mann sagte einmal:

»Im nächsten Leben wird man dich nicht fragen: ›Warum hast du dich nicht wie dieser oder jener verhalten?‹ Sondern man wird dich fragen: ›Warum hast du dich nicht wie dein wahres Selbst verhalten?‹

Wenn Sie wissen, wer und was Sie sind, können Sie anfangen, dieser Mensch anstatt eine Kopie von Ansichten, Verhalten oder Image eines anderen oder einer ganzen Sammlung von Leuten zu sein. Dann können Sie wirklich *sein*.«

Das Tieferliegende wirkt sich auf das Oberflächliche aus

Schulen und Lehrer gibt es unter anderem deshalb, weil die Lehrer und die Lehrpläne dafür sorgen, daß mit dem Lernen in einer für den Lernenden geeigneten Weise verfahren wird, die nicht auf dessen persönliche Prioritäten Rücksicht nimmt.

Menschen, die lernen wollen, werden sich natürlich aussuchen, was sie gerne tun wollen, solange sie nicht erkennen, daß die Spezialisten vielleicht eine bessere Methode kennen.

Ein gutes Beispiel dafür sind selbstverschuldete Dilemmas. Die Menschen versuchen in spirituellen Quellen Lösungen für Probleme zu finden, die ihrerseits im allgemeinen nur Symptome sind. Die wahre spirituelle Schule befaßt sich mit der Ursache. Wenn die spirituellen Erfahrungen vollendet sind, schaffen sie die Probleme, die den Menschen belasten, aus der Welt. Umgekehrt funktioniert es nicht.

Das folgende ist dazu eine gute Analogie:

Ein Krämer besaß einmal ein Faß Öl, das er, nachdem er es bis zum Rand gefüllt hatte, mit dem Abdruck seines Rings versiegelte. Seine Gehilfen fanden aber heraus, daß sie Öl stehlen konnten, wenn sie dicht über dem Boden des Fasses ein Loch bohrten und es verstopften, bis sie an dieser Stelle das Öl abzapfen wollten.

Als der Krämer sein Faß öffnete und entdeckte, daß sich das Niveau gesenkt hatte, obwohl das Faß oben völlig unversehrt war, da verschlug es ihm die Sprache. Er fragte einem Mann, der weiser als er selbst und ein Kunde seines Ladens war, was dies wohl bedeuten könnte.

Der weise Mann sagte: »Irgend jemand hat unten am Boden abgezapft: Warum suchst du nicht dort nach der Ursache deines Problems?«

»Idiot!« schrie der Krämer: »Ich rede doch von dem Öl, das *oben* fehlt!«

Unsicherheit, Unzufriedenheit, Verwirrung

Ich bin mir nicht sicher, ob ich mich mit dem Studium des Sufismus beschäftigen soll. Oft haben mich psychologische und spirituelle Studien völlig verwirrt. Ich finde, daß Verwirrung mir den Zugang zu diesen Themen erschwert, und sobald ich mich in sie vertiefe, hält die Verwirrung weiter an oder sie wird noch schlimmer. Was soll ich tun?

Ich habe nicht den geringsten Zweifel, daß es für Sie angezeigt wäre, zu lernen: »Information kommt vor Erleuchtung.« Und Information brauchen Sie mit Sicherheit. Unsere Information und Erfahrung ist, daß die Menschen dann und nur dann unsicher sind, ein unzufriedenes Gefühl haben und unter Verwirrung leiden, wenn sie nicht wirklich lernen wollen. Was Verwirrung und ähnliche Gefühle stiftet, ist jener Teil in ihnen, der sich gegen das Lernen sträubt. Das sekundäre Selbst, jene Instanz, die die Menschen zwischen sich und das Wissen schieben, das Bündel subjektiver und konditionierter Reaktionen, sträubt sich gegen die Wahrheit. Dies ist mit dem Verhalten z. B. von Suchtkranken oder Besessenen zu vergleichen, wenn sie das Gefühl haben, daß sie etwas tun wollen, aber nicht tun können.

Sie sollten sich also – um die Frage »Was soll ich tun?« zu beantworten – an diesen Gedanken gewöhnen. Was verwirrt, unzufrieden oder unsicher macht, sind also nicht der Lernstoff, die Schule oder einzelne Leute, sondern das Aufeinanderprallen zwischen dem Material (und ähnlichem) und der Persönlichkeit, die sich bedroht fühlt.

Wenn Sie in der Lage sind, dies zu lernen, werden die Schwierigkeiten verschwinden. Das kommt daher, weil die sekundäre Persönlichkeit dann lernt, daß sie nicht Gefahr läuft, bestraft oder ausgelöscht zu werden. Das »Bedürfnis zu opponieren«, das so viele Leute haben, das sie aber stets anders bezeichnen (etwa als »Wunsch zu verstehen« oder »Schwierigkeit zu verstehen«), muß an den Ort verwiesen werden, der ihm gebührt. Dies kann niemand an Ihrer Stelle tun – denn schließlich gibt es ein paar Dinge, die Sie selbst tun müssen. Aber Ihre Frage ist richtig gestellt, wenn sie lautet: »Was soll ich tun?«

Denken Sie immer daran: »Wenn Sie selbst keine Schwierigkeiten machen, werden Ihnen auch keine Schwierigkeiten gemacht.«

Wenn Sie natürlich zu dem Schluß kommen, daß Sie die Reaktionen, von denen Sie sprechen, nicht verhindern können, dann gibt es nichts, was Sie tun könnten, solange Sie mit diesem Problem nicht fertig geworden sind. Dies ist gewissermaßen der Eintrittspreis.

Annäherung an östliche Lehren

Woher kommt es, daß es uns im Westen so schwerfällt, mit dem mystischen Denken des Ostens zurechtzukommen, obwohl so viele Leute ihr Leben lang östliche Mystik studiert haben und sogar berühmte Lehrer geworden sind?

Holen Sie tief Luft, denn ich werde im Interesse der Wahrheit, und sogar in dem kleinen Teil der Frage, den ich beantworten werde, einige Idole vom Sockel stürzen müssen. Erstens: Im Westen wird von dem gewaltigen Umfang des Lehrens und von der Qualität dieses Lehrens, das es im Osten gibt, nur sehr wenig wahrgenommen.

Das Problem des Forschers, der Informationen darüber sammelt, ist, daß er nicht zu lernen versteht. Er ist ein reiner Aneinanderreiher von Fakten oder Erfahrungen. Als ein Sammler systematisiert und gibt er Informationen weiter, die er erhalten hat von Dingen, die beliebig und eines wie das andere aussehen mögen, während es sich dabei in Wirklichkeit oft um verschiedene Varianten einer ganz zentralen Tatsache oder Aktivität handelt. Und diese Entstellungen gibt er dann, zuweilen in noch weiter verkomplizierter Form, an Sie weiter. Dabei vermittelt er, wenn er als Wissenschaftler, z. B. als Sanskritologe arbeitet, ›kaltes‹ Material. Ist er dagegen ein emotionaler Typ, so wird er selbst zu der gleichen Überzeugung von der Wahrheit der Sache gelangen, wie sie seine Lehrer besitzen. Er wird nicht erkennen, daß sie selbst nur die Besitzer einer verwässerten, unvollständigen oder entstellten Überlieferung sind.

Nicht alle Mystiker des Ostens sind mit einer totalen Wirklichkeit oder ähnlichem in Berührung. Mit ihrer entrückten Heiligkeit oder ihren orgiastischen Techniken mögen sie im Lernenden aus dem Westen vielleicht einen bestimmten Nerv ansprechen. Aber sie repräsentieren nicht unbedingt die Wahrheit als einen Prozeß oder eine Aktivität mit der Funktion, den Menschen zu entwickeln. Dieser letzte Satz ist der Schlüssel zu dem ganzen Problem: »Worum, zum Teufel, geht's hier eigentlich?«

Das schriftliche oder andere Material, das im Westen (und in nicht-spirituellen Kreisen häufig auch im Osten) zugänglich ist, wird studiert und berätselt oder es wird akzeptiert und zu einer Grundlage der Wahrheitssuche gemacht, es wird in einem experimentellen Geist verwendet, der für bestimmte Bereiche durchaus angebracht ist, während er auf diesem Gebiet aber nichts verloren hat. Oft gibt es keinen signifikanten Bezug zwischen dem ursprünglichen Stoff, dem Lehrer und dem, was er lehrt. Deshalb haben wir soviel verschleuderte quasi-mystische Bemühungen. »C'est magnifique, mais ce n'est pas la guerre!« Das ist etwas, was zuallererst begriffen werden muß.

Das Nilpferd suhlt sich gern im Schlamm. Ein Mensch, der den richtigen Überblick über die Verwendungsmöglichkeiten des Schlamms besitzt, könnte Ziegel daraus herstellen. Beides ist eine wundervolle Art, mit dem Material umzugehen. Sobald aber der Dickhäuter denkt, es sei ein Mensch...

So über die Dinge zu reden, ist freilich sehr unmodisch. Denn aus gesellschaftlichen Gründen, die gewöhnlich die direkten Wurzeln unseres Verhaltens sind, müssen wir auch dem anderen erlauben, zu glauben, er besäße das nötige Rüstzeug für das Verstehen. Wenn man ihm nahelegt, daß er zuerst einmal das Lernen lernen muß, so wird dies von der Gesellschaft nicht akzeptiert. Das mindeste, was dann nämlich passiert, ist, daß man Sie offen oder auf andere Weise bezichtigt, Sie würden versuchen, jemanden zu übertrumpfen.

Meditation und andere Themen

Weshalb bieten echte Sufis nicht Meditation und andere spirituelle Praktiken als Kursfächer an? Das ist doch sicher für jeden von Vorteil?
Das tun sie aus dem gleichen Grund nicht, wie gute Gärtner Nutzpflanzen nicht zwischen oder auf Unkraut pflanzen.
Inwiefern kann Beten ein »Hindernis für den Fortschritt« sein, wie herausragende klassische Sufis gesagt haben?
Aus dem gleichen Grund, wie ein Stöpsel, mag er auch ein goldener sein, den man in einen Wasserhahn steckt, ein Hindernis für das Fließen des Wassers sein kann. Gold und Wasser sind gleichermaßen wichtig oder wertvoll. Wann werden sie aber jeweils verwendet?
Wie kann ein vernünftiger Mensch einem anderen – sei es auch einem Sufi, den er achtet – erlauben, ihm zu sagen, was wahr ist und was nicht?
Einem wirklich vernünftigen Menschen müßte man das nicht sagen, also würde sich die Frage nicht stellen. Auf alle Fälle ist die Rolle des Sufi eine andere. Er hat dabei zu helfen, die Hindernisse auszuräumen, die in dem anderen Menschen errichtet sind und die seine Empfänglichkeit beeinträchtigt haben.
Wann kann man aus Sufi-Arbeit spirituelle Befriedigung schöpfen?
Wenn man aufhört, sich emotionale Anreize zu erwarten und daher aufhört, »spirituelle Befriedigung zu begehren«.

Woher kommt es, daß ich bei manchem von dem, was Sufis sagen, Schwierigkeiten habe, es zu glauben, und daß ich ihre Schriften zu häufig schwülstig finde?

Die Antwort auf die erste Frage ist, daß Sie jemanden oder etwas suchen, der oder das Sie dazu anleitet, zu glauben – aber damit befassen sich die Sufis nicht. Folglich müssen *Sie* solche Probleme fühlen, von denen Sie sprechen. Ohne es zu wissen, suchen Sie nach einem Überzeugungs-System, das nicht da ist. Ähnliches gilt für die angebliche Schwülstigkeit der schriftlich niedergelegten Materialien: Ihre Behauptung basiert auf der Diskrepanz zwischen Ihren Erwartungen und den Fakten. Wir wünschen uns immer ein noch nasseres Wasser...

Ich warf einmal einen Blick in ein Buch, das ein Derwisch aus der Hand gelegt hatte, und fand darin viele Passagen ausgestrichen. Außerdem hatte er sich eine Liste von sechs Ausgaben desselben Buchs hineingeschrieben, und zwar mit jeweils anderen Datums-Angaben. Was machte der Mann da eigentlich?

Das Gegenteil von dem, was die Leute gewöhnlich mit Büchern tun. Sie streichen sich Textstellen an, die sie faszinieren, damit sie wieder zu ihnen zurückfinden können. Der Derwisch dagegen möchte eine Passage, die ihn beeindruckt hat, ausstreichen, damit er sich auf den nicht minder wichtigen Inhalt des übrigen Buchs konzentrieren kann. Normalerweise hat man von einem Buch nur ein Exemplar. Ein Derwisch dagegen kann bis zu sechs Exemplare besitzen. Er arbeitet jeweils eines durch, markiert es auf die angegebene Weise und versieht es mit einem Datum. Wenn er das Ganze dann Schritt für Schritt noch einmal durchgeht, kann er seinen Fortschritt erkennen und ihn somit dauerhaft machen.

Es ist nicht anzunehmen, daß ich in einem fortgeschrittenen Studium leichtgläubig oder sentimental werde. Eigentlich dürfte ich aber weder zu intellektuell noch zu emotional sein. Es gibt so vieles, was ich mache und nicht mache. Wie finde ich das richtige Maß an Aufmerksamkeit und die richtige Menge an Emotion etc.?

Die Teilnahme an einem Kurs oder das Durcharbeiten von schriftlichem Material wird Ihnen deshalb aufgegeben, damit Sie die richtige Quantität und Qualiät an Aufmerksamkeit beibehalten. Wenn man einem, der Kopfschmerzen hat, ein Aspirin gibt, fragt er auch nicht: »Wie kann ich meine Kopfschmerzen loswerden?«

Warum versuchen die Sufis eigentlich zu lehren?

Betrachten Sie zuerst einmal jeden der möglichen ›Gründe‹. Jeder von ihnen steht stellvertretend für ein Hindernis: z. B. eine Ihrer möglichen Meinungen. Wenn Sie sie alle aus dem Weg geräumt haben, werden Sie erkennen, warum, und schon allein diese Art Erkenntnis ist der Mühe wert. Der wirkliche Grund ist daher natürlich nicht in Worte zu fassen, sondern jenseits davon zu finden.

Gibt es eine noch schlimmere Auffassung als die: »Wissen kann man kaufen«?

Ja. Und zwar die Auffassung: »Wissen muß kostenlos sein.« Sie sehen: das Denken in solchen Begriffen ist so beschränkend, daß es das Lernen verhindert und den Kopf mit seichten Beschäftigungen füllt und damit die Hindernisse gegen die Wahrnehmung errichtet.

Ich habe Träume und Visionen gehabt und, wie ich glaube, sogar Botschaften empfangen.

Wunderbar! Dann können Sie diese Phase nun ad acta legen, und wir können uns der Wirklichkeit zuwenden.

3. Teil

Qualität, Quantität, Zeit

Betrachten Sie einmal, wie man ein Gericht würzt: Man setzt einen Topf, in dem sich bereits ein Teil der Zutaten befindet, aufs Feuer. Nach und nach folgen dann weitere Zutaten. Während sie garen, setzen sie ihre Substanz und ihren Geschmack frei, was zu der Gesamtwirkung des Gerichts beiträgt. Zusätzlich dazu werden noch bestimmte Gewürze verwendet. Man wirft sie aber nicht einfach irgendwie in den Topf, sondern sie werden genau dosiert und in bestimmten Stadien des Garens dazugegeben. Diese Technik ist allen Köchen vertraut.

Es gibt aber noch eine weitere Technik, die weniger bekannt ist: Das einzelne Gewürz wird keineswegs auf einmal hineingegeben, sondern es wird in mehrere Portionen aufgeteilt, und jede Portion wird zu einem anderen Zeitpunkt hinzugefügt. Das Ergebnis ist, daß jede Portion ein und desselben Gewürzes einen dem jeweiligen Kochstadium entsprechenden, leicht abweichenden Geschmack erzeugt. Ein so verwendetes Gewürz kann daher mehr als nur einen ›Geschmack‹ enthalten. Das Arbeiten mit den Feinheiten dieser sparsamen Dosierung zeichnet die Kunst des vollendeten Kochs aus.

Geschmack

Viele Dinge, von denen die Sufis sagen, man sollte sich ihnen mit Vorsicht nähern oder man sollte ihnen, außer unter speziellen Bedingungen, überhaupt aus dem Weg gehen, bewegen mich dagegen zutiefst. Und viele davon sind

Dinge, von denen die Menschen aller Religionen jahrhundertelang Gebrauch gemacht haben: Ich meine Musik, Anrufungen, Rituale ...

Genau deshalb haben in allen Religionen manche Leute davor gewarnt, Aufgeregtheit mit Spiritualität zu verwechseln.

Um hundert Kilo Speiseeis zu aromatisieren, benötigen Sie ein Drittel seines Gewichts an echtem Fruchtsaft. Geben Sie weniger hinein, so werden Sie Güte hinzufügen, aber sie wird nicht zu bemerken sein.

Wenn Sie dagegen synthetische Geschmacksstoffe hinzufügen, werden Sie nur drei Tausendstel des Volumens benötigen, um den Fruchtgeschmack zu erzeugen.

Nun müssen Sie entscheiden: Wollen Sie den bequemen Weg, um Geschmack ohne Nährwert zu erhalten, oder wollen Sie den Geschmack und den Fruchtanteil zugleich haben? Schon die geringste Prise künstlichen Fruchtgeschmacks wird den Eindruck von Obst erwecken.

Wie viele Leute werden aber wirklich sagen: Warum soll ich nicht das Künstliche nehmen, wenn es sich doch so leicht hinzufügen läßt?

Richtiges und falsches Studieren

Jedes Fachgebiet, inklusive das der Sufis, läßt sich mit absolut jeder Methode studieren.

Zu welchen Ergebnissen man damit gelangt, wird jedoch immer davon abhängen, wie richtig die Methode war.

In gleicher Weise hängt die Frage, inwieweit die Ergebnisse verstanden werden, davon ab, ob genügend Wissen vorhanden ist, um sie zu einzuschätzen.

Aus diesen Gründen erfordert das Lernen, sowohl bei den Sufis als auch in Erziehung und Unterricht ganz allgemein, fachkundige Führung von außen, sofern diese Führung nicht im Lernenden selbst vohanden ist.

Eine solche Führung mag einem in der Form oder in dem, was mit ihr verbunden ist, unvertraut sein, aber sie geht nie willkürlich vor. Sie gibt die Art und Weise, die Zeit, den Ort und die menschliche Umgebung an, die bei dem Lernprozeß und seinen Anwendungen auf bestimmte Instanzen eine Rolle spielen.

Es gibt drei irrige ›Pfade‹, die aufgrund von Unkenntnis des gerade Gesagten allgemein mit dem Sufismus assoziiert wurden.

1. Pedantisch akademisches Studium, das das Wörtliche für das Bildliche hält (oder umgekehrt); das selektiv arbeitet und nur eine Auswahl an Quellen heranzieht; das nach einem ungeeigneten Muster zu systematisieren versucht etc.
2. ›Guruismus‹ (im Persischen *piri-muridi* genannt), der einen Zirkus hervorruft, welcher mit der Energie grober Emotion betrieben wird, von der man sich einbildet, sie sei Spiritualität, und die entweder Selbstbetrug oder gefälscht sein kann;
3. Krankhafte religiöse Schwärmerei, die durch einen schwermütigen und deprimierenden Ansatz gekennzeichnet, aber mit Euphorie erregenden Bewegungen verbunden ist, die zuweilen von einem missionarischen Erweckungseifer getragen sind.

Echtes Sufi-Studium ist auf Plan und Maß gegründet. Der Plan wird nur von denen wahrgenommen, die Erfahrung darin haben, ihn zu erkennen; das Maß ist die Konsequenz aus diesem Erkennen.

Die Unkenntnis von der Existenz von Plan und Maß hat dazu geführt, daß alle rechtmäßigen spirituellen Lehren (zumindest teilweise) jenen Personality-Typen in die Hände fielen, die die äußere Gestalt der Lehre zu einer der drei genannten Kategorien verrenken. Im Endeffekt ist jede von ihnen ein Kult.

Vertrauen

Wie kann ein Mensch lernen, zu vertrauen?
Indem er durch Üben des Verstandes die Beschränktheit
überwindet. Hierzu eine Geschichte, über die man einmal
nachdenken sollte:

Alternative

Ein Mann stürzte einmal über eine Klippe. Seine Kleider
verfingen sich am Ast eines Baums, der an der Felswand
wuchs.

Nun hing der Mann also auf halber Höhe in der Luft und
drohte im nächsten Moment in einen schäumenden Fluß tief
unter sich zu stürzen.

Der Mann starrte zum Himmel hinauf und schrie in
seiner Angst: »Ist da oben jemand?«

Sofort fragte eine Stimme zurück:

»Wieso? Was willst du?«

Er antwortete:

»Sag mir, was ich tun soll!«

Darauf die Stimme:

»Laß los und laß dich fallen!«

Der Mann dachte einen Augenblick nach, blickte wieder
nach unten und schrie schließlich himmelwärts:

»Ist nicht vielleicht *noch jemand anderer* da oben?«

Da lösten sich die Wurzeln des Baums von selbst aus der
Erde ...

Und noch eine andere:

Augenbrauen

Ein Mann betrachtete das Gesicht seiner Frau und fragte:

»Seit wann ist die eine deiner Augenbrauen denn dünner
geworden als die andere?«

Sie antwortete:

»Zum ersten Mal fiel es auf, als du anfingst, mein Äußeres zu betrachten und mein inneres Ich weniger zu würdigen.«

Soweit diese Sufi-Geschichte. Und weiter heißt es:

Wenn der potentiell Suchende fragt, wie er einem Meister vertrauen kann, nähert er sich den Dingen ebenfalls auf oberflächliche Weise. Wenn er in der Lage wäre, innere Werte zu erkennen, bräuchte er diese Frage natürlich nicht zu stellen. Aber da es ihm an Verständnis fehlt, lautet die einzige Antwort an ihn: »Für Sie gibt es keine Antwort!«

Belanglos

Ich besuchte einmal einen Sufi, und er sprach nur ein paar belanglose Worte mit mir. Wie kann ich vor einem solchen Menschen Respekt haben in der Art, wie wir vor Lehrern Respekt haben sollen? Ich habe sogar von einem Sufi gehört, der mit jemandem einen Termin vereinbarte, um ihn zu treffen, und dann überhaupt nichts zu ihm sagte. Außerdem habe ich von Sufis gelesen, die die ganze Zeit über ihre Gefährten herzogen und überhaupt nichts lehrten.

Das ist alles eine Frage des Standpunktes. Haben Sie auch in Betracht gezogen, ob Sie vielleicht im Unrecht waren und er im Recht war? Aufgrund Ihrer Frage vermute ich: nein. Lassen Sie mich Ihnen daher nur eine kleine Analogie aus meiner eigenen Erfahrung erzählen. Auf einer Reise sah ich einmal vor mir in weiter Ferne einen Hügel, der das einzige war, was mich noch von meinem endgültigen Bestimmungsort trennte. Ich schätzte, daß ich nicht sehr lange brauchen würde, um diesen Hügel zu besteigen, und so machte ich mir nicht viele Gedanken um Proviant. Aber nachdem ich ein paar weitere Meilen zurückgelegt hatte, erkannte ich, daß dieser ›belanglose Hügel‹ in Wirklichkeit ein sehr hoher Berg war. Er war nicht nur ein Hindernis, sondern ich konnte ihn überhaupt nicht besteigen! Das, was Ihnen von Ihrem momentanen Standpunkt aus belanglos vorkommt, seien es auch nur ein paar wenige Worte, könnte sogar von größter Wichtigkeit sein – wie ein ganzer Berg. Wenn Sie dies berücksichtigen und Ihrem Lehrer Aufmerksamkeit schenken, werden Sie den nötigen Proviant erhalten. Und dann werden Sie – anders als ich – feststellen, daß Sie den Berg übersteigen können. Wenn Sie auf den Gipfel gelangen, werden Sie darüber hinaus auch Ihren Bestimmungsort sehen können. Und wenn Sie von der Bergspitze zurückblicken, werden Sie die wirkliche Strecke sehen, die Sie zurückgelegt haben. Dann werden Sie sowohl das, was hinter Ihnen liegt, als auch das, was vor Ihnen liegt, verstehen.

Wert gegen Geld

Ein Mann begab sich einmal zu einem Sufi-Meister und beklagte sich darüber, daß er zwar das Gefühl hatte, er bekäme von seinem gegenwärtigen Lehrer eine gewisse spirituelle Führung, daß er aber gerne noch etwas Attraktiveres bekommen hätte als diese Form von Unterweisung.

Der Meister erlaubte ihm, sich eine Weile seiner Gemeinde anzuschließen, und trieb ihn durch so strenge Übungen, daß er sie nicht aushalten konnte und wieder zu seinem ursprünglichen Mentor zurückkehrte.

»Ich bin sicher«, meinte einer der Schüler des Meisters, »daß sich dieser Neuling an die Strapazen gewöhnt hätte und der Gemeinde nicht wieder verlorengegangen wäre, wenn man ihn am Anfang freundlicher behandelt hätte.«

Da versammelte der Meister seine Schüler um sich und sprach zu ihnen:

»Es war einmal ein Richter, der gewöhnlich darauf bestand, daß man ihm eine Bestechungssumme überreichte, bevor er einen Fall anhören oder auch nur ein Formular unterzeichnen wollte. Die Leute waren zwar empört über ihn, aber da er von höherer Stelle ernannt worden war, konnten sie nichts dagegen tun.

Als der Richter starb, wurde sein Posten seinem Sohn übertragen. Dieser wiederum zwang die Leute, ihm Geld zu zahlen, egal, ob eine Gerichtssache vorlag oder nicht oder ob es ein Formular zu unterschreiben gab oder nicht. Es dauerte nicht lange, da beteten die Leute um die Rückkehr ihres toten und einst so vielgeschmähten Richters. ›Zumindest‹, sagten sie, ›pflegte dieser uns in Ruhe zu lassen und für einige Gerechtigkeit unter uns zu sorgen...‹

Der Schüler, der wieder zu seinem vorigen Mentor zurückgekehrt war, hatte Erfahrungen machen müssen, die ihm fortan erlaubten, den Wert der Unterweisung, die er tatsächlich erhielt, zu würdigen, und das war alles, worauf er fürs erste hingewiesen wurde. Ich war das Mittel, um diese Lektion zu erteilen...«

Granatfeuer

Wenn jemand Selbstsucht mit seiner ›spirituellen Suche‹ verbindet, kann er nur sehr wenig erreichen, solange er nicht erkannt hat, daß dies eine falsche Verbindung ist. Im allgemeinen sind sich die Menschen natürlich nicht bewußt, daß sie sich etwas darauf *einbilden*, ernsthafte ›Wanderer auf dem Pfad‹ zu sein – oder wie immer sie es nennen mögen. Noch häufiger bilden sie sich ein, sie wären demütig: Aber diese Demut wird nicht selten leichtfertig als ein unbewußter Mantel über einem Gefühl persönlicher Bedeutsamkeit zur Schau gestellt.

Einmal besuchte mich ein junger Mann. Er hatte viele Bücher über spirituelle Themen gelesen, aber er hatte das

Gefühl, sein »Glauben an den Pfad sei im Schwinden begriffen«. Er wollte von mir, daß ich ihn ihm wiedergebe und sein Lehrer werde. Diese Art, an die Sache heranzugehen, wird heutzutage nicht selten – wie es auch schon in Berichten der Sufis früherer Zeiten zu finden ist – als ein Bedürfnis nach Beachtung und nicht nach Wissen betrachtet.

Ich fragte ihn, ob ihm mit einem Gleichnis für seine Geschichte, seinen gegenwärtigen Zustand und seine Wünsche gedient wäre. Er strahlte auf und meinte sinngemäß: »Ich habe nicht zu hoffen gewagt, daß Sie mir etwas so Umfassendes geben würden!«

Nun wollte ich die Probe aufs Exempel machen, ob er mit dem Wort »Umfassend« etwas mehr als nur schmeicheln wollte. Daher erzählte ich ihm die folgende Anekdote:

Ein junger Soldat sprang vor einem Granatfeuer in einen Schützengraben in Deckung. Plötzlich bemerkte er seinen einstigen Musterungsoffizier neben sich. »Erinnern Sie sich noch«, fragte ihn der junge Mann, »wie Sie mir damals, als ich ein potentieller Rekrut war, von den Freuden des Soldatenlebens erzählten und mir erklärten, wie ich, wenn ich anmustern würde, der grauenhaften Eintönigkeit des Zivillebens entkommen könnte?«

»Ja«, sagte der Rekrutenwerber.

»Gut«, fuhr der Junge fort, »könnten Sie es mir dann bitte noch mal erklären, denn ich stelle fest, daß meine Begeisterung im Schwinden begriffen ist!«

Daraufhin wurde mein Besucher, der mich urspünglich in seinem Brief angefleht hatte, ihm eine Unterredung zu gewähren, und mir hoch und heilig versichert hatte, er werde alles total und ewig akzeptieren, was ich ihm sagen könnte, ziemlich böse...

Gestohlenes Eigentum

Manche Leute geben Wissen kostenlos weiter – warum sollen andere dann etwas dafür verlangen dürfen?

Was kostenlos weitergegeben wird, ist niemals Wissen. Es mag vielleicht Information sein oder etwas, womit man arbeiten kann, aber Wissen erhält man nicht auf diese Art.

Was Sie aber auf diese Art erhalten, kann niemals Ihr Eigentum werden.

Es gibt ein Sprichwort, das darauf anspielt: »Wenn jemand eine Herde Pferde gestohlen hat, warum sollte er sie dann nicht für einen Penny pro Stück verkaufen?«

Sie müssen wissen, daß etwas, das auch nur einen Penny oder gar weniger wert ist, nicht Ihr Eigentum sein und es vielleicht nie werden kann.

Die fünf Tiere

Es waren einmal fünf Tiere, die sich nach vielerlei Abenteuern eines Tages auf einer Landstraße begegneten. Jedes entdeckte, daß alle einen gemeinsamen Glauben und ein gemeinsames Ziel hatten. Kurzum: der Hahn, der Hund, der Esel, der Kater und der Affe, alle waren überzeugt, daß sie eine wunderschöne Stimme hatten – die aber nicht gebührend geschätzt wurde. Und so hatte sich ein jeder aufgemacht, um diese Wertschätzung zu finden.

Da war es nur natürlich, daß sie beschlossen, ihre Reise gemeinsam fortzusetzen.

Zuerst gelangten sie in ein Dorf. Auf dem Rücken des Hundes ritt der Affe los, zu erkunden, wes Geistes die Dörfler waren. »Es ist zwecklos, hier nach Wertschätzung zu suchen«, berichteten sie bei ihrer Rückkehr, »denn sowie sie uns erblickten, flüchteten die strohdummen Bauern in alle Richtungen und schrien, der Teufel käme auf einem seiner Höllenhunde dahergeritten...«

Daher machten sie um dieses Dorf einen Bogen und näherten sich dem nächsten.

Diesmal trabte der weiße Hahn in der Pracht seines herrlichen Gefieders auf dem Rücken des Esels in das Dorf und krähte ein wenig, um die Wirkung seiner Stimme auf die Leute zu testen. Der Esel konnte es sich nicht verkneifen, diesem Wohllaut einige seiner eigenen melodischen Noten hinzuzufügen.

Bei diesem ungewöhnlichen Anblick kamen die Leute in Scharen zusammengelaufen und waren zunächst außerstande, den Sinn dieser Demonstration zu begreifen. Dann schrie plötzlich irgendein Bauerntölpel: »Das sind übernatürliche Wesen: der weiße Gockel ist ein Heiliger und der Esel ist sein getreuer Schüler; empfangt sie in Ehren, und sie werden uns Frieden und Fülle bringen...«

Die Menge war von so gewaltiger Emotion ergriffen, als sie die Gäste um Hilfe und Heilung, Reichtum und Befriedigung aller Art ersuchte, daß der Vogel und der Vierbeiner auf der Stelle kehrtmachten und die Flucht ergriffen.

»Es ist zwecklos«, berichteten sie, »niemand will unsere Stimmen hören, das einzige, was sie wollen, ist, daß wir uns ihre anhören.«

Nachdem die Schar zu dem Schluß gekommen war, daß dieses Dorf nicht für sie geschaffen sei, wanderte sie weiter die Landstraße entlang, bis der Abend dämmerte. Sie beschlossen, in einem Gehölz Schutz zu suchen und am nächsten Morgen wieder aufzubrechen.

Der Hund und der Esel legten sich zu Füßen eines Baums nieder und der Hahn schwang sich in die Lüfte, um auf einem der unteren Äste zu rasten. Der Kater und der Affe kletterten, von mehr Forschungsdrang getrieben, bis zu seiner Spitze hinauf. Plötzlich erblickte der Kater, wachsam wie Nachttiere sind, nicht weit entfernt ein helles Licht. Er weckte die anderen:

»In der Nähe dieses Lichts gibt's vielleicht was zu fressen, denn wo Flammen sind, da wird gekocht. Kommt, laßt uns nachsehen. Nebenbei gibt's da vielleicht einen, der den Wert unserer wunderschönen Stimmen erkennt.«

So kam es, daß sich die Gruppe ein paar Minuten später auf einer Waldlichtung wiederfand, wo Licht aus den Fenstern einer Hütte drang.

Leise schlichen sie näher. Der Affe hockte sich auf den Rücken des Esels und der Hahn baute sich auf seinem Haupt auf, so daß er durch das Fenster hineinschauen konnte.

Der Zufall wollte, daß die Besitzer des Hauses abwesend waren, und so war eine Räuberbande eingebrochen und tat sich gütlich an den Speisen und Getränken, die sie dort fand. Als er die ausgelassene, schmausende Runde erblickte und das unharmonische Gesinge der Diebe vernahm, entfuhr dem Hahn ein Schrei der Verwunderung. Als sie dies hörten, starrten die Räuber zum Fenster. Zu ihrem Entsetzen glaubten sie einen riesenhaften Hahn mit einem Affenkopf auf der Brust zu sehen. Kreischend und heulend vor Angst flohen die Übeltäter in die Nacht. Und die Tiere nahmen das Haus in Beschlag.

Nachdem sie gefressen hatten, ließen sie sich, glücklich und zufrieden, daß sie genährt und gewärmt waren, in dem Zimmer im Erdgeschoß zur Nachtruhe nieder. Nach ihrer ersten ziellosen Flucht begannen sich die Diebe aber zu fragen, ob sie sich das, was geschehen war, vielleicht nur eingebildet hatten. Sie schlichen zurück zu der Hütte und schlüpften zur Tür herein.

Zuerst sahen sie überhaupt nichts, und so strich der erste Dieb ein Zündholz an, um eine Kerze zu finden. Sofort spiegelte sich die Flamme in den Augen des Katers, der hoch oben auf dem warmen Kaminsims hockte. Erschrocken machte der Dieb einen Satz zurück, worauf ihn der Esel, der sich auf dem Boden ausgestreckt hatte, mit seinen Hufen trat; das störte den Affen aus seiner Ruhe und er spuckte den anderen Dieben ins Gesicht, während der Hahn auf sie einhackte und der Hund zu knurren begann. Wieder nahmen die Diebe Reißaus. Als sie anschließend versuchten, sich ihre Erlebnisse zusammenzureimen, kamen sie zu dem Schluß, daß das Haus von einem riesigen Dämon bewohnt war, der ein Fell, aber auch Federn besaß, glühende Augen hatte, gräßlich knurrte und beißen, kratzen und treten konnte.

Daß es diese Bewandtnis mit der Hütte hat, glauben sie noch heute. Ja, im Grunde sollen sie, so heißt es, eine Art zu denken haben, die sehr stark jener Art gleicht, wie sich die Menschen unsere Welt vorstellen.

Dein Beitrag und mein Beitrag

Der Sufi Anwar Abbasi wurde einmal gefragt:

»Was hat Sie dazu gebracht, sich auf den Weg des Wissens zu begeben?«

Er antwortete:

»Ich hatte viele Jahre damit verbracht, nach einer Lehre und einem Lehrer zu suchen. An jeder und jedem fand ich etwas auszusetzen, bis ich die Hoffnung aufgab, jemals mein Ziel zu erreichen.

Schließlich gelangte ich zu dem Haus eines gewissen Sufi, dessen Taten mit seinen Worten in Einklang zu stehen schienen und dessen Jünger mich stark beeindruckten.

Eine Zeitlang hatte ich das Gefühl, dies sei der richtige Ort für mich. Unglücklicherweise wurde dann aber Geld von mir verlangt, und da dachte ich: ›Menschen von Weisheit verlangen für Wissen nichts.‹ Und noch am selben Tag verließ ich diesen Ort, aber keinem von dort erwähnte ich etwas von meinen Gründen.

An jenem Abend teilte ich meine Abendmahlzeit mit einem alten Derwisch, dem ich am Wegesrand begegnete. Ich hatte ihm keinen von meinen Gedanken mitgeteilt, doch er konnte sie hinreichend genau wahrnehmen, denn er sagte:

›Wenn Sie Geld geben, versuchen Sie dann den Wert zu spenden, der Ihrem Willen nach empfangen werden soll, oder geben Sie das, was Sie glauben entbehren zu können? Vielleicht finden Sie andererseits sogar Gründe dafür, überhaupt nichts zu geben, und bilden sich ein, Sie wären trotzdem ein tugendhafter Mensch?‹

Der Umstand, daß ich so plötzlich sah, daß mein Verhalten nur eine Maske für Geiz war, versetzte mir einen solchen Schock, daß ich zu meinem letzten Lehrer zurückkehrte. Sobald er mich erblickte, lächelte er und sagte: ›Diejenigen, die sagen, man sollte für Wissen kein Geld verlangen, können es nicht einmal als Geschenk empfangen. Das kommt daher, weil man erst lernen kann, nachdem man sich den Kopf von der Frage, ob man Geld verlangen soll oder ob man kein Geld verlangen soll, mit anderen Worten, von der Mentalität der Welt befreit hat, so daß Weisheit an ihre Stelle treten kann. In ein und demselben Menschen ist nicht genügend Platz, um gleichzeitig »Ich möchte nicht bezahlen« und »ich möchte lernen« zu sagen. Um einen Habgierigen abzuwimmeln oder um ihm seine Oberflächlichkeit zu zeigen, pflegen wir immer Geld zu verlangen.‹«

Das Argument der »Gabe«

Die Methoden des Lernens, das Wissen um die Natur und um die Bedürfnisse des Lernenden und alle anderen Dinge, die Sufis besitzen und bereitstellen, werden von diesen als »Gaben« bezeichnet. Es sind also »Dinge, die dem einem gegeben sind« und zugleich »Dinge, die einem anderen gegeben werden« und die für den Empfänger von Nutzen sein können. Wenn Leute nach Führung oder Unterweisung verlangen, so verlangen sie in diesem Sinn nach einer bestimmten Gabe. Aber wie bei Gaben von einer stärker materiellen Art können sie ihre Natur, ihren Umfang sowie den Zeitpunkt der Übergabe nicht bestimmen.

»Gaben« werden nicht nur gegeben, sondern sie können nur innerhalb des Rahmens gegeben werden, der Gaben dieser Art regelt.

Die Idee der Verleihung einer Fähigkeit und ihrer Entgegennahme und Verwendung ist sehr hilfreich, um zu verstehen, daß man mit einem, der Gaben zu geben hat, nicht feilschen kann; daß man ihren Wert vielleicht erst dann zu schätzen vermag, wenn man gezeigt bekommt, was sie bedeuten und wie sie zu gebrauchen sind; und daß man im Grunde zumeist nicht beantragen oder sich darum bewerben kann, daß einem irgendwelche Gaben gegeben werden.

Ameisen

Überall auf der Welt werden im Namen des Sufismus Vorträge gehalten, Gruppen geleitet und Schüler angeworben. Wie kann man aber feststellen, ob sie Sufis sind oder nicht? Nach dem, was ich von manchen unter ihnen gesehen habe, bin ich sicher, daß es keine sind ...
Dazu ein Bericht aus der Presse:

> »Die amerikanische Ameisenart *Crazy Ant* hat die Britische Inseln erreicht. Dieses Geschöpf, dessen korrekter Name *Long-legged Ant* oder ›Langbeinige Ameise‹ lautet, konnte zum ersten Mal im Vereinigten Königreich, und zwar in einer Psychiatrischen Klinik von Preston, identifiziert werden.«

War das Absicht gewesen? Steuerten die »Verrückten Ameisen« zielstrebig auf die Psychiatrische Klinik zu, als sie aus ihrem Jumbo-Jet stiegen? Ich würde eher sagen, daß sie sich eines Tages deshalb dort oder in der Nähe des Krankenhauses einfanden und häuslich niederließen, weil es da irgend etwas gab – vielleicht war es die Zentralheizung –, was ihnen behagte.

In ähnlicher Weise wird manch einer den Sufi-Pfad »einschlagen«, sobald er glaubt, dort sei etwas zu finden, was seinen Ideen entspricht. Dann wird er sich häuslich darauf niederlassen, indem er als Schüler anmustert und so fort…

»Wie kann man feststellen, ob…« fragen Sie; und dann beantworten Sie die Frage gleich selbst. Sie sind sicher, daß die meisten von ihnen keine Sufis sind. Wie können *Sie* das feststellen? Indem Sie Ihren gesunden Menschenverstand gebrauchen. Den »Einschlägern« haftet immer etwas Absonderliches und Inakzeptables an, auch wenn es einige Zeit dauert, bis man es bemerkt. Die Regel lautet: Gebrauchen Sie Ihren gesunden Menschenverstand, bevor er Ihnen von den »Ameisen« weggenommen wird.

Wahre und falsche Lehrer…

Da es weltweit so viele Leute gibt, die behaupten, sie wären spirituelle Lehrer, verbringen viele von denen, die sich ihnen anschließen wollen – und die sie widerlegen wollen –, viel Zeit mit dem Versuch, herauszufinden, wer ein wahrer ist und wer nicht.

Ziemlich beachtlich ist, daß eine Großzahl dieser selbsternannten Lehrer deutlich sichtbar keine Lehrer sind, wenn man sie mit dem normalen Verstandesapparat studiert, der sogar für Wahrheitssucher von einigem Wert ist.

Es gibt eine Geschichte von einem Mann, der einmal einen anderen aufsuchte, der auf dem Markt etwas verkaufte, was er als den »köstlichsten und unersetzlichsten Honig der Welt« deklarierte. »Aber wenn er so wundervoll ist«, fragte er den Mann, »warum verkaufen Sie ihn dann?«

»Ich würde es nicht einmal im Traum versuchen, da können Sie sicher sein«, antwortete der Honigverkäufer, »wenn nicht eine Maus in ihn hineingefallen wäre!«

In spirituellen Dingen könnte nun behauptet werden, der Suchende könne, so aufrichtig er auch sein mag, nicht feststellen, ob eine Maus in den Honig der Lehre gefallen ist, die ihm angeboten wird. Wenn er sich aber nur ein Herz fassen

115

und auch den Honig betrachten würde, auf dem tote Mäuse schwimmen, so würde er allmählich lernen, wie man die wahre Sache erkennt. Wenn Sie fähig sind, ein Ding auf seine Echtheit zu prüfen, dann werden Sie schließlich eine Münze finden, die aus reinem Gold ist. Diejenigen, die die Sache von der anderen Seite her angehen, d. h. die Gold prüfen können, ohne sich von Fälschungen verwirren zu lassen, sind, und es ist traurig, das zu sagen, Menschen von anderem Schrot und Korn.

Einen Lehrer finden

Ist auf dem Sufi-Weg ein Lehrer unbedingt notwendig?
Ja, aus praktischen Gründen, unbedingt.
Wie sollte man sich einen Lehrer aussuchen?
Indem man sich auf die Suche vorbereitet, sich mit dem Material vertraut macht, das ein Lehrer für das Grundstudium anbietet. Und dann, indem man an einen Lehrer herantritt und fragt, ob man bei ihm Schüler werden kann.
Aber gehen die Leute denn nicht immer so vor?
Nicht im entferntesten! Die Leute belasten sich nicht damit, zu überlegen, ob sie sich die Mühe gemacht haben, das, was ein Lehrer ihnen vielleicht angeboten hat, in sich aufzunehmen, sondern sie suchen lieber nach einem Lehrer und lasten ihm die gesamte Bürde auf, sie zu unterweisen. Dieses Verhalten befreit sie von der Last, zu lernen, denn ihre Annahme beruht auf der Eitelkeit, die durch das vorbereitende Vertrautmachen mit der Materie gerade abgebaut werden soll.
Worin liegt genau die Eitelkeit, sich lediglich nach einem Lehrer umzusehen?
Sie liegt darin, zu glauben, man könne und müsse sofort von dem Lehrer unterrichtet werden, ohne zuvor den notwendigen vorbereitenden Schritt zu tun, der darin besteht, seine Arbeit auf der untersten Ebene kennenzulernen.

Wie man unterscheiden kann

Wie kann man einen echten Sufi von einem unterscheiden,
der nur behauptet, einer zu sein?

Dazu gibt es eine römisch-katholische Anekdote: Ein gewisser Herr auf den Philippinen sagte, als er dem Papst vorgestellt wurde, zu diesem: »Was, Sie sind Katholik? So ein Zufall: das bin ich nämlich auch!«

Meinem Informanten zufolge könnte einer, der so denkt und redet, kaum wirklich ein Katholik sein.

Bei Sufis können Sie auf alle Fälle sicher sein, daß diejenigen, die sich selbst als »Sufis« bezeichnen, absolut keine sind.

Aber die Fähigkeit, Wahrheit und Täuschung zu unterscheiden, gibt es. Denen, die wirklich lernen wollen, genügt dies. Diese Fähigkeit läßt sich nicht entwickeln – sie ist angeboren. Sie kann jedoch durch Heuchelei und Vorurteil verdeckt sein. Und daher ist der erste Schritt, der getan werden muß, der, daß man sich mit diesen Dingen befaßt, um sich von ihnen zu befreien.

In England kursiert eine Geschichte von sechs Männern, die in einem Vorzimmer im Buckingham Palace darauf warteten, von der Queen empfangen zu werden. Drei waren weiß, einer war gelb, einer war schwarz und der letzte war braun.

Schließlich trat ein königlicher Hofbeamter ein und sagte: »Die erlesenen Gäste mögen mir nun folgen.«

Sofort sprangen die drei Engländer auf und steuerten zur Tür. Der Hofbeamte stoppte sie aber mit einem Handzeichen und sagte: »Nein, ich meine diese Gentlemen – Seine Hoheit, Seine Eminenz und Seine Exzellenz…«

Und der gelbe, der schwarze und der braune Mann verließen den Raum.

Die drei Engländer starrten einander an und einer sagte: »Man muß sich wirklich fragen, wessen Land dies ist…«

Nachahmer

Ich habe schon endlose Schwierigkeiten mit Männern wie Frauen gehabt, die behaupten, »meine Lehren wiederzugeben«, aber alles falsch verstehen.

Verzweifelt bat ich einen Mann und eine Frau, die besonders schreckliche Frevler auf diesem Gebiet waren, mich zu besuchen, und ich sagte ihnen, sie würden sich nur selbst befriedigen und die Leute irreführen. Ich verwahrte mich dagegen, daß sie die Leute ausbeuteten, daß sie wahllos Schüler um sich scharten, daß sie »lehrten«, obwohl sie nichts verstanden hatten, daß sie das falsche Material bei den falschen Leuten verwendeten und so fort.

Aufmerksam hörten sie allem zu, was ich sagte – und dann machten sie haargenau so weiter wie bisher, nur mit einem Unterschied. Der Unterschied besteht darin, daß sie nun behaupten, sie wären »persönlich unterwiesen durch Idries Shah«!

Heute versteht er...

In meinen frühen Jahren stellte mich das Verhalten eines Sufi vor ein Rätsel, der wie viele andere ein Geschäftsmann war. Ein Mann, der sein Schüler werden wollte (und den ich kannte), sollte eine sehr große Geldsumme für die Ziele der Sufi-Arbeit spenden, und diese Bitte verwunderte ihn sehr. Da er bisher glaubte, daß Menschen des Geistes sich ohne Wenn und Aber für ihre Arbeit opfern, stand er vor einem Rätsel, als man ihm erklärte: »Dies soll das Unternehmen für die Zeit entschädigen, die Ihnen in Form von Unterricht gewidmet wird.« Er würde, so ließ man ihn wissen, nichts – auch nicht eine einzige Unterrichtsstunde – bekommen, bevor er nicht das Geld gezahlt hätte.

Während wir auf den Stufen des Sufi-Zentrums beisammen saßen, sprach mich der reiche, aber ratlose Schüler in einem schmerzlichen Ton deswegen an. »Ich weiß nicht, ob ich ihm traue«, sagte er, »warum sollte ich also vor eine solche Entscheidung gestellt werden – warum sollte ich mich fragen müssen, ob ich fähig bin, ihm Geld zu geben?«

Da gab ich ihm recht. Wenn das Ziel lediglich darin bestand, den Schüler zur Kasse zu bitten, dachte ich, warum nannte man ihm dann nicht irgendein Wohltätigkeitswerk, irgendeine Organisation, die nichts mit den Sufis zu tun hatte? Wir waren beide der Meinung, daß einem ein solcher Vorschlag nur allzu leicht falsch ausgelegt werden konnte, selbst wenn dieser von einem so seriösen Mann wie dem kam, für den wir den Meister hielten ...

»Und was noch hinzukommt«, sagte mein Freund, »ich frage mich, ob der Meister sich dessen bewußt ist, daß sein Ruf nun in meiner Hand liegt. Ein Heiliger, ein Mann Gottes, gebildet und was weiß ich noch alles – so mag er nach außen hin erscheinen. Aber wie stünde er in den Augen der Welt da, wenn ich – vielleicht ein Unerleuchteter, aber gewiß ein Mann von größter Aufrichtigkeit – in aller Welt herumerzählte, daß dieser spirituelle Mann erst lehren würde, wenn man ihn dafür bezahlt hat?«

Da ist was dran, dachte ich. Man sollte nie einem anderen seinen Ruf in die Hand geben. Ich stand auf, entfernte mich, ging dem Sufi aus dem Weg und betrat nie mehr sein Haus.

Fünf Jahre vergingen, ich befand mich gerade in einem anderen Land und war stark mit einem schwierigen Auftrag beschäftigt. Manchmal verließ ich mehrere Tage lang nicht mein kleines Zimmer über dem Souk in Damaskus. Manchmal – und das war an einem jener Tage – hatte ich dann wieder das Gefühl, daß ich einfach einmal Luft schnappen, andere Leute sehen, einen Szenenwechsel haben mußte.

So kam es, daß ich von meinem kleinen Schreibtisch aufstand, die Treppe hinunterstieg und auf den Markt mit seinem Gewühl von Menschen hinaustrat und mich unter die Leute mischte, die an den Läden vorbeiströmten.

Kaum hatte ich die erste Gasse erreicht, da erblickte ich in einer Toreinfahrt meinen Freund, den reichen Mann, gekleidet als ein Wander-Derwisch, mit einer konisch geformten Haube auf dem Kopf, einem mit Flicken besetzten Mantel über den Schultern und und einer Kette aus Rosenkranzperlen in der Hand. Ich nahm ihn an der Hand und führte ihn zu einem Café, wo wir uns unterhalten konnten.

Sofort wollte ich wissen, wie er die Frage, ob er dem Sufi Geld geben sollte, am Ende entschieden hatte. Er tat einen Seufzer und dann sagte er Dinge, die zum wichtigsten gehören, was ich in meinem Leben vernommen habe.

»Am Ende«, begann er, »gab ich ihm das Geld, denn ich war zu dem Schluß gekommen, es könnte vielleicht so etwas wie eine Probe sein. Nach einer Woche rief er mich zu sich, gab mir das Bündel Banknoten wieder zurück und wies mich aus seiner Nähe. Als er mich fortschickte, sagte er: ›Sie versuchen mich auf die Probe zu stellen, und dabei schmeicheln Sie sich mit dem Gedanken, ich würde *Sie* auf die Probe stellen.‹

Immer wieder kehrte ich zu seinen Versammlungen zurück. Ich speiste an seiner Tafel und hörte mir seine Vorträge an, aber in Wirklichkeit verstand ich nichts, was der Rede wert gewesen wäre, dessen bin ich mir sicher.« Er hörte auf zu sprechen und ein Schauder durchfuhr ihn.

»Und dann?« forschte ich weiter.

»Und dann, nicht lange darauf, starb der Meister. Ich dachte: Er hat sich außerhalb meiner Reichweite versetzt.« Wieder verfiel er geraume Zeit in Schweigen, und ich mußte ihn erst daran erinnern, daß ich noch da war.

»Sag mir, Bruder«, fragte ich, »was war die Folge aus alledem?«

»Am Tag, nachdem der Meister gestorben war«, fuhr er fort, »saß ich gerade in tiefe Kontemplation versunken da, als er wie in einer Vision vor mir erschien. Seine Hand steckte sich nach mir aus, aber ich konnte sie nicht erreichen. Er runzelte die Stirn, und ich verspürte Furcht und Liebe, beides in einem. Dann sprach er zu mir:

›Lieber Freund, Geld war Euer Götze und nicht Gott höchstpersönlich. Habgier gebar Zweifel, und ich konnte Euch nicht lehren, solange Ihr noch von Habgier und Zweifel behaftet wart.‹

›Aber Ihr habt mit meinem Zweifel Euer Spiel getrieben und ihn noch schlimmer gemacht‹, schrie ich.

›Ich habe Euer Augenmerk nur auf Eure schädlichen Eigenschaften gerichtet. Ich habe sie nicht schlimmer gemacht – ich habe sie nur für Euch sichtbar werden lassen. Das gab Euch eine Gelegenheit, sowohl Euch selbst als auch mich zu beurteilen.‹ Er hielt inne, dann zeigte er mir, wie klar er die ganze Zeit meine Gedanken gelesen hatte. ›Ihr dachtet, Ihr hättet meinen Ruf in Eurer Hand. Aber warum war es für Euch ein Grund zu jubeln, daß Ihr etwas hattet, was auch jeder andere hat? Wißt Ihr nicht, daß jeder dahergelaufene Dummkopf auf Erden unbeschadet jeden einzelnen Sufi der Welt um seinen guten Ruf bringen kann? Jeder andere ängstliche, argwöhnische, habgierige Mensch wird ihm glauben. Wißt Ihr nicht, daß der Hund in jedem Schatten einen Feind sieht – sogar im Schatten seines eigenen Herrn, der ihm sein Fressen bringt?‹

Ich fiel auf die Knie und flehte ihn an, mir zu helfen. ›Ihr seid nicht gewillt, Euch selbst zu helfen, und doch verlangt Ihr, daß andere Euch helfen!‹ sagte er, ›und ich kann erst dann wieder zurückkommen, wenn es mir möglich sein wird, Euch zu helfen.‹«

Mit Tränen in den Augen sprang mein Wanderderwischfreund von seinem Stuhl auf, und obwohl ich ihm folgte, war er sofort im Freitagabendgewühl verschwunden.

Das war vor dreißig Jahren, und seither habe ich ihn nicht wieder gesehen. Heute erhielt ich aber eine Nachricht von ihm. Sie lautete: »Zuerst war ich unwissend, dann lernte ich in meinem Verstand und meinen Gefühlen eine Lektion und dachte, es sei eine spirituelle Lektion. Heute endlich verstehe ich. Spiritualität ist Verstehen, nicht Glauben. Gelobt sei der Herr aller Welten.«

Der Koch

Wir können das Leben als eine Reise auffassen, und wenn wir uns ansehen, wie die Leute glauben, daß sich die Dinge entwickeln, können wir feststellen, daß hie und da etwas eintritt, was diese Entwicklung ändert. Sobald sie sich geändert hat, wird natürlich wiederum angenommen, daß diese Bestimmung linear sei, und sie entwickelt sich weiter, bis wieder etwas eintritt, was das Muster wiederum durcheinanderbringt. Dann beginnen die Leute aufgrund von nachträglicher Einsicht den ganzen Prozeß noch einmal ganz von vorne an und nehmen an, die lineare Form werde so weitergehen...

Die beste Art, zu veranschaulichen, was passiert und dem Glauben der Leute nach passieren wird, ist, wie sich herausstellt, eine Geschichte – und wir können hier eine anbieten, die uns die Möglichkeit gibt, festzustellen, was wirklich passiert.

Es war einmal eine Karawane von reichen und eingebildeten Kaufleuten, die sich von Syrien aus auf den Weg machten, um die lange und beschwerliche Reise nach Mekka und dem Süden zu tun. Nicht lange, nachdem sie aufgebrochen waren, kam ein betagter und selbstsicher wirkender Mann, begleitet von zwei schwerbeladenen Mulis, auf einem Esel dahergeritten und fragte, ob er er sich der Gruppe anschließen dürfe.

Während der Karawanenführer das Für und Wider der Möglichkeit diskutierte, sprachen sich zumindest einige der Kaufleute gegen den Neuhinzukommenden aus. Er sähe nicht wohlhabend aus und er besäße nur mickrige Mulis und einen Esel statt Kamelen. Davon abgesehen sähe er körperlich nicht robust genug aus, um Waffen zu tragen, was ein Grund gewesen sein mag, weshalb er dahergekommen sei, denn die Wüste stecke voller Banditen...

Noch dazu gestand der Mann, daß er von Beruf nichts weiter als ein Koch sei, ein Meister seines Fachs vielleicht, aber nichtsdestotrotz nur ein Koch. Er hob jedoch hervor, daß es, da er »geschützt« sei, nur von Vorteil sein werde, wenn er die Karawane begleite. Da man allmählich Zeit verlor, gaben die Kaufleute schließlich ihren Widerstand auf, und der Koch durfte sich als Schlußlicht anhängen.

Als die Karawane in einen besonders öden Teil der Wüste gelangte, wurde sie plötzlich von Räubern umringt. Gut organisiert, wie sie waren, versahen diese die Kamele mit Beinfesseln und schlossen die Kaufleute in eine *zareba*, einen Pferch aus Dorngeflecht, ein, während der Banditenhäuptling sich im Kreis mit seinen Männern zusammensetzte, um die Aufteilung der Beute zu besprechen.

Sie hatten sich bereits einige Minuten damit befaßt, als sie bemerkten, daß sie jemanden übersehen hatten. Der Koch befand sich außerhalb des Pferchs und war eifrig damit beschäftigt, einen langen Streifen weißen Tuchs aus seinen Satteltaschen auf dem Boden auszubreiten. Während die Diebe seinem Tun zusahen, holte er eine Menge köstlich aussehende Pasteten aus seiner Tasche und breitete sie auf dem Tuch aus.

»Was treibst du da?« brüllte der Banditenhäuptling. »Ist dir vielleicht entgangen, daß du ein Gefangener bist?«

»Egal, ob Gefangener oder nicht, der Mensch braucht was zu essen, um zu leben, und ich bin ein Koch«, erwiderte der Mann und fuhr unbekümmert fort, das Essen herzurichten.

Nun scharten sich die Banditen, von der Speise verlockt, zusammen und stießen den Mann unsanft aus dem Weg. Dann ließen sie sich nieder und fraßen gierig wie Wölfe alle Pasteten in sich hinein.

Nach einer halben Stunde lagen sie da und waren, durch irgendeine Zutat in der Speise betäubt, tief und fest eingeschlafen...

Der Koch öffnete den Dornenzaun und ließ die Gefangenen frei. Dann nahm man die Banditen gefangen, um sie den Behörden zu übergeben, und so kam es, daß sich ausgerechnet der am wenigsten wahrscheinliche Retter als das Mittel erwies, mit dem die Karawane gerettet werden konnte.

Ich erzählte diese Geschichte eines Abends in einer Versammlung, weil mir jemand die Fahnen eines Artikels über uns gezeigt hatte, in dem man überrascht war, daß sich ein Häuflein von Leuten wie wir tatsächlich mit irgend etwas Wichtigem befassen kann.

Zufällig befanden sich unter den Anwesenden auch einige, die mir verschiedene Fragen geschickt hatten. Unter ihnen befanden sich z. B. diese:

»Gibt es etwas jenseits dessen, was wir in unserem Leben sehen können?«

»Kann der unsichtbare Inhalt einer Sache Einfluß auf die Ereignisse haben?«

»Wirft es uns zurück, wenn wir unfähig sind, die Wirklichkeit zu sehen?«

»An bestimmten Punkten scheint es so, als sei unser Ziel unmöglich zu erreichen. Stimmt das?«

Die erzählte Geschichte hat, so schien mir, jede dieser Fragen und daneben noch viele andere abgedeckt...

Bedeutendes und unbedeutendes Tun

Wenn die großen Sufis wie etwa die Meister von früher und heute von so ungeheuerer Bedeutung sind und Aufgaben von so kosmischer Dimension zu erfüllen haben, woher kommt es dann, daß man sie so häufig mit so schlichten Dingen wie dem Unterrichten unbedeutender Schüler und dem Verbreiten elementarster Lehren beschäftigt sieht?

Wenn das nicht verstanden wird, so ist der Grund dafür der, daß man nur ein unvollkommenes Wissen davon hat, was die Aufgabe der wahren Sufis ist. Fähigkeiten und Funktionen zu haben, bedeutet, daß diese, wie und wann es angezeigt ist, ausgeübt werden können, wenn auch nicht in wahlloser Art und Weise. Wenn Sie also, sagen wir, elektrisches Licht zur Verfügung haben, so können Sie es entweder deshalb einschalten, um sich ein triviales Buch anzusehen, oder aber, um beim Verfasssen einer Nobelpreis-trächtigen Forschungsarbeit besser sehen können. Wenn Sie es aber nur deshalb einschalten, weil Sie es besitzen oder um Ihre preisgekrönte Doktorarbeit anzustrahlen, dürften Sie als geistlos erscheinen – und es auch sein. Wissen und Aufgabe bedeutet, daß der Sufi weiß, was er tun kann, daß er tun kann, was er zu tun weiß, und daß er tut, was er kann. Sufi-Imitationen sind diejenigen, die Tätigkeiten verschmähen, die angeblich unbedeutender sind, oder sich aus Demut darauf spezialisieren, nur schlichte Dinge zu tun. Solche Leute mögen vielleicht nützlich sein, aber nicht so nützlich wie jemand, der weiß, welche Konsequenzen das hat, was er tut.

Wem gehören die Tiere?

Warum konzentrieren sich Sufis so sehr auf anderer Leute Defekte und auf ihre eigenen Tugenden?
In Wirklichkeit tun sie das nicht: Das bilden sich andere aufgrund einer Voreingenommenheit gegenüber diesen Themen nur ein.

Diese Geisteshaltung wird durch die Nasrudin-Geschichte von den Tieren verdeutlicht:

Menagerie

Mulla Nasrudin ging einmal zum Psychiater. Dieser unterzog ihn einem Test, in dem er ihm auf einem Blatt Papier verschiedene Symbole zeigte.

Die ersten waren drei Punkte.

»Was stellen sie dar?« fragte der Arzt.

»Drei Wölfe«, sagte der Mulla.

»Und diese zwei Striche?«

»Zwei Elefanten.«

»Und was bedeuten für Euch die Punkte und Striche zusammen?«

»Eine Herde von Ponys und Eseln.«

Da meinte der Doktor zu ihm:

»Tut mir leid, aber Ihr seid von Tieren besessen, und das werden wir behandeln müssen...«

»Behandelt Euch erst einmal selbst«, entgegnete der Mulla, »denn all diese Kreaturen stammen doch aus Eurer Menagerie!«

Intolerantes Verhalten von Sufis

Warum gehen Sufis manchmal so hart mit der Gesellschaft, den Menschen und den Ideen ins Gericht?
Manchmal aus ähnlichen Gründen wie denen, weshalb der Besitzer des Badehauses einen seiner Gäste verprügelte...

Der Reisende und das Badehaus

Es war einmal ein Mann, der nach einer langen Reise in eine Stadt kam und beschloß, sich ins Badehaus zu begeben, um sich zu erfrischen. Außerdem brauchte er nach vielen im Sattel verbrachten Tagen unbedingt ein wenig Rast.

Kaum hatte er das Badehaus ausfindig gemacht, da sah er aber, wie der Besitzer auf einen Dritten losging, der ihm nichts zuleide tat, und ihn mit einem Knüppel verdrosch. Dieser wiederum versetzte seinem Angreifer einen Schlag mit der Faust, dann schrie er um Hilfe und fing an, Schimpf und Schande über den Agressor zu häufen.

Angewidert kehrte der Reisende dem Badehaus den Rükken, und seither erzählte er ewig allen Leuten, die ihm über den Weg liefen, von der ungewöhnlichen Bösartigkeit des Badehausbesitzers der Stadt Soundso.

Als er viele Jahre später eines Tages wieder einmal von

diesem Vorfall als einem Beispiel von grundloser Aggressivität gesprochen hatte, erhob sich einer aus seinem Publikum und sagte:

»Ich bin in jener Stadt geboren, in der Ihr vor so vielen Jahren einen einzigen Tag verbracht habt. Nun vergleicht einmal Eure Erinnerung eines einzigen Augenblicks mit meiner, der eines Einheimischen. Es gab einen Badehausmeister in der Stadt, der sich durch das vorbildlichste Leben und Betragen auszeichnete. Da machte es sich ein rücksichtsloser Taugenichts zur Gewohnheit, dieses Badehaus aufzusuchen und jeden seiner Gäste zu belästigen. Der Besitzer unterließ es, etwas dagegen zu unternehmen, denn er lehnte es ab, sich von seinem Zorn übermannen zu lassen. Schließlich verlangten aber alle Leute, denen aufgrund des Betragens dieses üblen Kerls die Möglichkeit genommen worden war, ihr Bad zu nehmen, daß auch ihre Interessen berücksichtigt würden. Ja, jeder von ihnen fand, der Eigner des Badehauses sei für alles verantwortlich, und sogar die Polizei stimmte zu, daß dies eine private Angelegenheit sei. Zu guter Letzt rang sich der Besitzer des Badehauses zur Zufriedenheit aller – und auch zu der des Übeltäters, der sich daraufhin besserte – dazu durch, sich diesen einmal kräftig vorzuknöpfen – und das geschah vor Euren Augen.

Diese flüchtige Szene genügte Euch bereits, um Theorien aufzustellen und Euch zum Richter und Märchenerzähler aufzuschwingen, doch nun werdet Ihr Euch vielleicht dazu bequemen, Euch für die Wahrheit zu interessieren – sofern Wahrheit statt Emotionen Euch irgend etwas bedeutet.«

Unhöflich zu den Leuten

Manchmal scheinen Sie sehr unhöflich zu den Leuten zu sein, und ich habe beobachtet, daß Sie etwas, was jemand gefragt hat, hergenommen und auf eine Art beantwortet haben, die der Fragesteller, so schien mir, nicht gemeint hatte. Bei anderen Gelegenheiten scheinen Sie wiederum das, was gesagt wurde, mißzuverstehen. Und noch etwas: Warum lassen Sie sich zu Wutausbrüchen und sogar zu Intoleranz hinreißen? Ein ruhiges und vernünftiges Verhalten ist doch sicher unerläßlich, wenn wir die Dinge in aller Offenheit betrachten sollen?

Das sind eine ganze Menge Fragen und Fragen innerhalb von Fragen. Vielen Leuten werden die Annahmen, auf denen sie gegründet sind, sofort einleuchten. Gehen wir einige davon einmal durch: Die erste ist die, der Fragesteller könne beurteilen, was passiert. Die Antwort darauf lautet, in der gängigen schulmeisterlichen Formel ausgedrückt: »Wenn Sie es beurteilen könnten, gnädige Frau, dann säßen *Sie* hier und nicht ich.« Im ersten Moment erscheint diese Bemerkung taktlos.

»Unhöflich« ist aber ein schwieriges Wort. Es impliziert, daß jemand etwas Ungehöriges gesagt hat oder etwas, was außerhalb der akzeptierten Umgangsform in der Gruppe liegt, in der wir uns befinden. Unhöflich wäre es von einem Scheich, wenn er Ihnen, als einem Ehrengast, bei einem Festmahl nicht ein Schafauge anbieten würde. Wenn Sie dagegen während eines eleganten Fünf-Uhr-Tees Ihrem Gast ein Schafauge reichen, so wäre dies ebenfalls unhöflich. Sehen Sie den Unterschied?

›Aus Freundlichkeit grausam‹ ist ein anderer Faktor, den wir nicht vergessen sollten. Einem Hysteriker geben Sie eine Ohrfeige, ohne sich für »unhöflich« zu halten; oder Sie nehmen an einem Ertrinkenden ziemlich unsanfte Wiederbelebungsversuche vor. Die elegante Konvention, daß man von diesen Methoden in einer höflichen Gesellschaft nicht Gebrauch macht, gilt bei einer anderen Art von Gelegenheiten nicht. Einer der Gründe, weshalb die höfliche Gesellschaft für das, was wir tun, unproduktiv ist, ist der, daß sie auf einer Höflichkeit basiert, die zur Kunst erhoben wurde.

Jemanden absichtlich mißzuverstehen kann eine »höfliche« Zurechtweisung sein. Wenn mich jemand fragt: »Was ist die Summe aus fünf Bohnen?« und ich antworte: »Bohnensuppe«, dann mache ich zwei Dinge: Erstens übergehe ich die Frage höflich. Zweitens gebe ich die Information, die auf eine bestimmte Art mit der Frage in Zusammenhang steht. Sollte ich zufällig Kochkurse geben, so würde ich ganz natürlich von der Bohnensuppe reden.

Die Sache mit der Antwort, die nicht so ausfällt, wie der Fragende es gemeint hat, ist ein wichtiger Punkt. Er führt bis zu den Wurzeln eines Problems. Wie Sie sehen, sind viele Fragen ›gezinkt‹. Das heißt, es wird mit ihnen automatisch beabsichtigt, eine bestimmte Antwort hervorzurufen. Das ist dann eine vom Fragesteller gewünschte Antwort. Aber worum geht's hier eigentlich? Doch sicher nicht darum, Leute mit Bestätigungen zu versorgen, die sie sich auch durch gegenseitiges Anhimmeln oder bei einer Tasse Tee verschaffen könnten.

Die Worte »ruhig« und »vernünftiges Verhalten« sind ebenfalls ›gezinkt‹. So können Sie zum Beispiel nur in bezug zu der jeweiligen Situation wissen, was ruhig und was ein vernünftiges Verhalten ist.

Mulla Nasrudin zeigt dies in seiner Geschichte über die Anzahl von Steinen in seinem irdenen Krug. Er hatte hundert gezählt, aber als ihn jemand fragte, wie viele es wären, sagte er: »Vierzig.« – »Das ist doch unmöglich!« rief der andere. »Wenn Ihr wirklich die Wahrheit wüßtet«, sagte Nasrudin, »dann wüßtet Ihr auch, daß ich nicht nur nicht gelogen, sondern auch noch etwas abgezogen habe.«

»Mäßige den Wind für das geschorene Lamm«, heißt es, aber alles hangt davon ab, wie heftig der Wind weht und wie kurz das Lamm geschoren ist. Unverblümtes Reden ist nicht nur eine Ungehörigkeit, sondern auch eine Gunst.

Eine weitere Tür öffnen

Woher kommt es, daß Sufis in der Literatur und offensichtlich auch direkt von Mensch zu Mensch Leute tolerieren, die oft beschränkt sind und selbst die elementarsten Dinge falsch zu verstehen scheinen?

Es ist schwer, diese Frage erschöpfend zu beantworten, solange wir nicht wissen, auf welche Anlässe dabei angespielt wird. Es gibt jedoch zwei Situationen, in denen dies häufig vorkommt:

1. Wenn der Austausch toleriert wird, um illustrierende Beispiele für andere zu liefern – also um »zur Wand zu reden, damit die Tür es hören kann« –, und auch deshalb, damit die beschränkte Person vielleicht, wenn auch nicht unbedingt auf der Stelle, »aufwacht«.

2. Wenn Leute deshalb beschränkt sind, weil sie ihre Wahrnehmung der Tatsachen oder der Wahrheit unbewußt unterdrücken. Es gibt viele Leute, die aus irgendeinem sträflichen Grund gegen ihre verläßlichen und zutreffenden Eingebungen handeln. Dieser Grund ist im allgemeinen der, daß sich irgend etwas in ihrem Inneren vor dem Eindringen von Wahrheit fürchtet, entweder weil diese sie aus dem Lot bringt oder weil sie teilweise Heuchler sind.

Diese Tendenz kommt übrigens in den Fällen deutlich zum Vorschein, in denen sich Leute, wenn sie vorauszuahnen versuchen, welche Spielkarte oder Würfelzahl als nächstes kommt, mit einer solchen Häufigkeit irren, wie sie, statistisch gesehen, unmöglich danebentippen können. Das hat gezeigt, daß es Menschen gibt, die in Wirklichkeit zwar das Richtige ahnen, aber einen inneren Zensor besitzen, der sie daran hindert, dies zuzulassen, und der die Fakten tatsächlich ins Gegenteil verkehrt.

Der »Zensor« ist jene Rolle des Beherrschenden Selbst – die künstliche Persönlichkeit, die bestrebt ist, die existierenden Arten des Denkens in dem Betreffenden zu schützen, so daß dieser unter einem inneren Konflikt leidet: Die eine Hälfte kennt die Wahrheit, wünscht sie und läßt sie in seinen Kopf ein, die andere Hälfte behindert das Akzeptieren dieser Tatsache, da sie sich der Aufgabe verschworen hat, das zu wahren, was sie für ein Gleichgewicht hält. Wenn sie die Wahrheit zulassen würde, so argumentiert sie, dann würde sie vor dem Unbekannten stehen; und dann würde sich, so fürchtet sie, die Persönlichkeit ändern oder die Person würde nun durch etwas anderes (nämlich die Wahrheit) motiviert werden und nicht mehr durch jenes kleine Bündel von Ansichten und Verhaltensweisen, die ihr vertraut sind.

Solange Sie sich gewisse Türen offenhalten wie etwa die, daß Sie sich einbilden, Sie könnten Ihr eigenes Lernen mit unzulänglichen Werkzeugen steuern, können Sie die Tür zu einem umfassenderen Verstehen nicht öffnen – geschweige denn passieren. Daher sagt z. B. Saadi in seinem »*Bustan*« oder ›Obstgarten‹: »Die Tür zur Erleuchtung steht jenen offen, denen andere Türen verschlossen sind.«

Wild und mild

Einmal fragte mich jemand, warum ich »manchen Leuten gegenüber so wohlwollend und zu anderen so hart« sei.

Setzen Sie dies in den Zusammenhang der folgenden Parabel:

Ein Mann betrat einmal den Laden eines Kaufmanns und schimpfte wild über die Preise – und doch umgab ihn der Ladeninhaber mit großer Aufmerksamkeit.

Dann betrat ein anderer den Laden, der Besitzer ging sehr hart mit ihm um, ließ kaum mit sich handeln und sparte nicht mit kritischen Bemerkungen.

Als beide wieder gegangen waren, fragte der Gehilfe seinen Meister: »Warum habt Ihr Euch den beiden Männern gegenüber so verschieden verhalten?«

Da sagte der Kaufmann:

»Der erste wollte nichts bezahlen, er wollte nicht einmal etwas kaufen, wie ich aus Erfahrung wußte. Daher schenkte ich ihm kein echtes Interesse. Dies gab mir alle Freiheit, ein gutes Verhalten voll zur Wirkung kommen zu lassen. Er war ein oberflächlicher Kerl, aber ich gefiel ihm, und das war alles, was ich tun konnte.

Der zweite Kunde war ein ernsthafter, aufrichtiger Mensch, und so behandelte ich ihn wie einen Kollegen und verkehrte mit ihm wie zwischen Fachleuten. Natürlich nahm die Diskusion da andere Formen an.

Mit dem ersten Verkaufsgespräch verband ich die Absicht, ein Mißfallen gegenüber den Unverbindlichen zu vermeiden (die immer Höflichkeit von einem verlangen, da sie dies mit etwas Wirklichem verwechseln); das zweite sollte zu beiderseitigem Vorteil führen, indem ich mich auf das konzentrierte, was für jeden von uns wirklich das Wesentliche war. Natürlich konnten wir da nicht zugleich auch für eine angenehme Unterhaltung garantieren.«

Was ist ein Derwisch?

Im Westen neigt man zu der Ansicht, Derwische seien Verrückte (»die Derwische aus dem Sudan«) oder »Mohammedanische Mönche« (laut diversen Enzyklopädien) oder aber »Männer von profunder Weisheit« (verschiedene Okkultisten und Esoteriker).

In Wirklichkeit sind sie, wie die folgende wahre Begebenheit zeigt, im allgemeinen eher Leute, die nichts wissen und das Ziel anstreben, Sufis – oder wirkliche Mystiker – zu werden.

Eine Gruppe von Derwischen kam einmal aus dem Iran, wo die Derwische sich gerne als Sufis, d. h. Besitzer eines höheren Bewußtseins, bezeichnen, zu Besuch in das benachbarte Afghanistan.

Ständig stellten sie unnötige Fragen, interessierten sich für alles und jedes, von den trivialsten Dingen bis zur Religiosität, und legten ein hysterisches Gehabe an den Tag.

Nur einer aus ihrer Gruppe führte intelligente Reden, sein Betragen war in der Tat vorbildlich, und er wußte weise und von Hintergrundwissen durchwobene Kommentare zur Geschichte und Symbolik des Schreins von Gazargah abzugeben.

Dort begegnete ihm der Gouverneur der Gegend, und hoch erfreut, daß unter diesen zwanzig Self-made-Kontemplativen wenigstens einer einen wirklich vielversprechenden Eindruck machte, fragte er ihn, ob er das Oberhaupt der Derwischgruppe sei.

»Ich bedaure, nein«, antwortete der Mann. »Ich bin nur der angemietete Stallknecht, der sich um die Tiere der frommen Herrn kümmert in der Zeit, wo sie ihre spirituellen Übungen machen und ihre speziellen Roben tragen...«

Der Derwisch und der Schüler

Es war einmal ein Derwisch, der in einer Hütte lebte, während seine Schüler in anderen schlichten Behausungen der Umgebung kampierten. Wie alle wahren Derwische trug er die Kleidung des Landes, in dem er lebte, und weder er noch irgendein anderer betrachtete seinen vorübergehenden Rastort als festen Wohnsitz – denn die Erleuchteten wohnen nicht auf dieser Erde.

Er hatte jedoch einen Schüler, der im Gegensatz zu dem, wie es die Erwählten hielten, stets wunderliche Umhänge und eine wilde Haar- und Barttracht trug und Wert darauf legte, in einem festen Haus zu wohnen. Dieser Schüler war natürlich einer von jenen Menschen, die gewissermaßen ein wandelnder Gegensatz sind und die alles anders machen, als man es erwartet. Ja, er verkündete sogar vor jedem, der ihm zuhörte, daß er selbst ein Lehrer sei.

Zugleich war dieser Schüler so begierig, in Geheimnisse eingeweiht zu werden, daß er, wann immer er konnte, den Derwisch um Instruktionen bat.

Als der Lehrer eines Tages zu einer Pilgerfahrt aufbrechen wollte, rief er die gesamte Gemeinde zusammen und wandte sich in ihrer Gegenwart mit folgenden Worten an diesen Schüler:

»Während ich fort bin, sollt Ihr mein Stellvertreter sein. Ihr habt darauf zu achten, daß ein jeder Euch gehorcht. Unter keinen Umständen solltet Ihr diese Bücher hier studieren. Ferner müßt Ihr unbedingt Euer Haar und Euren Bart länger wachsen lassen und einen auffälligen Mantel tragen, der sich von den hierzulande üblichen unterscheidet. Und Ihr dürft auf keinen Fall irgendwo in der Nähe einer großen Stadt wohnen.«

Der Schüler war hoch erfreut, daß die Gemeinde seiner Obhut anvertraut wurde, und alle anderen waren natürlich tief betrübt, denn sie wußten, wie schwer mit ihm auszukommen war.

Als der Meister wieder zurückkehrte, fand er jedoch, daß der Schüler fortgezogen war und sich in die Nähe einer großen Stadt begeben hatte, um dort zu leben. Als er in seiner abendlichen Versammlung saß, wandte sich der Weise an seine Schüler:

»Es freut mich zu hören, daß ihr Eintracht gehalten habt, während ich fort gewesen war, denn ich habe niemanden zurückgelassen, der sich um euch hätte kümmern sollen.«

Da flüsterte ihm einer der Schüler zu: »Aber Meister, Ihr habt doch dem Unfolgsamen aufgetragen, sich um uns zu kümmern.«

»Natürlich habe ich das! Aber einem solchen Menschen etwas aufzutragen ist soviel wie einem andern genau das Gegenteil zu sagen. Hat er sich denn um euch gekümmert?«

»Nein«, riefen sie im Chor.

»Ist er überhaupt hiergeblieben?«

»Nein, er ging beinah auf der Stelle fort.«

»Hat er sich sein Haar und seinen Bart gestutzt und normale Kleider angezogen?«

»Ja, und er ist nun auf eine Art gekleidet, die Euren traditionsgemäßen Anweisungen entspricht«, sagten die Schüler.

»Aber erst«, bemerkte der Weise, »nachdem man ihm angewiesen hatte, das Gegenteil zu tun...«

Derwisch, Sufi, Schüler

Was ist der Unterschied zwischen einem Derwisch, einem Sufi und einem Schüler?
Eine so umfassende Frage kann man nicht in einfacher Form beantworten. Wenn Sie sich aber mit den verschiedenen Geschichten und Darstellungen vertraut machen, in denen von ihnen die Rede ist, werden Sie ein Gefühl für dieses Thema bekommen und es verstehen.

Hier eine Geschichte, die eine ganz Menge über die Beziehungen zwischen ihnen aussagt:

Es war einmal ein Derwisch, der von einer Stadt zur andern wanderte, überall seinen Standardvortrag hielt und den Leuten jedesmal fast wörtlich dasselbe sagte.

Auf diesen Reisen pflegte er einen Schüler mitzunehmen. Der sagte nach einigen Monaten zu seinem Meister: »Ich habe Euch so häufig reden gehört, daß ich oft das Gefühl habe, ich könnte Euren Vortrag selber halten.«

»Warum eigentlich nicht?« meinte der Derwisch. »In der nächsten Stadt haltet Ihr den Vortrag und ich werde so tun, als ob ich Euer Schüler wäre.«

Und so hielt in der nächsten Stadt der Schüler den Vortrag, und als er sich setzte, wurde er umringt von donnerndem Applaus. Die Leute strömten zu ihm, um den Saum seiner Robe zu küssen, und alle waren sich einig, daß dies fürwahr ein gewaltiger Mann des Geistes sei.

Dann erhob sich ein Zuhörer und stellte eine Frage.

Der Schüler verstand kein Wort.

Und so sagte er: »Das Niveau des Verständnissses ist so gering in diesem Publikum, daß ich euch dies vor Augen führe – und euch damit die Antwort gebe –, indem ich den Mann antworten lasse, der erst seit ein paar Monaten mein Schüler ist.«

Die Leute fühlten sich tief gedemütigt, als sie das hörten, und waren noch tiefer verblüfft, als der »Schüler« ihnen mit großem Scharfsinn und Wissen die Antwort auf die Frage gab.

Und der folgende Teil der Geschichte wird erzählt, um Auffassungen wie die zu illustrieren, daß, auch wenn man fähig sein mag, Worte nachzuplappern, Gewandtheit im Begreifen und Lehren doch zwei verschiedene Dinge sind.

»Lernen«, so hat jemand zu dieser Geschichte gesagt, »führt zu Demut. Daher war es für den Derwisch keine Schande, so zu tun, als sei er ein Schüler.«

Wenn die Geschichte an diesem Punkt endet, wird sie auch dazu herangezogen, um zu zeigen, daß Geistesgegenwart – wie die des Schülers – nützlich sein kann. Ob sie zu Erfolg führt, hängt jedoch von der Gegenwart des Lehrers ab.

Wie bei vielen anderen Überlieferungen wird im allgemeinen nur der erste Teil der Geschichte im Gedächtnis behalten. Aber sie enthält noch mehr, und zwar dies:

Derwische predigen, und ihre Worte lassen sich äußerst wirkungsvoll wiederholen.

Sufis handeln, und ihre Handlungen wirken auf ihre eigene Weise. Die Handlung kann nämlich auch blockiert werden.

Eines Tages besuchte ein Sufi diese Stadt, und er war von einer Reihe von Schülern begleitet. Als die Leute von seiner Ankunft hörten, scharten sie sich um ihn. Stürmisch flehten sie ihn an, er möge zu ihnen sprechen; aber, wie es so häufig geschieht, sagte der Sufi: »Ich speche nur dann, wenn etwas Nützliches dabei herauskommen kann.«

Darauf sagten sich die Leute: »Wer weiß? Vielleicht ist dieser Sufi ein Hochstapler. Wir wollen seine Schüler befragen.«

Und so bestürmten sie das Gefolge des Sufi mit allen möglichen Fragen, aber auch sie gaben keine Anwort.

»Da haben wir's!« schrie das Stadtvolk: »Wäre der Sufi ein echter gewesen, dann wären seine Schüler imstande gewesen, jede Frage zu beantworten – genau wie der Jünger des Derwischs!«

Und so wurde der Sufi samt seinen Schülern mit Hunden aus der Stadt gejagt. Daher mußten noch viele Jahre vergehen, bis man diesen Leuten nahebringen konnte, daß das Tun und Sein der Sufis etwas anderes ist das Glauben und effektvolle Auftreten des Derwischs.

Der Zaubertrick

Um den Glauben derer zu fördern, bei denen die Derwische in Achtung stehen, greifen viele von ihnen gerne zu Zaubertricks, um zu beeindrucken.

Es war einmal ein solcher Derwisch und der hatte einen jungen Mann als Schüler, der ihm bei seinen Täuschungsmanövern zur Hand ging.

Jedesmal, wenn das Paar in eine Stadt kam, pflegte der Derwisch den Trick mit der »Auferstehung von den Toten« aufzuführen.

Zuerst hob er eine tiefe Grube aus, und der Junge kletterte so weit hinein, bis nur noch Hals und Kopf herausschauten. Dann befestigte der Derwisch seinem Verbündeten eine präparierte Schüssel mit einem Loch in der Mitte und seitlichen Henkeln bündig mit dem Boden um den Hals. Danach rief der Derwisch mit lauter Stimme: »Leute! Kommt herbei und seht dieses abgeschlagene Haupt, welches sprechen und weissagen kann! Seht das Blut in der Schüssel! Schaut nur, wie seine Augen rollen!«

Die Leute strömten in Scharen zusammen, und das enthauptete Haupt begann für ein Entgeld zu reden und gab Antwort auf ihre Fragen. Wenn der Abend dämmerte und alles still war, kletterte der Junge aus seinem Loch, und die beiden zogen weiter.

Nun begann diese Täuscherei den jungen Mann, der wirklich die Wahrheit finden wollte, zu beunruhigen, da er erkannte, daß dies das genaue Gegenteil war. Er suchte einen Sufi auf, und dieser gab ihm gewisse Instruktionen.

Als die beiden das nächste Mal in eine Stadt kamen und der Derwisch sein Publikum um sich geschart hatte, forderte er das »sprechende Haupt« auf, zu reden. Statt dessen schoß zu jedermanns Entsetzen eine Stichflamme aus dem Boden, und der Junge, der Kopf und alles andere war verschwunden, denn sie waren unsichtbar geworden.

Der Derwisch war außer sich vor Zorn und schrie:

»Du Idiot, ich meinte doch nicht *diesen* Trick!«

Was ein Lehrer ist

Die Welt ist voll von Lehrern, d. h. von Leuten, die Schüler sammeln oder in irgendeiner Form andere unterrichten.

Das Wunderbare an der Sache ist aber, daß nur sehr wenige die Frage stellen, was der Lehrer über das Lehren weiß. Was sie zu Lehrern macht, ist der Umstand, daß sie sich wie Lehrer oder zumindest so verhalten, wie die Leute glauben, daß sich ein Lehrer verhält.

Wenn ein Lehrer nicht ist, was er zu sein scheint, wie muß man ihn dann definieren?

Versuchen Sie es einmal mit einem alten Satz, der in Lehrmitteln wie in den Geschichten aus »Tausendundeiner Nacht«, nämlich in der »Geschichte von der Messingstadt« zu finden ist:

Ich bin

Ein wahrer Lehrer, der einmal gefragt wurde, woher es
kommt, daß er lehren könne, antwortete:

> »Ich bin jetzt, was du sein wirst;
> was du jetzt bist, war ich einst.«

Die Schachspieler*

Es war einmal ein König, der mit seinem Hofnarren Schach
spielte.

Der Narr war ein guter Spieler, und so gewann er die
Partie. Das ärgerte den König so sehr, daß er ihn bestrafte.

Dann bestand der Monarch darauf, ein nächstes Spiel zu
spielen.

Der Narr drückte sich herum; er mußte weiterspielen.

Als er wieder drauf und dran war, zu gewinnen, und der
Moment gekommen war, um »Schachmatt!« zu rufen,
sprang der Narr auf und flüchtete in eine Ecke. Dort be-
deckte er sich mit alten Rupfen, um den Schlägen des Königs
zu entgehen.

Der König fragte ihn, was er dort treibe.

»Schachmatt!«, rief der Narr. »Ich versteck mich hier,
denn niemand kann es wagen, Euch schachmatt zu setzen,
bevor er sich nicht versteckt und gut gepolstert hat...«

Wie der Hofnarr, so hängt auch der Sufi-Lehrer vom Wohl
und Wehe der Welt und der Menschen ab, die die Macht
haben, ihn auf tausenderlei Art zum Gespött zu machen und
zu bestrafen. Aufgrund der unbewußten Zensur des allgemeinen Willens darf er Dinge, die die gewöhnlichen Leute
empören, nicht direkt beim Namen nennen; und so »bedeckt er sich mit alten Rupfen«.

---

* Nach Rumi, *Mathnawi*.

Eine Art zu lehren ...

Lernende haben dazusitzen und dem Lehrer zuzuhören, bis Verstehen in sie einkehrt.

Dies erfordert Wachheit und Konzentration – und zugleich Entspanntheit –, denn nur dies allein ermöglicht, daß der Sinn der Dinge Eingang findet.

Die Menschen müssen die zwanghafte Angewohnheit verlernen, als *einzige* Reaktion auf eine Lehrsituation krampfhaft an den Dingen herumzurätseln, um die Lösung zu erzwingen.

Das bedeutet im Endeffekt, daß sie eine zusätzliche Fähigkeit erlangen und nicht etwas ablegen müssen.

Dies ist nur durch praktisches Üben zu erreichen sowie dadurch, daß man – zumindest am Anfang – den Lehrer das Denken des Schülers führen läßt.

Diese ›dynamische Aufmerksamkeit‹ ermöglicht den psychologischen Durchbruch, wo das in Wort und Schrift Gelehrte klar wird und der Lernende die Führung durch den Lehrer nicht mehr braucht.

Die Leute, die zu intensiv auf eine einzige Art zu lernen konditioniert wurden (die im Endeffekt umfassendere Formen des Verstehens ausschließt), halten dem manchmal entgegen: »Ich möchte schon verstehen, bevor ich lerne, oder zumindest, während ich lerne.«

Das Problem ist hier, daß Sie einen Bewußtlosen, der dabei ist, zu ertrinken, nicht schon im selben Moment wiederbeleben können – Sie müssen ihn nämlich zuerst einmal aus dem Wasser holen. Der unwissende Lernkandidat verlangt, daß man ihn auf *seine* Art unterrichtet, selbst wenn diese Art nicht funktioniert!!!

Das Seil

Warum lehnen es Sufis so häufig ab, über andere Wege zur Wahrheit zu diskutieren? Bei einem Vergleich mit den Bemühungen anderer auf dem gleichen Gebiet können sie doch nicht schlechter abschneiden. Andererseits sind ihre Techniken doch sicher nicht die einzig möglichen? Meiner Meinung nach kostet Diskutieren nicht die Welt. Wenn Sie es besser wissen, und ich nehme an, daß dies der Fall ist, klären Sie mich bitte auf.

Was das Besserwissen betrifft, so betrachten Sie sich dazu am besten die folgende Parabel und entscheiden dann selbst. Angenommen, Sie sitzen in einem Boot und sehen plötzlich, wie jemand zu ertrinken droht. In Ihrem Boot haben Sie ein Seil und Sie rufen dem Ertrinkenden zu, er soll sich daran festhalten. Wenn dieser nun erst anfängt, lang und breit über Dinge wie das Seil und das Boot und über alle denkbaren Alternativen diskutieren zu wollen, was tritt dann ein? Wahrscheinlich ertrinkt er.

Nun kommt vielleicht ein anderer am Ufer des Flusses daher, der es zwar gut meint, aber versucht, den Ertrinkenden mit guten Ratschlägen, ermutigendem Zuspruch und allen möglichen sonstigen Botschaften zu überschütten. Was haben Sie dann zu tun? Versuchen Sie dem Bedrohten das Seil zuzuwerfen oder widersprechen Sie dem Störenfried, oder verschwenden Sie Ihre Zeit damit, ihm zu erklären, was Sie gerade tun?

»Diskutieren kostet nicht die Welt«, sagen Sie. Stimmt das in der gerade beschriebenen Situation? Ein Vergleich der Bemühungen anderer ist, vom Blickwinkel der Rettungsaktion betrachtet, irrelevant. Aus dem einfachen Grund, weil Sie das nötige Mittel und den Überblick über die Lage haben, werfen Sie das Seil und diskutieren nicht. Nur weil dem in Not Befindlichen dieser Überblick fehlt, erkennt er die Lage dagegen nicht. Aus dem gleichen Grund, nämlich weil ihm das fehlt, worauf es in diesem Moment ankommt, konzentriert sich der Gutmeinende am Ufer darauf, seine Meinung und tröstenden Zuspruch abzugeben. Weiter können wir mit Worten nicht gehen, während dem Mann das Wasser bis zum Hals steht und das Mittel zu seiner Rettung zur Hand ist. Wir dürfen nur das Minimum an Worten verwenden und müssen das Maximum an Taten sprechen lassen. Der Erfolg unserer Bemühung hängt aber immer noch davon ab, daß das Seil zugeworfen wird und der andere es ergreift.

Weisheit des Westens

»Der Kirchturm von Tenterden war die Ursache der Goodwin Sands.«

Sir Thomas Moore, so wird berichtet, wurde einmal ausgesandt, um herauszufinden, was die Ursache für die Entstehung der Goodwin Sands und jener Sandbank war, die zur Verlandung von Sandwich Haven führte.

Ein alter Seebär hatte ihm erzählt, er sei sicher, daß er wüßte, wie es zu dieser Verlandung der Hafeneinfahrt gekommen war. Er könne sich noch an die Zeit vor vielen Jahren erinnern, als der Turm der Kirche von Tenterden errichtet wurde. Vor dieser Zeit habe es in der Gegend von Goodwin keine Sandbank gegeben. Folglich müsse Sandwich Haven aufgrund der Errichtung genau dieses Turms versandet sein.

Dies klingt wie eine Geschichte, die geradewegs aus dem Lande der Narren aus dem orientalischen Sagenkreis stammt, mit anderen Worten: wie ein klassisches Beispiel dafür, falsche Schlüsse aus rein zufällig zusammenfallenden Fakten zu ziehen.

Nun können Sie das Ganze als einen Witz erzählen und an diesem Punkt das Gelächter kassieren. Wenn Sie dies tun würden, könnte es jedoch sein, daß der in Gang gesetzte

Prozeß abgebrochen würde, und das Ergebnis wäre für Sie ein Gefühl von Befriedigung und vielleicht Erleichterung oder Überlegenheit bei dem Gedanken, daß *Sie* natürlich nicht so sind.

Aber was ist, wenn die Geschichte, nehmen wir es einmal an, noch eine weitere Dimension hat? Und wenn, weiterhin angenommen, der alte Mann sogar recht gehabt hat?

Wenn Sie nur ein wenig mehr Information heranziehen, ergibt sich nämlich ein ganz anderes Bild.

Und siehe da: Es heißt, lange Zeit habe man große Summen an Geld zum Zweck der Errichtung eines Deichs gesammelt, der verhindern sollte, daß dieser Bereich durch die Brandung des Meeres versandete. Das Geld war dem Bischof von Rochester anvertraut worden. Anstatt es für den Zweck zu verwenden, für den es bestimmt war, bereicherte der Bischof damit jedoch die Kirche und errichtete den Kirchturm – eben den von Tenterden.

Alle Propaganda, egal ob religiös oder weltlich, ist normalerweise nur auf einem sehr schmalen Fundament von Fakten errichtet. Dies ist einer der Gründe, weshalb sich alle Propagandisten ebensosehr gegen das Denken in größeren Zusammenhängen zur Wehr setzen wie gegen jede direkte Opposition gegenüber ihren Aktivitäten.

Vielleicht war es nur ein Zufall, daß es ausgerechnet die Frau eines anderen Bischofs war, die, als sie von Darwins Theorie erfuhr, gesagt hat: »Lasset uns beten, daß sie unwahr ist. Oder daß die Leute, wenn sie doch wahr ist, nicht an sie glauben.«

4. Teil

Heuchler

Mir fällt es schwer, zu verstehen, inwiefern weltliche Dinge dem Menschen, wenn er ein spirituelles Wesen ist, dabei helfen können, sein Wissen über das Göttliche wiederzuerlangen. Denn die Worte, Taten und Lehren der Sufis müssen doch sicher als gänzlich weltliche Dinge betrachtet werden?

Denken Sie dazu einmal über die folgende Geschichte nach, denn nur auf diese Art läßt sich Ihre Frage beantworten:

Es war einmal ein Mann, der sich seiner armen und unschuldigen Familie gegenüber sehr habsüchtig und unausstehlich verhielt, obwohl er ein solcher Heuchler war, daß ansonsten niemand seine wahre Natur erkannte. Dieser Mann nun hatte etwas von einer Höhle gehört, in der angeblich ein unermeßlich wertvoller Schatz versteckt war, und er verbrachte Jahre damit, sie zu suchen. Als er eines Tages ein Dickicht durchstreifte, stieß er auf die Höhle. Er betrat sie und entdeckte, daß sie bis obenhin mit Schätzen, Gold und Silber gefüllt war. Er lud so viel, wie irgend möglich war, auf seinen Esel und kehrte anschließend noch einmal in die Höhle zurück, um seinen Wanderstab zu holen – denn er war so raffgierig, daß er ihn auf keinen Fall zurücklassen wollte. Aber die Höhle war eine Zauberhöhle: Bevor der Mann sie wieder verlassen konnte, war die Zeit gekommen, zu der der Eingang sich von selbst wieder schloß. So schwang das Tor zu und sollte sich in den nächsten zehn Jahren nicht mehr öffnen. Allmählich wurde der Esel hungrig und des Wartens müde, und so machte er sich auf den Nachhauseweg zu seinem heimischen Herd. Da man den habgierigen

Heuchler nie mehr wiedersah, teilte die unschuldige Familie den Schatz, den der Esel mitgebracht hatte, unter sich auf und lebte seither glücklich und zufrieden.

Sie sehen, es kann also sein, daß die *Unschuldigen*, um in den Besitz des Schatzes zu gelangen, zu einem gewissen Grad von Dingen abhängig sein müssen, die keinerlei Verbindung zu ihren Bedürfnissen haben und zwischen denen scheinbar kein Zusammenhang besteht – bis ihre Verflochtenheit zutage tritt.

Unterwegs...

Fällt es Ihnen nicht schwer, mit Ihrer eigenen Arbeit voranzukommen, wenn sich die Leute mit so vielen belanglosen Gedanken an Sie wenden?
Ich widerstehe der Versuchung, dies als eine belanglose und belästigende Frage zu bezeichnen, und möchte Ihnen eine kurze Geschichte erzählen, die verdeutlicht, wie sich das anhört – und dann noch etwas dazu bemerken.

Ein Reisender war einmal unterwegs zwischen zwei Städten, die sehr weit voneinander entfernt lagen. Von Zeit zu Zeit legte er sich aufgrund der Hitze oder aus Hunger und Erschöpfung am Straßenrand nieder und hielt ein Schläfchen.

Kaum war er jedoch eingeschlafen, weckte ihn ständig irgend jemand auf und fragte ihn nach irgendeinem Weg.

Schließlich wurde ihm das Ganze zu bunt und er hatte eine Idee. Er schrieb ein Schild: »Ich kenne mich in dieser Gegend nicht aus!« und stellte es neben sich auf.

Eine Stunde später wurde der Reisende von einem freundlichen Mann wachgerüttelt. »Lieber Freund«, sagte er, »ich habe Ihr Schild gelesen; es wird mir ein Vergnügen sein, Ihnen weiterzuhelfen, denn ich kenne mich in dieser Gegend bestens aus!«

An diesem Mißverständnis war, wie Sie sehen können, das Zusammenspiel von gleich mehreren Dingen schuld: so etwa ein mißverständlicher Hinweis, verbunden mit Ungeduld, sowie das Fehlen eines besonderen Einfühlungsvermögens von seiten des vorbeigekommenen Passanten.

Daher trifft beide Seiten ein Teil der Verantwortung. Ich für meinen Teil finde, daß Leute wie Sie, die einsichtig genug sind, um zu beurteilen, inwieweit mir dieses Problem zu schaffen machen könnte, keinerlei Auskunft darüber brauchen, was eine Belästigung ist. Und wenn Sie von allzu großer Eingenommenheit von sich selbst frei sind, so macht Sie dies, wie ich mit Freuden feststellen kann, in der Regel zu guten Schülern – d. h. zu guten »Reisenden«.

Das Leichenhemd hat keine Taschen

Warum wollen Sufis, obwohl sie möglicherweise Bücher über Literatur und Denken der Sufis schreiben, so selten an sozialer oder wissenschaftlicher Forschung mitarbeiten? Warum wollen sie fast nie über andere Menschen und deren Arbeit diskutieren?

Aus einem ganz ähnlichen Grund, wie Fische keine Kohlegruben graben oder ein Vogel, der fliegen kann, nicht zu Fuß geht. Echte Sufis betreiben keine Auskunftsbüros oder Debattierklubs. Ihre Zeit und Aufmerksamkeit wird voll und ganz mit dem Lehren ausgefüllt und hat keinen Raum, um Dinge zu tun, die auch andere tun können.

Sie sind keine Sammler – weder von Ideen noch von Material, noch von gesellschaftlichen Aktivitäten. Halten Sie sich stets das Sprichwort vor Augen:

»Eines Tages tragen wir ein Gewand, das keine Taschen hat.«

Beide Straßenseiten

Ich habe Sie einmal sagen gehört, in zwanzig Jahren hätte Sie kaum je einer gefragt: »Wie kann ich lernen?« Statt dessen hätten die Leute Sie gefragt, ob Sie dieser oder jener vorgefaßten Meinung zustimmen würden. Sicher kann es keine erschreckendere Illustration für die Absurdität der Menschen geben als diesen Beweis dafür, wie sehr die Menschen Hindernisse gegen das Lernen errichten. Aber wie kann man eine so alarmierende Beschränktheit wie die von Ihnen geschilderte vermeiden?

Als erstes muß man lernen, nicht anzunehmen, daß man lernen will, wenn man vielleicht nur vorgefaßte Meinungen bestätigt bekommen will. Als nächstes muß man zur Kenntnis nehmen, daß ein intensiveres Studium weniger die Versorgung mit Beschäftigungen als die effektive Vermehrung der Fähigkeit zu lernen bedeutet – und dies hat mit jedem Mittel zu geschehen, das dazu notwendig ist. Sich mit irgendwelchen Dingen zu beschäftigen, weil man nach Bewegung oder emotionalen Stimuli sucht, mag vielleicht Forschung *über* Sufismus sein, aber es ist niemals ein Studium des Sufismus selbst.

Moderne Menschen haben das gleiche Verhältnis zur Spiritualität wie die Leute es früher zur Technik hatten. Mit anderen Worten: Sie wissen so wenig davon, daß sie außerstande sind, ihre eigene Unwissenheit wahrzunehmen.

Solche Leute wissen vielleicht, daß sie lernen wollen. Sie wissen aber nicht, *wie*. Was sie begreifen sollten, ist: Wenn jemand anderer dieses »Wie« beherrscht, dann sollte man es befolgen. Nur allzuoft wird das Verlangen nach Wissen, das durchaus lobenswert ist, beim Lernenden aus Übereiltheit noch von der Annahme überflügelt, er solle in einer Art lernen, die *er* wünscht oder befürwortet.

Dies erinnert an die Geschichte von dem Engländer, der in einem unterentwickelten östlichen Land zu jemandem sagte:

»Bei uns zu Hause fahren wir auf der linken Straßenseite, und in den meisten anderen Ländern fährt man auf der rechten. Sagen Sie mir, wie Sie es hier machen, damit ich Ihnen beibringen kann, wie man's richtig macht.«

»Wir sind hier keine Sklaven«, entgegnete der Orientale. »Jeder hat das Recht, auf der Seite zu fahren, die ihm lieber ist. Wenn wir Autos hätten, dürften wir sogar in der Mitte der Straße fahren!«

Arzt und Patient

Ein Mann ging zum Arzt und klagte: »Ich habe Alpträume, und meine Hände sind übersät von entzündeten Stellen!«

Der Arzt untersuchte ihn und sagte: »Sie mögen die Symptome, die Sie beschreiben, ja haben, aber bedenken Sie doch mal, wie wohlgeformt Ihre Ohren sind.«

»Aber was ist mit meinen Symptomen?«

»Erinnern Sie sich nur mal daran, daß Sie das Alter von 54 Jahren erreicht haben, ohne daß Sie gestorben sind ...«

»Und was ist mit diesen grünen Streifen an meinen Füßen ...?«

»Mr. Smith, die haben keine Auswirkung auf Ihre Nase, die in ausgezeichneter Verfassung ist.«

»Meine Knöchel sind steif ...«

»Aber Sie haben noch all Ihre Haare und Zähne ...«

Da sieß der Patient einen Schrei aus, schnappte sich seine Kleider und flüchtete schluchzend in die Sicherheit der Straße.

Dann suchte der Patient einen anderen Arzt auf:

»Ich nehme dieses Stärkungsmittel hier, das mir ein Freund verschrieben hat, aber ich fühle mich immer noch krank. Auf alle Fälle fühle ich mich nicht wesentlich besser.«

»Kein Wunder«, meinte der Arzt, »es verschlimmert Ihre Symptome sogar noch.«

»Das kann doch nicht sein!« sagte der Mann: »Ich fühle mich doch nicht *schlechter*.«

»Sie hätten sich aber viel besser gefühlt, wenn Sie dieses ›Stärkungsmittel‹ überhaupt nicht genommen hätten.«

»Das kann sicher nicht stimmen – der Mann ist doch ein so netter Kerl. Wenn ich mich mit ihm unterhalte, fühle ich mich immer glücklich und zufrieden. Er ist wirklich ein guter Mensch. Aber«, fuhr er fort, »in meinen Knien habe ich auch Schmerzen.«

»Das«, sagte der Arzt, »kommt daher, daß Sie mit den Zehen einwärts, also ›über den großen Onkel‹ gehen. Dadurch werden bestimmte Muskeln verspannt, und die Schmerzen davon spüren Sie im Knie.«

»Ich frage Sie etwas über meine Knie«, empörte sich der andere, »und Sie erzählen mir was von meinen Zehen! Sie Sind mir ja ein komischer Doktor!«

»Ich stelle fest«, fuhr der Arzt ruhig fort, »daß Sie mich aus zehn Zentimeter Entfernung anstarren. Sie brauchen eine Brille.«

»Je mehr Sie erzählen, desto mehr kommen Sie mir wie ein Scharlatan vor«, sagte der Patient: »Ich erinnere mich noch genau, wie alles angefangen hat. Es war vor drei Jahren, sofort nachdem ich Rüben gegessen hatte. Wenn Sie nur *das* diagnostiziert hätten und ein Mittel gegen Rüben-Allergie wüßten, dann wäre alles Ordnung.«

Da warf der Arzt sein Stethoskop zu Boden und ergriff die Flucht.

Die allergrößte Mühe

Warum können die Menschen, selbst wenn sie sich die allergrößte Mühe geben, nicht innerhalb eines vernünftigen Zeitraums Erleuchtung erlangen?

Das ist nicht bei allen Menschen so. Aber bei den Leuten, von denen Sie sprechen, wird die Qualität der Bemühung durch Einbildung und andere Faktoren beeinträchtigt, und dies unterminiert ihre Effizienz. Obwohl sie denken, sie gäben sich die allergrößte Mühe und es sei Zeitverschwendung, sich Zeit zu lassen, sieht die Wirklichkeit folglich so aus, daß ihre Bemühungen nur kümmerlich ausfallen und die Zeit sich hinschleppt, da alles auf eine Verbesserung der Qualität dieser Menschen wartet. Dazu die Geschichte von dem Mann, der nicht erkennen konnte, was die jeweilige Situation für ihn zu bieten hatte:

Der Mann, der Baum und der Wolf

Ein Mann, der mit fast allem in seinem Leben unzufrieden war, machte sich einmal auf, sein Glück zu suchen. Sein Ziel war, einen weisen Mann aufzusuchen, der ihm den richtigen Tip geben könnte, wo er anfangen sollte.

Unterwegs begegnete er einem Fisch, der auf der Oberfläche eines großen Flusses dahergeschwommen kam.

»Wo gehst du hin?« fragte der Fisch.

Der Mann erzählte es ihm.

»Dann frag bitte den weisen Mann für mich, warum ich nicht mehr so untertauchen und unter Wasser schwimmen kann, wie ich es früher konnte.«

Der Mann versprach, es zu tun, und ging weiter.

Nach einer Weile legte er sich, um ein wenig auszuruhen, unter einen Baum. Während dessen Äste im Wind knarrten, konnte er hören, wie er ihn fragte, wohin er ginge. Als er es ihm erzählt hatte, sprach der Baum:

»Frag den weisen Mann, warum ich nicht größer werden kann; mein Herz sagt mir, daß ich noch weiter wachsen sollte, aber aus irgendeinem Grund kann ich es nicht.«

Der Mann versprach's und zog weiter.

Als er sich bereits dem Haus des Weisen näherte, begegnete er einem Wolf: »Stell eine Frage für mich«, sagte der Wolf, »nämlich warum ich so mager bin. Ich friere im Winter.«

Der Mann versprach's, und bald darauf war er an der Tür des weisen Mannes angelangt.

»O weiser Mann!«, sprach er. »Ich komme von weit her, um herauszufinden, ob Ihr mir sagen möchtet, wie ich es zu Wohlstand bringen kann. Darüber hinaus habe ich noch drei Fragen von anderen, denen ich auf meiner Reise begegnete.« Er erzählte dem weisen Mann, was die anderen gefragt hatten, und der Weise erteilte ihm Rat für jeden. Dann sagte er:

»Kehrt zurück in Euer Land, und Ihr werdet alle Gelegenheit haben, die Ihr benötigt, um zu Wohlstand zu gelangen.«

Der Reisende machte sich auf den Rückweg nach Hause. Zuerst fand er den Fisch auf der Oberfläche des Flusses schwimmen und rief ihm zu:

»Der weise Mann sagt: In deiner Kieme steckt ein Stein. Wenn er entfernt wird, wirst du wieder tauchen und unter Wasser schwimmen können.«

Der Fisch kam ans Ufer geschwommen, und der Reisende befreite ihn von dem Stein. »Das ist ja ein riesiger Diamant!« gluckste der Fisch. »Nimm ihn als Lohn für deine Freundlichkeit.«

»Diamanten bringen nichts als Ärger; manche von ihnen sind mit einem Fluch beladen!« rief der Reisende, warf den Edelstein ins Wasser und zog weiter seines Wegs.

Als nächstes setzte er sich unter den Baum und erzählte ihm: »Der weise Mann sagt: Ein großer irdener Krug blokkiert deinen Wurzelstock. Wenn er ausgegraben wird, werden die Wurzeln sprießen und du wirst wachsen können.«

Da bat ihn der Baum, den Krug auszugraben, und so tat es der Mann. Das Gefäß war bis zum Rand mit Goldmünzen gefüllt.

»Ich will Wohlstand und keine Münzen!« schrie er, ließ den Schatz liegen, wo er lag, und zog weiter seines Wegs.

Als er sich bereits seinem Zuhause näherte, begegnete der Reisende schließlich dem Wolf.

»Was hat dir der weise Mann gesagt?« fragte das Tier.

»Er sagte: Du bist mager, weil du nicht jede Gelegenheit nutzt, um was zu fressen«, sagte der Mann.

»Gut, dann will ich einen solchen Fehler nicht mehr machen«, sagte der Wolf, riß ihn zu Boden und fraß ihn auf.

Dualität

Ein berühmter gebildeter Mann begab sich einmal zu El Shah. Er hatte beschlossen, bescheiden zu sein, und hatte seine Bitte vorgetragen. »Führer des Alters!« hatte er gesagt, »ich ersuche Euch, mich den Sufi-Weg zu lehren und einigen meiner Probleme Gehör zu schenken.«

Bahauddin antwortete: »Das erste, was Ihr lernen solltet, ist, daß, wenn der eine vollkommen ist, der andere es auch sein wird. Ihr bildet Euch ein, Sufismus zu lernen und Aufmerksamkeit für Eure Probleme zu finden, seien zwei verschiedene Dinge. Dieser Fehler der Dualität im Denken ist es, was die Menschen unfähig macht, sich der Wahrheit selbst zu nähern. Wenn Eure Probleme gelöst sind, werdet Ihr auf dem Pfad sein. Wenn Ihr auf dem Pfad seid, werden Eure Probleme gelöst sein.«

Der Gelehrte rief aus: »Indem ich zu Euch gekommen bin, um zu lernen, habe ich eingestanden, daß ich des Lernens bedarf. Daher ist das, was ich denke und sage, gewiß mit Fehlern behaftet. Ich bitte Euch, gebt mir also die Medizin gegen meine Krankheit anstatt von ihr zu reden!«

Der Lehrer sagte:

»Wenn Ihr mich als Lehrer betrachtet, aber gleichzeitig versucht, mir zu erklären, was ich mit Euch tun soll, so müßt Ihr zuerst die zweite Dualität auflösen, nämlich die, nicht zu wissen, wie Ihr denken oder handeln sollt, aber mir dennoch zu erklären, was ich tun soll, um Euch zu heilen.«

Darauf der Gelehrte: »Ich erkenne, daß meine Sorge mich für Kritik empfänglich macht.«

Bahauddin sagte:

»Was Ihr Kritik nennt, könnte man auch als Beschreibung eines Sachverhalts betrachten. Aber was es auch sein mag, worauf es ankommt, ist, wie es aufgefaßt wird und zu welchem Ergebnis es führt. Wenn Ihr es auf Euer persönliches Wohlgefühl bezieht, werdet Ihr außerstande sein, von seiner Alchemie (d. h. seiner Transformationskraft) zu profitieren.«

Zwei Schwerter

Da so viel Information, so viel Wissen und Ablenkung in der Welt in Umlauf ist, gelingt es nur wenigen Menschen, ihren Geist lange genug zur Ruhe zu bringen, um über ein primitives Stadium hinaus wirkliche Bildung in sich aufzunehmen.

Sie glauben, Wissen ließe sich Stück für Stück wie eine Sammlung aufbauen.

Wenn Sie auch wissen, wo die verschiedenen Arten von Wissen eingeordnet gehören, stimmt das.

Aber leider wissen sie das nicht.

Es war einmal ein Mann, so erzählt eine alte Geschichte, der von einem Weisen in spiritueller Wissenschaft unterrichtet werden wollte, obwohl sein Kopf bereits mit allen möglichen Arten von Glauben und Theorie, Tollheiten und wunderlichen Phantasien gefüllt war.

Der weise Mann sprach:

»Natürlich werde ich Euch unterrichten, wenn ich kann. Dazu müßt Ihr bei mir bleiben und mir in jeder Weise zu Diensten sein.«

Der Schüler zog in das Haus des weisen Mannes ein und tat alles, worum er gebeten wurde.

Eines Tages sagte er zu einem seiner Mit-Bewohner des Hauses:

»Ich habe, was unseren Lehrer betrifft, einige Zweifel. Er

sagt, er werde mich unterrichten, wenn er *kann*. Aber was für ein Lehrer mag das sein, der mich vielleicht, vielleicht aber auch nicht, unterrichten kann?«

Der weise Mann hatte seine Worte mitgehört. Er rief ihn zu sich, holte zwei Schwerter hervor und sagte:

»Steck sie in diese Scheide.«

»Edler Meister!« stammelte der Schüler. »Als ein Mann des Friedens wißt Ihr vielleicht nicht, was ich als ehemaliger Soldat weiß. Man kann nicht zwei Schwerter in eine Scheide stecken...«

»Aber das«, sagte der Alte, »ist genau das, was ich zu illustrieren versuchte. Ihr seid vielleicht ein Soldat gewesen, aber diese Erfahrung hat Euch nichts gelehrt über die Möglichkeiten von Zeit, Ort und Menschen.«

Opponieren und unterstützen

Was halten Sie von Leuten, die gegen Sie zu ›opponieren‹ versuchen?
Opposition ist ein Verhalten, das man am besten versteht, wenn man es in Verbindung mit seinem Gegenteil, der Unterstützung, betrachtet. Leute, die gegen jemanden opponieren wollen, und auch solche, die ein starkes Verlangen danach haben, jemanden zu unterstützen, tun dies sehr oft deshalb, weil sie ein Verlangen nach Selbstbestätigung haben, das kein anderes Ventil findet.

Aus diesem Grund haben Menschen, die sich einbilden, sie seien liebenswürdig, unverkrampft oder wohlmeinend, das Bedürfnis, zu opponieren oder zu unterstützen. Zumeist handelt es sich dann um den Fall einer verdeckten Aggressivität, die ein ›akzeptables‹ Ventil findet. Dies war den Psychologen früherer Zeiten ebenso wohlbekannt wie es denen von heute bekannt ist – obwohl es von anderen weniger klar verstanden wird, wenn sie den Blick auf den augenscheinlichen Grund des unterstützenden oder opponierenden Verhaltens, und nicht auf die eigentliche Triebfeder davon richten.

Die Frage, wie man dies klarmachen kann, wird nicht gerade vereinfacht durch den folgenden Umstand: Da z.B. das Verlangen, zu opponieren, so stark ist (es ist nämlich ein Hunger, der danach verlangt, gestillt zu werden), kann man mit einem, der darunter leidet, im allgemeinen nicht vernünftig reden.

Eitelkeit und Selbstsucht werden, wenn ihnen andere Ventile vorenthalten sind oder wenn sie unterdrückt und nicht richtig bis zum völligen Verschwinden bearbeitet werden, weiteres Öl in die Flammen dieses Verlangens nach Angriff oder Unterstützung gießen.

Besonders stark ist dieses Phänomen in jenen religiösen Kreisen ausgeprägt, in denen dem Individuum oder der Gruppe die Lehre nicht richtig vermittelt wurde. Menschen, denen durch eine falsch angewandte Erziehung zu Bescheidenheit die Möglichkeit der Selbstdarstellung über gesellschaftlich akzeptable Ventile vorenthalten wurde, neigen besonders stark zu diesem Übel. Die ganze Geschichte hindurch (und zwar in weiter geographischer Ausdehnung) ist das ebenfalls bei Menschen zu beobachten, die das Gefühl haben, sie seien von einer Autoritätsinstitution abgelehnt worden.

Sufi-Lehrer, die bestimmte Leute unmöglich als Schüler akzeptieren konnten, sind immer wieder zur Zielscheibe dieses Verhaltens geworden, das in solchen Fällen eine Variante jener Reaktion auf die »sauren Trauben« aus der Fabel ist. Normalerweise ist dies für denjenigen, der so etwas erleiden mußte, von größerem Schaden als für seine Zielscheibe, denn die falsch angewandte Emotion setzt alle möglichen Machtgelüste sowie Neid frei und führt am Ende zu einer Unausgewogenheit der Persönlichkeit. Eigenartigerweise beeinflussen gerade solche unausgewogenen Menschen häufig andere so intensiv, bis diese allmählich zusammenbrechen. Das Ergebnis davon sind jene emotionalen

Kulte und Sekten, die heute den meisten Menschen bekannt sind.

Dieses Problem ist einer der Gründe, warum die Lehre der Sufis die Selbstdarstellung zu gestatten versucht, während Elemente von Eitelkeit dagegen abgebaut werden.

Rukhsa

Auf eine Einladung hin, mich über Dinge zu befragen, die ich geschrieben hatte, sandte mir jemand die folgende Frage:

»Bei den Sufis gibt es bestimmte Dinge, die man tun sollte, und bestimmte andere Dinge, die man nicht tun sollte. Und ich habe gehört, daß Sufi-Lehrer ihren Schülern *rukhsa*, d. h. die Erlaubnis erteilen können, etwas Bestimmtes zu tun oder bestimmte Punkte aus den Regeln der Schule außer acht zu lassen. Kann sich *rukhsa* denn nicht nachteilig auswirken?«

Um dies beantworten zu können, brauchen wir weit mehr Information, als der Fragesteller uns gibt. Vielleicht besitzt er sie aber nicht. Vielleicht ist ihm nicht klar, daß alles je nach Zusammenhang in einem anderen Licht erscheint. Von welcher Art »Sufi-Lehrer« spricht er?

Aber ich glaube, Sie könnten auf meine Antwort kommen, wenn ich auf eine weniger angestrengte Art als die Frage antworte, denn die Frage kommt mir ermüdend wortreich vor. Ich will es auf folgende Weise versuchen:

Es war einmal eine Dame am Hof zu Versailles – genau gesagt, die Königin –, die geradezu süchtig nach dem Kartenspiel war. Doch der Zufall wollte, daß den Hof eines Tages die Nachricht erreichte, daß ein unbedeutender deutscher Fürst gestorben war, und in Trauerzeiten war das Kartenspiel nicht erlaubt.

Die Dame litt entsetzlich unter der Entbehrung (des Kartenspiels natürlich), aber der gewitzte Monsieur de Maudepas, der zugegen war, löste ihr Problem. Er sagte lediglich:

»Madame, ich habe die Ehre, Eurer Majestät zu versichern, daß eine intensive Pflege des Kartenspiels *piquet* gleichbedeutend mit dem Ausdruck tiefer Trauer ist.«

Etikette

Gerade erhielt ich einen Brief von einem Leser, den mein angebliches Opponieren gegen Etikette empört. Er schreibt: »Es gibt nur eine Art, das Richtige zu tun, und oft nur eine Person, die es tun kann oder tun sollte. Dies ist ein wichtiges Prinzip religiöser Handlungen, und es gereicht der Etikette, wie sie überall und zu allen Zeiten gepflegt wurde, zu großem Vorteil.« Abschließend bemerkt er: »Lernen Sie Spiritualität aus der Etikette, denn dies ist niemals falsch, wirkt sich nie für jemanden nachteilig aus und macht nie jemanden unglücklich.«

Was für ein Gedanke! Normalerweise würde ich einem solchen Brief keine besondere Beachtung schenken, wenn er nicht der jüngste einer ganzen Reihe solcher Schreiben wäre.

Wenn dem so ist – und immer so ist –, wie mein Briefpartner es darstellt, dann hat er recht. Aber meine Haltung gegenüber engstirnigem Verhalten, das sich als soziale oder religiöse Heiligkeit maskiert, läßt sich ebenfalls unter Hinweis auf die Etikette rechtfertigen. Dies ist nie falsch? Wirkt sich nie für jemanden nachteilig aus? Macht nie jemanden unglücklich? Das wollen wir einmal sehen!

Um möglichst wenig Anstoß zu erregen, möchte ich dazu ein Beispiel wählen, das der Welt der meisten von Ihnen weit genug entfernt liegt, und ich möchte es Ihnen überlassen, nach Ähnlichkeiten mit aktuelleren und vertrauteren Bereichen zu suchen.

Die spanische Etikette gilt als eine der höchstentwickelten Systeme ihrer Art auf Erden, und das beste Beispiel dafür war natürlich die Spanische Hofetikette.

Die Gemahlin Karls II. und Königin von Spanien glitt einmal während eines Ausritts aus dem Sattel und hing nun mit dem Kopf nach unten in ihren Steigbügeln. Zum Glück befand sie sich in Begleitung von dreiundvierzig Höflingen und anderem Gefolge – ganz wie die Etikette es verlangte. So weit, so gut. Doch wer sollte Ihrer Majestät nun zu Hilfe eilen? Die Etikette sagte nämlich, daß bei einem solchen Zwischenfall niemand außer dem Obersten Stallmeister befugt war, einzugreifen. Das einzige Problem bestand nur darin, daß der Stallmeister nicht zugegen war – und so verharrten die dreiundvierzig Anwesenden wie festgefroren, wo sie sich gerade befanden.

Es fand sich aber doch bestimmt jemand, der gegen die Regeln verstieß und die Königin rettete? Dem war auch so: Ein Mann, der gerade an der königlichen Schar vorüberritt, sah die mißliche Situation, stürzte hinzu und befreite Ihrer Majestät Füße aus dero Fesseln. Dies tat er nur, so wurde vermerkt, da er sich der ungeheueren Strenge des Protokolls nicht bewußt war, die allen die Hände band – mit Ausnahme der Person, die als einzige befugt war, der Königin zu Hilfe zu eilen.

Wurde der Retter belohnt? Ja, in der Tat: Auf der Stelle erhielt er ein paar Goldmünzen. Aber damit war eine Frage noch immer nicht geklärt: Der Fremde hatte, obwohl er von der Etikette nichts wußte, das Verbrechen begangen, die Königin zu berühren. Dies konnte nicht unbestraft bleiben, und so wurde er, wie es sich gehörte, wegen seiner Dreistigkeit aus dem Königreich verbannt.

Der Etikette hätte es entsprochen, die Dame in ihrer mißlichen Lage zu belassen. Es war falsch, ihr zu helfen. Es war richtig, den Vorüberkommenden zu belohnen. Die Etikette verlangte seine Verbannung: Aber »... nie für jemanden nachteilig«? und »... macht nie jemanden unglücklich«? Vielleicht *wollte* der Mann in Wirklichkeit sogar verbannt werden.

Gemeinschaftsgefühl

Es gibt eine Gemeinsamkeit von Gefühl und Harmonie, die doch sicher anzeigt, daß sich diejenigen, die sie empfinden, auf dem richtigen Weg befinden. Können Sie irgend etwas über die Wichtigkeit und den Wert dieser Einheit von Menschen und Erfahrung, über dieses Einswerden mit etwas Höherem sagen, die doch sicher das Zeichen wahrer Erfahrung sein muß?

Dieses Gefühl wird fast wortwörtlich innerhalb von Gruppen ausgedrückt, deren Mitglieder sich zu Ideologien bekennen, die einander diametral entgegengesetzt sind und oft feindlich gegenüberstehen. In der Geschichte wurde das zu vielen Gelegenheiten sowohl von den Unterdrückern als auch von den Unterdrückten bezeugt. Ja, sogar auch von einer unterdrückenden Gemeinschaft wurde behauptet, es sei just im Namen dieses Gefühls wichtig, die unterdrückte Gemeinschaft zu unterdrücken (oder ihr »die Wahrheit zu bringen«).

Daß dieses Gefühl nur auf Menschen beschränkt ist, die sich nach der Wahrheit orientieren, kann nur dann geglaubt oder behauptet werden, wenn Informationen wie diese fehlen. Dieser Glaube grassiert unter den Leuten, die keine vergleichenden Studien angestellt haben oder die gerne glauben möchten, nur sie allein – und nicht auch Menschen, die in ihren Ansichten oder Verhaltensweisen von ihnen abweichen – könnten dieses Gefühl erleben, von dem Sie sprechen.

In Wirklichkeit ist das soziale und subjektive Gefühl, von dem Sie sprechen, nicht das, worauf die Leute anspielen, wenn sie von einer wahrhaft universellen und kosmischen Erfahrung sprechen. Wahres Gold, sagt Rumi, existiert – und das ist der Grund, weshalb es auch falsches Gold geben kann. Das Gefühl, von dem Sie sprechen, ist eine Form dessen, was der antike wissenschaftliche Historiograph Ibn Khaldun (ebenfalls ein Sufi) als *asabiyya* oder ›Grup-

pengeist< beschreibt. Er ist wertvoll, wenn er zu konstrukti-
ven Zwecken herangezogen wird, aber er kann gefährlich
werden, wenn er von einer ideologischen Haltung begleitet
wird. Dies zuzulassen, sobald es um etwas Höheres geht, ist
eine Form von Habsucht.

Schicksal

Es war einmal ein Derwisch, der seherische Kräfte besaß,
denn er hatte den Vierten Grad des Verstehens erreicht.

Eine Frau, die vier junge Söhne hatte und um deren
Zukunft besorgt war, wandte sich an ihn und bat ihn, sie
unter seinen Schutz zu nehmen.

Der Derwisch ließ sich die Sache durch den Kopf gehen,
dann sagte er:

»Fragt mich nicht, warum, aber sorgt dafür, daß der erste
Junge ein Ladenbesitzer, der zweite ein Priester und der
dritte ein Soldat wird. Wenn sie diesen Tätigkeiten nicht
nachgehen, wird es ihnen nicht gut ergehen, wenn sie es aber
tun, so werden sie geschützt sein.«

Die drei Knaben wuchsen heran und schlugen die jeweilige Laufbahn ein, die der Derwisch genannt hatte. Der
vierte wurde sein Schüler.

Dankbar ob des Erfolgs, der sie im Leben erwartete, und
überzeugt davon, daß er vom Segen des Weisen herrührte,
statteten die Männer dem Derwisch Jahr für Jahr ihren
Besuch ab.

Viele Jahre später fragte der vierte Junge, inzwischen
selbst ein geachteter Lehrer, den Derwisch, warum die
Leute so viel Vertrauen in die Vierte Stufe des Verstehens
legten. Er selbst werde schließlich weithin geachtet, und
doch habe er diesen Grad der Erleuchtung nicht empfangen.

»Ich kann ein wenig von ihrem Nutzen veranschaulichen«, antwortete der Alte, »indem ich auf den Tag zurück-
komme, an dem eure Mutter euch Knaben zu mir brachte.

161

Dank meiner inneren Kraft des Vierten Grades konnte ich sehen, daß der erste ein Dieb, der zweite ein Lügner und der dritte ein Mörder geworden wäre. Ihre jeweiligen Berufe berechtigten sie zu oder schützten sie gegen diese Neigungen...«

»Und ich?«

»Ihr seid der einzige, der die Wahrheit gesucht hat ohne Verlangen nach Gewinn oder Schutz.«

Ewig leben

Warum sagen Sie, daß die eine Hälfte des Bewußtseins eines Menschen nicht weiß, was die andere Hälfte denkt?
Hier ein Beispiel, um dies zu erläutern:

Vor einer Stunde sind Sie zu mir gekommen und haben gesagt, Sie hätten »richtige Erlebnisse aus der Zukunft« gehabt, Sie hätten »ekstatische Freuden, verbunden mit dem Jenseits« erlebt, Sie würden »in den Himmel kommen«, wenn Sie sterben, Sie wären ein spiritueller Mensch, und vieles andere mehr. Ist das richtig?
Ja.
Wunderbar. Nachdem Sie zu Ende gesprochen hatten, habe ich Sie gefragt: »Möchten Sie, daß ich Ihnen ein Rezept gebe, das Sie hundert Jahre lang jung und gesund halten würde?« Ihre Antwort war: »Ja«. Ist das so?
So ist es.
Nun werde ich Ihnen zeigen, wie gespalten das Bewußtsein ist. Ein Teil kann es nicht erwarten, bis er seine Erfahrung mit dem Himmel macht, von der Sie bereits gekostet haben, wie Sie sagen. Wenn er nicht warten kann, warum ist dann ein anderer Teil (und der kann mit Sicherheit nicht derselbe sein) daran interessiert, noch ein ganzes Jahrhundert länger auf dieser Erde zu weilen?

Das Floß

Ich verstehe, daß es mehrere gleichermaßen gültige Wege gibt, um den inneren Zustand eines Menschen und die Mittel, wie er zu lösen ist, zu beschreiben. Können Sie mir aber einen nennen, der mir – vielleicht sogar gerade aufgrund seiner ungewöhnlichen Art – helfen könnte, der Lehre als solcher näherzukommen?

Hier ist einer: Das wahre innere Selbst des Menschen sitzt in einer Falle. Zwei Dinge halten es darin gefangen: zum einen die trügerischen Annahmen und das Wirken des sekundären Selbst, zum anderen die oberflächlichen, aber starken Bindungen durch Konditionierung und Umwelt. Der Sufi muß nun alles in seiner Macht Stehende tun, um zu diesem inneren Selbst vorzudringen und ihm unter seiner Mitwirkung sowie dadurch, daß er sich der Opposition entzieht und auch auf sonstige Weise ihre Wirkung zunichte macht, dazu zu verhelfen, daß dieses innere Selbst sich verwirklicht.

Ja, das verstehe ich als das Skelett dessen, was die Gnostiker im Westen und die Sufis im Osten über das Menschsein sagen. Ich wage sogar zu behaupten, daß sich eine solche Diagnose bei der Untersuchung jeder Religion machen ließe. Aber wie kann man sich das in einer geeigneten Weise klarmachen, so daß es einem im Gedächtnis bleibt?

Dazu kann ich Ihnen eine brandneue Parabel liefern, die mir das zu sein scheint, wonach Sie suchen. Stellen Sie sich einen Mann vor, der den Auftrag hatte, zu versuchen, einen Gefangenen aus einer Burg auf einer Insel zu befreien. Er baute sich ein Floß aus Schilf, gerade stark genug, um sein Gewicht zu tragen, und ließ sich bei Nacht und Nebel an das Ufer unterhalb der Burg treiben. Die Soldaten, die sie bewachten, entdeckten das Floß, sprangen hinauf, worauf das Floß sank, während sich der Befreier in der Dunkelheit versteckte. Einige der Soldaten sagten: »Das Floß taugt nichts, denn schon in dem Moment, wo wir beide draufsprangen, ging es unter. Das Ganze ist also kein ernst zu nehmender Fluchtversuch.« Ferner kamen sie zu dem Schluß, daß der Gefangene nicht entkommen konnte, da das Floß ja nun gesunken war. Manche glaubten, es *hatte* jemanden hergebracht, andere glaubten es nicht. Dem Gefangenen wiederum, der diese Spekulationen mithörte, gingen die verschiedensten Hypothesen im Kopf herum.

Der Befreier ist natürlich der Sufi, und über das Floß, das das Mittel ist, um sich dem Problem zu nähern, versucht er zu dem Gefangenen zu gelangen. Das ›neue Transportmittel‹, das später benutzt werden soll, sind die Mittel und Wege, die der Befreier auf der Grundlage seines Fachwissens ersinnt. Die Burg, das sind die aus der Umwelt stammenden Meinungen, die Soldaten sind die subjektiven, wozu auch die ungesicherten Annahmen gehören.

Unmöglich

Einer meiner beständigen Kritiker war so gütig, mir wieder einmal zu schreiben, und liefert mir damit Material für ein, wie ich hoffe, lehrreiches Kapitel.

Er schreibt, vor zwanzig Jahren hätte ihm sein damaliger Betreuer »gewisse spirituelle Übungen« aufgegeben. Dieser Mann ist nun gestorben. Hätte er (mein Kritiker) die Dinge beachten müssen, von denen ich ständig spreche oder schreibe, so hätte er in Betracht ziehen müssen, »[sich] von dem, was [ihm] so viel gegeben hat, zu trennen zugunsten von etwas anderem von einem anderen, vor dem [er] keinen Respekt [hat]«.

In welch mißlicher Lage er sich befindet, kann ich mir denken.

Vielleicht möchte er (und möchten Sie) sich aber mit mir eine wahre Geschichte von Philipp III. von Spanien anhören. Dieser saß einmal an einem Kaminfeuer, das der königliche Kaminfeueranzünder angezündet hatte, und er mußte feststellen, daß es zu heiß war. Er wandte sich an den

Marquis de Pobar, der sich zufällig in Reichweite befand, und bat ihn, es zu löschen. Obwohl er aufs höchste darauf bedacht war, jedwedem königlichen Befehl zu gehorchen, sah sich der Marquis außerstande, diesem Wunsch Folge zu leisten. Dies hatte seine ganz vernünftigen Gründe darin, daß das Amt, Flammen zu löschen, dem Herzog von Useda oblag. Infolgedessen geschah nichts, denn der Herzog weilte gerade auf der Jagd in Katalanien.

Der König wiederum war aus Gründen seiner Würde außerstande, sich von irgend etwas (und sei es nur von einem Feuer) zurückzuziehen, und so blieb er sitzen, wo er saß. Das Kaminfeuer brannte immer stärker, und am Ende schädigte es Seiner Majestät Gesundheit so sehr, daß er an seinen Auswirkungen starb.

Es bleibt nur zu hoffen, daß die spirituellen Übungen, die unserem Korrespondenten von seinem verstorbenen Meister vorgeschrieben wurden, nicht auch an Stärke zunehmen oder daß er einen akzeptablen betreuerischen Ersatz findet, der ihm Anweisungen gibt dafür, was er in Zukunft tun soll – vorausgesetzt natürlich, es war ursprünglich nicht vorgesehen, daß die Übungen ewig fortgesetzt werden sollen. Soviel Gutes sie auch bewirkt haben mögen, bin ich doch versucht zu denken, daß sie ihm allem Anschein nach seine Gereiztheit nicht ausgetrieben haben. Vielleicht haben sie ihm vielmehr ein Verlangen, Briefe zu schreiben, eingepflanzt, da er mir eine ganze Menge davon über alle möglichen Themen, inklusive Kopien von Briefen, die er anderen Leuten schreibt, schickt. In gewisser Weise kopiere ich ihn, indem ich an dieser Stelle eine Kopie dessen wiedergebe, was ich ihm geantwortet habe – oder vielleicht sind die Übungen von einer solchen Stärke, daß er den Briefschreibetrieb auf mich überträgt.

Aufrichtigkeit und Wahrheit

Können Sie – in Zusammenhang mit dem, was Sie bereits über die Relativität von Wahrheit gesagt haben – etwas über die Funktion von Aufrichtigkeit und Wahrhaftigkeit überhaupt in der Arbeit sagen? Mir ist natürlich klar, daß dies eine Frage ist, worin Religion zum Dogma zurückfallen und Politik sich im Namen der Organisation, wie Sie sagen, »positiv behaupten« muß und wo die moderne Philosophie sich selbst überholt hat.

Dazu werde ich Ihnen etwas geben, worüber Sie nachdenken sollen. Der Philosoph sagt, er weiß nicht, was Wahrheit ist. Der Theologe sagt, Wahrheit ist das, was er sagt. Der Politiker sagt, es kann keine andere Wahrheit geben, als die, die er sieht. Und trotzdem wird ständig nach der Wahrheit gesucht. Der Mensch sucht, der Mensch verlangt nach der Wahrheit. Wie ich schon einmal gesagt habe, müssen Sie akzepieren, was wahr zu sein scheint oder was Ihrem *Wissen* nach wahr ist.

Wissen ist etwas, worüber sich ähnlich wie über die Äußerung: »H_2O ist eine Formel für Wasser« nicht streiten läßt. Daher werde ich diesen Aspekt ausschließen, da die Frage ihn nicht berührt. Die Begriffe Aufrichtigkeit und Wahrheit werden haufig mit religiösen Systemen verbunden. Wenn die Menschen Zweifel haben oder Atheisten werden, kommt es zu einer Reaktion auf ihre Auffassung von Wahrheit. Sie müssen sie ersetzen, mit etwas anderem verbinden. Sie verbinden sie, sagen wir, ganz allgemein mit »Gutes tun«.

Der Konflikt im Bewußtsein der meisten Menschen entsteht nun dadurch, daß sie die doktrinäre Annäherung an die Religion aufgeben wollen, aber nicht den Gedanken von Aufrichtigkeit oder Wahrheit, denn dieser erscheint ihnen unbedingt notwendig. Sie haben ein Schuldgefühl, und dieses wird auf ihre neue Bindung ›übertragen‹.

Wir setzen jedoch wie bei den meisten Dingen in einem

früheren Stadium an. Aufrichtigkeit ist die Verbundenheit mit einer Sache, in der man anerkennt, das sie einen selbst etwas angeht. Damit meine ich, daß für Altruismus keine ausdrückliche Notwendigkeit besteht. Es kommt zu einem Konflikt, wenn die Menschen anfangen, sich zu fragen: »Lindere ich die Not anderer nur deshalb, weil ich selbst Angst vor der Not habe?« Sie erkennen nicht, daß das Ganze auch sie selbst betrifft und daß beides ein und dasselbe ist. Sie erkennen es deshalb nicht, weil sie sehr viele Dinge nicht als ein Ganzes sehen können, da sie darin trainiert oder dazu angepaßt sind, sich nur mit Teilen zu befassen.

Menschen, die aufrichtig werden wollen, sind diejenigen, die sich um Aufrichtigkeit bemühen, und nicht diejenigen, die glauben, sie seien aufrichtig und Aufrichtigkeit sei etwas, was sie benutzen oder woraus sie Nutzen ziehen. Um aus einem Krug einschenken zu können, muß man ihn zuerst füllen. Das Gebet: »Dies ist mein aufrichtiger Glaube« kann eine Blasphemie sein, es sei denn, der Betende weiß genau, daß er aufrichtig ist. Aber in einem solchen Fall würde man dieses Wort nicht verwenden. Hören Sie auf, die Aufrichtigkeit als eine faßbare Qualität aufzufassen, und Sie werden ihr näherkommen. Wahrheit heißt, zu sagen, was für Sie wahr zu sein scheint, wenn Sie sich damit befassen. Sie können zu wirklicher Wahrheit gelangen, und das gelingt zuweilen auch, indem Sie sich darum bemühen, sich in einer Weise zu verhalten, die wahr zu sein scheint. Nicht zu lügen, ist eine Möglichkeit. Wahrheit auf Ihrer Stufe ist nichts, was Sie sich schoppenweise kaufen oder woran Sie sich wie an einen Stromkreis anschließen können. Wenn Sie das täten, würde Sie dies erschlagen wie eine Spannung von einer Million Volt.

Reisen in den Osten

*Ich hatte oft das Gefühl, daß der einzige Weg, um herauszu-
finden, wie die Menschen im Osten die religiösen und psychologischen Probleme gelöst haben, der ist, selbst in den
Osten zu reisen. Ich sehe, daß die Geschichte des Westens das
Versagen der Religion ist und daß die Psychologie hier noch
in den Kinderschuhen steckt. Ich möchte nun gerne wissen,
wo ich eine solche Reise beginnen sollte, denn mir ist klar,
daß man auch sein ganzes Leben lang reisen kann, ohne
jemals dem richtigen Lehrer zu begegnen.*

Lieber Freund, Sie sind der Gefangene einer ganz bestimmten Art zu denken. Lassen Sie mich versuchen, Sie mit Hilfe
von Analogien, die Sie leicht fassen können, davon zu befreien.

Nehmen Sie einmal an, Sie wären ein Missionar, darin
geübt, in Rom eine fremde Sprache zu sprechen, und würden nun ausgesandt, den Menschen irgendeines entlegenen
Landes in Afrika den katholischen Glauben zu bringen.
Sobald Sie dort ankommen, fangen Sie an, mit den Leuten
zu reden. Diese sagen zu Ihnen: »Das klingt ja hochinteressant. Woher kommen Sie?« Sie antworten: »Ich komme aus
Rom, dem Sitz, wo unser Glaube gelehrt und studiert
wird.«

»Gut«, sagen die Leute, »dann werden wir nach Rom,
zum Quell und Brunnen Ihrer Lehre reisen.«

Darauf geben Sie ihnen zu bedenken: »Erstens sprecht ihr
kein Latein, kein Italienisch, keine der Sprachen der Länder,
durch die ihr reisen müßtet. Zweitens habt ihr nicht die
Mittel, um diese Reise zu unternehmen. Eure Lebensge-
wohnheiten und eure Art zu denken sind gegenwärtig für
die Leute in Rom inakzeptabel. Aus diesem Grund habe ich
viele Jahre damit verbracht, eure Sprache und Lebensart zu
studieren, und mich speziell für die Aufgabe gerüstet, die
mich hierher bringt. Könnt ihr nicht begreifen, daß ich ein
Instrument bin, das eigens auf den Zweck zugeschnitten ist,

euch das Lernen zu ermöglichen, das andernfalls nicht möglich wäre?«

In ähnlicher Weise müssen Sie sich darüber klarwerden, wie es um Ihre Fähigkeit steht. Solche Reisen in den Osten oder Westen eignen sich für den, der zu einer solche Reise bereit ist. Wenn Sie nicht einmal wissen, daß Sie sich in dem Zustand des Menschen jenes entlegenen Stammes befinden, sind Sie wohl kaum bereit für eine Reise an einen Ort und zu Leuten, die im Grunde auf keine andere Art als mit den Instrumenten ihrer Machart mit Ihnen kommunizieren können.

Fragen Sie sich, ob Sie diese Frage aus Eingebildetheit stellen und aus dem Glauben heraus, Sie wären zu einer solchen Reise gerüstet. Oder stellen Sie sie vielleicht nicht deshalb, weil der Gedanke Sie befriedigt, dort könnte etwas zu finden sein, was Sie noch nicht kennen, sondern deshalb, weil Sie nach zusätzlichen Beweisen suchen? Wenn Sie diese an irgendeinem entlegenen und romantischen Ort mit dem Durst Ihrer Emotionen suchen, dann werden sie sie überhaupt nie finden. Lassen Sie sich einmal die Geschichte von Mulla Nasrudin und dem verlorenen Ring durch den Kopf gehen: Sein Ring fiel ihm in seinem Haus vom Finger, aber er suchte ihn auf dem Dorfplatz, denn dort gab es mehr Licht.

Der Zaubertrank Ahong-Ahoi

Es war einmal ein Mann, dessen sehnlichster Wunsch es war, sich in irgendein anderes Geschöpf zu verwandeln, um zu verstehen, was dieses versteht, um zu lernen, was dieses weiß, und um sehen zu können, was dieses sieht.

Er verbrachte eine Menge Zeit mit der Frage, wie dieses Ziel wohl zu erreichen sei, und befragte alle möglichen Experten, wie er dabei am besten vorgehen sollte.

Manche Leute lachten ihn natürlich aus, andere konnten

nicht einsehen, welchen Sinn seine Ambition haben sollte, und wieder andere dachten ganz einfach, das Ganze sei ein Ding der Unmöglichkeit. Aber der Mann ließ sich nicht entmutigen. Oft wurde er von Leuten übers Ohr gehauen, die ihm Zauber und Talismane, Rat und Rituale anboten, welche ihren Worten zufolge die Wirkung zeigen würden, die er begehrte: doch alles umsonst. Er las Bücher, schloß sich Sekten an, führte die wunderlichsten Rituale aus und nahm die tollsten Marotten an. Nichts davon wirkte.

Dann stieß er eines Tages, als er tief in Gedanken eine Straße entlang ging, auf eine Flasche, die auf dem Boden lag. Irgend etwas bewog ihn, sie aufzuheben und in seine Tasche zu stecken. Zu Hause angekommen, entdeckte er, daß auf der Flasche ein Etikett klebte, auf dem folgendes stand:

Öffne dies, gib drei Tropfen davon auf deine Zunge, und wünsch dir was. Dann wirst du fähig zu tun, was immer du willst. Frag einfach, wie man's macht, wenn du das Elixier eingenommen hast.

Das war seine Chance! Mit zitternden Fingern entkorkte der Mann das Behältnis, maß sich drei Tropfen auf einen Löffel und träufelte sich die Flüssigkeit auf die Zunge.

Nach einer Weile hatte er ein wunderliches Gefühl; zum ersten Mal fühlte er, daß er tatsächlich alles tun konnte, was er sich wünschte.

Der Zufall wollte nämlich, daß die Flasche tatsächlich mit einem Zaubertrank gefüllt war – und so hörte der Mann im Handumdrehn eine Stimme ihn fragen: »Was ist dein Wunsch?« Da antwortete er natürlich: »Ich wünsche mir, eine andere Spezies von Geschöpf zu werden.« Er blickte in den Himmel und sah einen Keil Graugänse auf ihrem winterlichen Zug gen Süden fliegen, und so fuhr er fort: »Ich möchte eine riesengroße Graugans werden.«

Sogleich antwortete die Stimme: »Wiederhole das Wort ›Ahong‹, und du wirst die herrlichste Gans werden, die je auf Erden lebte. Wenn du dich wieder zurückverwandeln oder etwas anderes werden willst, so sprich das Wort ›Ahoi‹.«

Kaum hatte er »Ahong« gesagt, da fand er sich verwandelt in eine riesengroße, wunderschöne Graugans. Und was noch mehr war: Er fühlte sich wundervoll. Er wußte alles, was Graugänse auf dem Wanderzug wußten, und er konnte seine eigenen Gedanken als Graugans beobachten, während er weiterhin sein Denkvermögen als Mensch besaß.

Das Ganze war wirklich höchst verwunderlich. Nun, dachte er, würde er gerne etwas anderes versuchen: er würde gerne ein Weiser werden. Das Zauberwort lautete, wie er sich erinnerte, »Ahoi«, und so begann er es auszusprechen. Sonderbar, dachte er, nichts geschieht! Er probierte es noch einmal, und da bemerkte er, daß er, statt »Ahoi« zu sagen, »Ahong« sagte, so oft er es auch versuchte. Und das kam natürlich daher, weil dies der Laut ist, den Graugänse von sich geben. Es gibt keine Gans, ob grau oder anders gefiedert, die den Laut »Ahoi« ausstoßen kann.

Und so kam es, daß der Mann, der eine Graugans geworden war, wie Sie bereits geahnt haben werden, eine Graugans bleiben mußte und bis ans Ende seiner Tage »Ahoi« zu sagen versuchte, aber nie etwas anderes herausbrachte als »Ahong« …

Bitte leise anklopfen

Weit mehr als sie wissen, werden die Menschen von Annahmen und Vermutungen verfolgt. Im allgemeinen reagieren sie auf irgendeine Situation prompt mit irgendeiner Vermutung.

Diese Gewohnheit ist nützlich, denn dies kann bedeuten, daß Sie nicht jedesmal zu denken brauchen. Sehen Sie in England einen Mann in einer blauen Uniform, so können

Sie annehmen, daß er ein Polizist ist. Aus dem gleichen Grund werden Admiräle in Bahnhöfen auch regelmäßig für Fahrkartenkontrolleure gehalten.

Warten Sie aber nicht immer sofort mit Vermutungen auf und lassen Sie Ihr Leben nicht von Vermutungen beherrschen.

Denken Sie nämlich an den traurigen Fall jenes Schildermalers, der einen Auftrag verlor, weil er von einer falschen Annahme ausgegangen war.

Eine Dame bat ihn, ein Hinweisschild, ihren Hund betreffend, für ihre Haustür zu malen. Er verlor seinen Job, weil er das übliche Schild »WARNUNG VOR DEM HUNDE!« gemalt hatte.

»Sie Trottel«, sagte die Dame, »Auf dem Schild, das ich haben wollte, sollte doch stehen: ›BITTE LEISE ANKLOPFEN – MEIN HUND SCHLÄFT!‹«

Uhrzeigersinn

Sie sagen, im Denken der gewöhnlichen Menschen sei alles verkehrt herum. Wenn diese Neigung im mentalen Bereich festzustellen ist, ist sie dann nicht auch im physischen Bereich vorhanden – ich meine in dem, was wir im physischen Leben tun oder machen? Können Sie mir, wenn dem so ist, ein Beispiel dafür nennen?

Ich kann Ihnen schon ein Beispiel nennen, aber beachten Sie bitte, daß es *Ihre* Aufgabe ist, solche Dinge zu finden, und nicht meine. Ich weise lediglich auf die Neigung hin.

Hier Ihr Beispiel: Sie könnten die Drehbewegung von links nach rechts als »Uhrzeigersinn« bezeichnen. Betrachten Sie Ihre Uhr aber einmal von der Seite der Uhr aus. Für sie drehen sich die Zeiger in Wirklichkeit in die entgegengesetzte Richtung: also gegen den Uhrzeigersinn. Das, was Sie als »Uhrzeigersinn« bezeichnen, ist in Wirklichkeit nicht der Uhrzeigersinn. Eigentlich müßte man diesen, wollte man den Dingen ihre richtigen Konnotationen geben, so beschreiben: »Die scheinbare Bewegung der Uhrzeiger, wenn man sie aus einer seitenverkehrten Position, d. h. mit Blick *auf* das Ziffernblatt betrachtet usw.«

Ist Ihnen noch nicht aufgefallen, daß bei einem Menschen, dem Sie gegenüberstehen, dessen linker Arm Ihr rechter Arm ist und umgekehrt? Was sehen Sie in Ihrem Spiegel? Wird das Bild, das Ihren Augen übermittelt wird, dort nicht seitenverkehrt projiziert? Es gibt kein absolutes Rechts oder Links, und das gilt auch für tausenderlei andere Dinge. Den meisten Menschen ist ein absoluter Schlaf- und Wachzustand unbekannt.

Die Bedeutung von Worten und Erfahrungen

Sicher ist doch die materielle Wirklichkeit wahr, und wir können die Dinge doch durch Betrachtung, Beschreibung oder Erfahrung verstehen. Information ist zuverlässig. Die Bedeutung von Worten, die Ereignisse bezeichnen, muß doch standardisiert sein. Wenn ich eine Statue sehe, weiß ich, was sie darstellt – noch dazu, wenn sie einen Heiligenschein trägt. Wenn ich Sie besuche, wiegt das Personal der Fluggesellschaft mein Gepäck, um ein Überladen der Maschine zu verhindern. Wenn ich eine Schlagzeile mit dem Wort »Autobahndesaster« sehe, weiß ich, daß Autos zusammengestoßen sind. Und so weiter.

Sie scheinen so oft zu behaupten, die Leute wüßten nicht, was passiert oder warum etwas geschehen ist oder was die Dinge bedeuten. Aber ich weiß, daß Fakten Fakten sind.

Fakten sind für bestimmte Zwecke nützlich. Für andere sind sie dagegen äußerst irreführend. Ich werde die von Ihnen genannten Fakten einmal nacheinander durchgehen. »Desaster« mag für Sie ›Zusammenstoß‹ bedeuten, aber etymologisch bedeutet das Wort ›ungünstiger Stand der

Gestirne‹, und es gab eine Zeit, in der es ein von astrologischen Einflüssen verursachtes Ereignis bedeutete. Soweit zu dem, was Worte für Ereignisse bedeuten: sie bedeuten jeweils das, das die Menschen nacheinander wollen, daß sie bedeuten. Sogar unter einem Autobahndesaster versteht nicht jeder einen Zustammenstoß zwischen Autos. Es könnte z.B. auch bedeuten, daß eine Brücke auf einen Lastwagen gestürzt ist. Und was die Statue betrifft: Vielleicht wissen Sie, was sie bedeutet, vielleicht aber auch nicht. Anthropologen und Archäologen wissen nicht, was die ältesten menschlichen Figuren bedeuten, aber sie nehmen an, daß es Idole oder Votivgaben waren. Jeder glaubt zu wissen, daß die Statue, die auf dem Picadilly Circus in London steht, Cupido, den Gott der Liebe, darstellt. In Wirklichkeit wurde sie aber von Alfred Gilbert als Symbol für die christliche Nächstenliebe geschaffen und dient dem Gedenken an den Earl of Shaftesbury. Bei dieser Gelegenheit frage ich mich übrigens, ob Sie, wenn Sie einen an einer Statue angebrachten Halo sehen, auch wissen, daß man diese Ringe in früheren Zeiten dort anbrachte, um den Vogelkot aufzufangen und dadurch zu verhindern, daß das Gesicht der Statue verunziert wurde. Oder haben Sie etwa gedacht, sie würden einen ›Heiligenschein‹ darstellen, wie die Leute heute glauben, weil sie nur die Halo-Form und nicht die Funktion des Ganzen sehen?

Wenn die Leute am Check-in-Schalter einer Fluggesellschaft Ihre Koffer wiegen, egal ob auf dem Weg, mich zu besuchen, oder woandershin, dann gestatten sie Ihnen 44 lbs oder 20 kg Gepäck. Man könnte nun meinen, dieses Gewicht sei aufgrund des Gesamtgewichts festgesetzt worden, das das Flugzeug transportieren kann. Da Sie sich nun einmal für sekundäre Dinge interessieren, könnte es Sie auch interessieren, daß es sich dabei »keineswegs um das minuziös kalkulierte und auf das Jet-Zeitalter zugeschnittene erlaubte Höchstgewicht handelt, als das es die Fluggesellschaften verkündeten, sondern um eine Regelung, die von Wells Fargo in den 1880er Jahren festgesetzt wurde, um zu gewährleisten, daß die Postkutschen nicht überladen wurden, und die von der IATA (International Air Transport Association) unverändert übernommen wurde.« (Vgl. *Business Traveller*, ›Travelog‹, London, Sommer 1978, S. 27, Sp. 2)

Wenn Sie sich vor Augen halten, daß die Bedeutung von ›Fakten‹ stets nur eine ungefähre und sich ständig wandelnde ist, können Sie vielleicht verstehen, weshalb so viele Menschen schon seit so langer Zeit nach etwas Verläßlicherem gesucht haben. Fakten sind bis zu einem gewissen Grad durchaus nützlich. Dies hat die Leute zu der unüberlegten Annahme verleitet, ihr Wert müsse absolut sein oder sie müßten für alles von Nutzen sein, also auch dort, wo sie nicht zu gebrauchen sind. Bei Ihren Fakten kann sich also, wie wir gesehen haben, herausstellen, daß sie aufgrund von noch anderen Fakten andere ›Bedeutungen‹ haben können. Fakten sind daher nicht das, was sie irgendeiner Annahme nach sind. Fakten sind nur relativ wahr. Wer an der höchsten Wahrheit interessiert ist, kann die materielle Wirklichkeit nur als eine vorübergehende betrachten.

Die Verhältnisse des reichen Mannes

Ein Millionär beschloß einmal, einen Sufi aufzusuchen, um seinen Segen zu bekommen.

Begleitet von einem glitzernden Gefolge, unternahm er eine weite Reise und gelangte schließlich zu dem Haus des Weisen.

»O Erleuchteter!«, rief der reiche Mann aus, sobald er vorgelassen wurde. »Lehrer, dessen Fürbitten stets erhört werden, bitte sprecht ein Gebet für mich!«

Der Sufi fragte: »Was für ein Gebet wollt Ihr, daß ich spreche?«

»Bittet«, bat der Gutsituierte, »daß ich nie mehr in

schlechtere Verhältnisse zurückfalle, sondern in denen bleibe, worin ich mich derzeit befinde.«

Der Sufi erklärte sich bereit, und das Gebet ward gesprochen.

Als es den Sufi einige Jahre später zufällig einmal in eine elende Karawanserei verschlug, stieß er auf einen in Lumpen gehüllten Bettler, der sofort auf ihn losging.

»Ich bin jener Magnat, für den du gebetet hast, du falscher und gemeiner sogenannter Sufi, du!« schrie er.

Darauf fragte der Sufi: »Was ist, etwas präziser ausgedrückt, deine Beschwerde?«

»Beschwerde? Sieh mich doch nur an, bettelarm und unglücklich, wie ich bin ...«

»Dein Gebet«, erklärte ihm der Sufi, »wurde durchaus erhört. Deine Verhältnisse waren nichts als Habsucht und Unsicherheit, und beides hat dich noch immer fest im Griff!«

Autoschlüssel

Glauben die Leute im Westen wirklich, daß ihre Art, die oberflächlichen und obsessionellen Sufi-Imitationen des Ostens zu imitieren, etwas taugt? Ständig sehe ich Fernsehsendungen, in denen europäische und amerikanische Möchtegern-Sufis auftreten, deren Gehabe so absurd ist wie ihr zahlreiches Auftreten.

Sie schreiben aus dem Osten. Dieses Phänomen der Imitation ist leicht zu verstehen, wenn Sie sich ähnlich oberflächliche Verhaltensweisen in Ihrem eigenen Land betrachten. Schließlich haben diese armen Teufel im Westen doch ihr verrücktes Gehabe von falschen oder unter Selbsttäuschung leidenden Pseudo-Sufis aus dem Osten gelernt. Sie brauchen nur aus dem Fenster zu blicken, und Sie werden hordenweise Nachahmer des Westens sehen, die glauben, sie wären, da sie sich in Jeansstoff kleiden oder ein bestimmtes

Verhalten an den Tag legen, in gewisser Weise zu westlichen Menschen geworden. Besuchen Sie irgendeinen Flughafen des Mittleren Ostens und betrachten Sie sich die Horden von Leuten, die mit Autoschlüsseln rasseln, auch wenn sie kein Auto besitzen, und die versuchen, so auszusehen, als würden sie gleich an Bord eines Flugzeugs steigen. Sie sollten sich darüber im klaren sein, daß diese westlichen Nachahmer, so sehr sie sich auch einbilden, sie seien »spirituell«, in Wirklichkeit nur »mit Autoschlüsseln rasseln«.

5. Teil

Acht Analogien

Es gibt verschiedene sehr wichtige Analogien, die man in Form von Anekdoten ausdrücken kann, um bestimmte typische Merkmale und Fehler, die eine höhere Wahrnehmung blockieren, besonders herauszustellen, damit man sie studieren kann und von ihnen profitiert.

In der ersten Analogie geht es um Annahmen, insbesondere um die, daß Menschen, die ein gewisses Renommee genießen, bereit sein müßten, einen auf jeden notwendigen Schwerpunkt des Studiums eigens hinzuweisen.

Oft wird sie dazu benutzt, um die Situation pedantischer und in Formeln denkender Gelehrter zu beschreiben, deren Fachwissen der Aufklärung vielleicht sogar im Weg stehen kann, so nützlich es auch auf dem sekundären Gebiet sein kann, das wir unter dem Begriff Gelehrsamkeit oder Bildung kennen.

In der folgenden Version geht es um eine Frau, deren Sohn fortgegangen war, um Medizin zu studieren. Sie hörte, daß er sein Examen gemacht hatte, und strahlte daher vor Freude, als sie einen Brief von ihm erhielt.

Zu ihrem Unglück hatte sich aber seine Handschrift in jenes Gekritzel gewandelt, das häufig den Ärzten nachgesagt wird. Daher beschloß sie, den Brief einem Chemiker zu bringen, da sie wußte, wie erfahren diese darin sind, die Schrift von Ärzten zu entziffern.

Sie trug also das Schreiben zum Apotheker ihres Viertels. Der warf einen Blick darauf, fischte eine Flasche aus dem Regal und sagte: »Hier das Gewünschte. Nehmen Sie dreimal täglich zwei Löffel davon.«

Ein anderer Fehler ist die Annahme, eine bestimmte Formel oder Gebrauchsanweisung sei von ausschließlicher und stets gleicher Gültigkeit. Die Geschichte dazu handelt von einem Ingenieur, der eines Tages in einem Zoo stand und einen Löwen anstarrte.

Da meinte jemand zu ihm: Sie scheinen sich ja sehr für dieses Tier zu interessieren.«

»Und ob«, antwortete der Ingenieur, »es hat mir nämlich das Patent auf meinen neuen Stoßdämpfer geklaut!«

Das wahllose oder teilweise Übernehmen von Techniken oder Ideen spiegelt sich in der dritten Anekdote wider, in der es um den Hang zum Herumpfuschen bei Psychologen wie auch bei angeblich spirituellen Menschen geht.

Ein Mann besuchte einmal einen Freund, der sich in einer Nervenheilanstalt befand.

»Geht es ihm besser?« fragte er den diensthabenden Psychiater.

»Besser? Und ob es ihm besser geht!« sagte der Arzt.

»Früher glaubte er, er sei Ludwig XIV. Jetzt hält er sich nur noch für Ludwig V.«

Manchmal lassen sich die Geschichten auch auf die Situation zwischen Guru und Schüler übertragen, wie in der folgenden, die davon handelt, wie wenig die meisten Menschen wirklich unterscheiden können, wer der Spirituelle und wer nur seine Imitation ist:

Ein Guru erzählte einmal, wie er zu einem spirituellen Führer wurde.

»Ich saß am Straßenrand und fragte mich, was ich tun sollte, als ein Mann des Weges kam und sich mir gegenüber niederließ. Dann veranstaltete er alle möglichen Gesänge und Übungen. Nach ein paar Wochen fragte ich ihn:

»Könnt Ihr mir sagen, verehrter Meister, was ich als nächstes tun soll?«

Darauf antwortete der andere:

»Wieso? Ich dachte, *Ihr* wärt der Meister!«

Häufig ist zu beobachten, daß das Verhalten von Schülern um einiges weniger von gesundem Menschenverstand durchströmt ist als das der gewöhnlichen Leute, und dieses Faktum wurde bereits seit Jahrhunderten beobachtet. Ein esoterischer Lehrer erzählt diese Geschichte, um Lernenden einzuprägen, daß sie sowohl klar zu denken als auch blind zu folgen haben:

> »Was«, fragte ein Lehrer seinen Schüler, »werden die Leute von dir denken, wenn du fünfmal am Tag beim Straßenhändler Fleischbuletten kaufst?«
>
> »Überhaupt nichts«, antwortete sein Jünger, »denn ich sage allen Leuten, sie wären für Euch!«

Von der gleichen Tonart, aber diesmal auf »Vergötterung« bezogen, ist die Geschichte von einem Mann, der sich in ein fernes Land begab, um unter einem der großen Lehrer, die es dort in Hülle und Fülle gab, Metaphysik zu studieren.

> Er besuchte einen nach dem anderen, und obwohl alle gewillt zu sein schienen, ihn als Schüler anzunehmen, ließen sie immer einen Hund zum Abendessen schlachten.
>
> Schließlich fand er einen, der die Mahlzeiten ohne jedes Zeichen dieser – für ihn – so betrüblichen Tradition servierte.
>
> Und so studierte er jahrelang unter der Anleitung dieses Mannes, bis er ihm schließlich gestand: »Wißt Ihr, verehrter Meister, ich habe Euch gewählt, weil Ihr fürs Abendessen keinen Hund schlachten laßt.«
>
> »Allein schon der Gedanke!« antwortete der Weise. »Bei uns hier werden keine Hunde getötet: so etwas ist eine barbarische Angewohnheit. Für unsere Mahlzeiten warten wir, bis sie von selbst an etwas eingegangen sind.«

Die Vergötterung ist natürlich das blinde Anhaften am wörtlichen Sinn.

Die siebente Analogie ist die Geschichte von einem Mann, der zu einem echten spirituellen Lehrer ging und zu ihm sagte:

»Ich bin zu Euch gekommen, denn nachdem ich sieben Jahre lang der Schüler eines angeblichen Lehrers namens Soundso war, habe ich erkannt, daß er kein spiritueller Mensch war.«

Darauf antwortete der wahre Mentor: »Ihr kommt mir vor wie der Mann, der gefragt wurde, warum er sein Haus verließ, nachdem er sieben Jahre lang darin gelebt hatte. Er antwortete: ›Weil ich entdeckte, daß es kein Badezimmer hatte!‹«

Und schließlich läßt sich die Notwendigkeit, zu jeder Zeit den gesunden Menschenverstand walten zu lassen, durch das Graffiti veranschaulichen, das jemand, der sich verzweifelt darum bemühte, ein Schüler zu werden, an eine Wand geschrieben haben soll und das mehr als deutlich zeigt, daß der Betreffende keinerlei Voraussetzungen besaß, um irgend etwas zu lernen:

»Mein ganzes Geld«, so lautete die Inschrift, »vermache ich dem, der mir Unsterblichkeit verleihen kann!«

Erstarrte Aufmerksamkeit

Was ist das größte Hindernis gegen das Lernen?
Vorgefaßte Meinungen und Konzentration auf Dinge, die man glaubt lernen zu wollen, die aber vielleicht nicht das sind, was man wirklich benötigt. Die Folge davon ist, daß ein Teil der Aufmerksamkeitskapazität an die vorgefaßte Meinung, ungeprüfte Annahme oder Frage gefesselt wird.

Vor bald dreißig Jahren hielt ich einmal einen Vortrag in einem Land des Mittleren Ostens. Als ich zu Ende gesprochen hatte und die Zuhörer aufforderte, Fragen zu stellen, stand jemand auf und fragte: »Was ist Schaum?«

Ich fragte zurück: »Warum wollen Sie das wissen?«

Er antwortete: »Weil ich schon immer wissen wollte, was Schaum ist!«

Vor nicht ganz so langer Zeit, nämlich vor drei Jahren, unterhielt ich mich einmal zwei Stunden lang mit jemandem über dieses Problem und wies darauf hin, daß es ihm nichts bringt, wenn er so sehr darauf aus ist, wahllos irgendwelche Fakten zu ergattern, solange er unbedingt jene Art Information braucht, die ihm die Fähigkeit gibt, zu beurteilen, nach *welchen* Fakten er suchen muß.

Dann fragte ich ihn, ob er dies verstanden hatte.

»Vollkommen«, sagte er und bedankte sich.

Also begleitete ich ihn zur Tür, und als ich sie öffnete, sagte er:

»Können Sie mir, wo wir schon mal dabei sind, auch Informationen über die Kabbala geben?«

Dies ist ein ständig auftauchendes und typisches Problem im Lehren, und es gibt eine berühmte Geschichte aus Indien, mit der es sich veranschaulichen läßt.

Ein Lehrer versuchte einem Schüler gerade etwas zu erklären, doch der sah gleichzeitig einem Mäuschen zu, wie es versuchte, in ein Loch zu schlüpfen.

Schließlich fragte der Lehrer: »Nun, ist alles reingegangen?«

»Ja«, sagte der Schüler, »alles bis auf den Schwanz.«

Das mag vielleicht nur wie ein geringfügiges Problem aussehen. Tatsächlich ist es aber eines der größten überhaupt, denn die Unfähigkeit, geistig so flexibel zu sein, daß man die Aufmerksamkeit von dem, was einen gerade fesselt, lösen und zu dem umschalten kann, was es statt dessen noch zu studieren gilt, ist genau das, was dieses Studieren unmöglich macht. Und dies dürfte mit Sicherheit sogar ein großes Problem sein.

Unachtsamkeit

Könnten Sie ein Beispiel für die – wie die Sufis es nennen – Unachtsamkeit in Form von mangelnder Wachsamkeit unserem Studium gegenüber geben?

Kürzlich erhielt ich von einer Gruppe von Leuten, die sich seit mehreren Jahren mit meinen Büchern befassen, die Anfrage, ob ich ihnen nicht »frisches« Material liefern könnte. Ich wußte, daß sie kein frisches Material brauchten, sondern daß sie den schon existierenden Büchern einfach nur das entnommen hatten, was ihnen Spaß machte oder was sie interessierte, und nicht das Material, das darin geboten wurde. Daher paraphrasierte ich lediglich ein paar Dutzend Passagen aus diesen Büchern und brachte sie in eine leicht abweichende Form. Als sie abgetippt waren, wurden sie der Gruppe zugeschickt. Ihre Reaktion: Ihnen kamen fast die Tränen vor Freude über »diese neuen und aufregenden, wirklich wundervollen Dinge«. Mehrere hundertmal soviel Material von dieser Qualität besaßen sie bereits; auch genau dasselbe Material besaßen sie bereits in paraphrasierter Form, aber von diesem glaubten sie, es sei »neu«.

Das ist Achtlosigkeit in der Form, von der Sie sprechen. Mehr haben solche Leute nicht verdient, denn sie sind völlig unfähig, das zu nutzen, was sie besitzen. Sie bringen es fertig, uns – wenn wir nicht achtgeben – Zeit zu stehlen, die wir anderen Menschen widmen könnten, welche sich die Mühe machen, zu lernen und wachsam zu bleiben. Und wir müssen uns natürlich immer vor Augen halten, daß es viele Leute gibt (auch wenn es statistisch wenige sind), die sich gegenüber den Materialien, die wir ihnen geben, wachsam verhalten und sie verwenden, anstatt nur nach mehr zu schreien wie Idioten, die noch nicht mal einen Blick auf das geworfen haben, was sie schon besitzen.

Einem seine wahre Natur zeigen

Es war einmal ein Schüler, der sich bei seinem Sufi-Lehrer beklagte, daß er nicht in die geheimen Lehren dieser Leute eingeweiht wurde, obwohl er unter seiner Anleitung bereits mehrere Jahre lang treu studiert und gearbeitet hatte.

Der Sufi sagte zu ihm: »Was zählt, sind nicht die Jahre oder der Eifer Eures Studiums: was zählt, sind die Resultate.«

»Aber«, entgegnete der Schüler, »was Ihr offenbar seht, ist angesichts meiner Unzulänglichkeiten und der fehlenden Mittel, sie zu beheben, für mich und die anderen Schüler unsichtbar. Ist es daher nicht ganz wesentlich, daß nur Ihr meinen Zustand diagnostizieren und behandeln könnt?«

»Darin besteht die Arbeit des Lehrers in der Tat«, sagte der Meister, »aber es gibt auch für Schüler Gelegenheiten, den eigenen Zustand zumindest annähernd zu erkennen, und wir werden dies bei Gelegenheit zeigen.«

Als der Sufi nicht lange danach eines Tages zu seiner Versammlungshalle ging, trug er dem Koch auf, er möge einen Braten zubereiten, und gab dann dem sich beklagenden Schüler ein Zeichen, ihn zu begleiten. Sie betraten die Halle, in der die übrigen Studierenden bereits versammelt waren. Der Meister nahm mit dem Schüler an seiner Seite Platz und bat alle um besondere Aufmerksamkeit.

»Dieser Herr, ein Kaufmann, ist euch allen wohlbekannt«, begann er, »und er erwartet, daß sich sein Inneres in Übereinstimmung mit der Arbeit an seinem Äußeren verwandelt hat. Wir schlagen vor, einmal nachzusehen, ob das der Fall ist.«

Da wurde die Unterweisung plötzlich durch den Eintritt eines Boten unterbrochen, der um Erlaubnis bat, den Kaufmann davon benachrichtigen zu dürfen, daß einige seiner Schiffe mit großen Gewinnen zurückgekehrt seien und man dringend um weitere Anweisungen bäte. Der Kaufmann erteilte ihm seine Befehle, dann sagte der Sufi:

»Hättet Ihr nun, da Ihr zu solchem Reichtum gelangt seid, nicht Lust, etwas zum Unterhalt der Gemeinde beizutragen, da Ihr all die Jahre nicht viel geben konntet, was gewiß aus Mittelosigkeit geschah...«

»Ich denke, ich sollte zu einem günstigeren Moment darauf zurückkommen«, sagte der Schüler, »wenn Ihr mich zu gegebener Zeit daran erinnern wollt.«

Der Sufi war einverstanden.

Dann kam es zu einer weiteren Unterbrechung, diesmal durch einen Beamten des Hofes, der um ein Gespräch unter vier Augen mit dem Schüler bat. Der Sufi führte die beiden in sein Studierzimmer.

Da berichtete der Beamte, daß man dem Kaufmann ein Stück Land zugesprochen habe, um das er einen Rechtsstreit geführt hatte, denn es war eine hübsche Summe Geldes wert.

Als der Mann ihm seine Papiere ausgehändigt und sich wieder zurückgezogen hatte, sagte der Sufi:

»Das ist ein gewaltiges Stück Land. Wollt Ihr uns nicht einen Teil davon vermachen, damit wir es für den Unterhalt der Gemeinde bebauen können?«

»Ihr habt stets gesagt«, entgegnete der Kaufmann, »daß Armut dem Reichtum vorzuziehen sei, daher werde ich nicht den Vorschlag machen, Euch etwas davon anzubieten, bevor Ihr mich nicht wirklich dazu drängt.«

»Wollt Ihr es nicht anbieten und mir damit eine Gelegenheit geben, es abzulehnen?« fragte der Meister.

»Einem anderen eine Versuchung in den Weg zu legen, ist soviel wie eine Sünde zu begehen«, erklärte der Kaufmann in belehrendem Ton.

Einige Zeit verging, und der Kaufmann erfuhr, daß ihn sein Schicksal immer mehr begünstigte. Auf seinem Grund und Boden wurde eine Goldmiene entdeckt – aber als der Sufi ihn aufsuchte und ihn bat, etwas von dem Gold für die Armen zu geben, sagte er nur, er würde zu einem späteren Zeitpunkt darauf zurückkommen.

Dann mangelte es dem König an Geld, um in einen Krieg zu ziehen, und so lieh er sich enorme Summen von dem Kaufmann und machte ihn dafür zum Premierminister. Diesmal bat ihn der Sufi, sich beim König dafür einzusetzen, daß er bestimmte bedrückende Gesetze gegen die Sufis aufhob, und der Kaufmann versprach, daß er helfen würde, aber er tat nichts.

Als der König schließlich starb, wurde der kaufmännische Schüler zu seinem Nachfolger gewählt. Nach der Krönung fragte der Sufi:

»Wo Eure Majestät nun alle Macht über dieses Reich besitzen, wollt Ihr uns da nicht die materielle Hilfe zukommen lassen, die Ihr versprochen habt, denn wir benötigen dringend diese Dinge, um unsere Arbeit zu organisieren?«

Darauf antwortete der König: »Nutzlose Sufis haben mich nun wirklich genug belästigt – geht mir aus den Augen, bevor ich befehle, Euch und Eure Gemeinde aus meinem Reich zu verbannen!«

»In diesem Fall«, sagte der Meister, »mögen Eure Majestät fortfahren, Euer Königreich zu regieren – wir lassen uns derweil den Braten schmecken!«

Der Kaufmann blickte um sich und sah, daß er sich wieder in der Versammlungshalle der Derwische befand und daß nur etwa eine Stunde vergangen war, seit er sie gemeinsam mit dem Sufi-Lehrer betreten hatte. Durch die Kraft der *limiyya* (Hypnose) hatte der Meister den Mann glauben gemacht, er habe all dies wirklich erlebt, und hatte zusammen mit den Schülern beobachtet, wie er sich als reicher Mann, als mächtiger Minister und als König verhielt.

»Nun«, sagte der Meister, »haben wir Eure wahre Natur gezeigt. Wie im Materiellen, so im Spirituellen. Ihr müßt einer Beförderung auch würdig sein, denn sonst werdet Ihr in einer Weise handeln, die den Interessen der spirituellen Welt widerspricht, und Eure Erfahrungen werden bestenfalls für die Katz gewesen sein.«

Heuchelei

Warum sollte man einem spirituellen Meister mit Respekt begegnen und in Ehrfurcht und Demut über ihn denken? Nicht um seinetwillen, sondern für uns selbst. Die Geisteshaltung, die das Gefühl des Respekts begleitet, ist das, was uns mit der Realität in Einklang bringt und uns die Selbstzufriedenheit austreibt. Genauso wie die Menschen um sich selbst trauern, wenn sie über die Verstorbenen trauern – denn die Toten bleiben davon unberührt –, so können sie, wenn sie selbst zu sehr im Mittelpunkt stehen, auch nicht lernen. Sie müssen eine andere Person als etwas Wichtigeres als sich selbst betrachten.

Manchmal betreiben die Leute jedoch zuviel Persönlichkeitskult und idealisieren ihren Lehrer zu sehr. Um zu zeigen, wie notwendig es ist, das Verhalten ihm gegenüber in die richtige Balance zu bringen, wird die folgende Geschichte vom scheinheiligen Derwisch erzählt:

Es war einmal ein religiöser Mann, der es liebte, sich für einen wahren Derwisch zu halten. Nicht weniger liebte er es, sich getreu an sämtliche Paragraphen der göttlichen und weltlichen Gesetze zu halten, und da ihn dies mit Stolz erfüllte, wurde er wie so viele andere zu einem Heuchler, ohne daß er sich dessen bewußt war. Dieser Zustand verhinderte natürlich, daß er auf dem spirituellen Pfad irgendeinen wirklichen Fortschritt machte, und so beschloß ein Engel, ihn aus seiner mißlichen Lage zu befreien.

Als der Derwisch eines Tages sah, wie ein Verurteilter an seinem Haus vorbeigeführt wurde, und fühlte, wie recht es sei, daß dieser Übeltäter möglichst viel leiden sollte, erschien ihm daher der Engel und sprach:

»Da du dir einbildest, frommes Gehabe sei wirkliche Frömmigkeit, wirst du von Stund an dazu verurteilt, solange gesenkten Hauptes und ohne Hoffnung auf Erlösung auf Erden zu wandern, bis ein toter Ast Knospen treibt und blüht!«

Zunächst war der Derwisch empört und dachte, der Engel sei ein Betrüger. Als ihn aber dann die Ereignisse aus seinem Haus vertrieben und zwangen, auf der Straße zu leben, da erkannte er, daß die Geschichte wohl doch ein Fünkchen Wahrheit enthielt.

Auf dem Gipfel eines Hügels stand eine alte, von Wind und Wetter zerzauste Eiche, die völlig abgestorben schien, und der angeblich so fromme Mann pflegte zu ihr hinaufzusteigen und, während er sie betrachtete, über sein eigenes Schicksal zu grübeln und sich zu fragen, welche Möglichkeiten in ihm steckten.

Eines Tages traf er auf der Straße einen Barbier. »Wenn ich nicht in Übung bleibe«, sagte dieser, »werde ich an dem Ort, wohin ich unterwegs bin, keine Arbeit finden. Darf ich Euch den Bart scheren?«

Zuerst empfand es der Dreiviertel-Derwisch als Beleidigung, daß man sich an seinem ehrwürdigen Bart vergreifen wollte, doch plötzlich befiel ihn der Gedanke, daß er einem Trugschluß aufgesessen war, und daß es nicht in Frage kam, einen Bart zu tragen, wenn der Mann darunter noch nicht vollkommen war. Also erklärte er sich bereit, und der Barbier rasierte ihm den Bart ab.

In diesem Moment begannen die Wurzeln des Baums Feuchtigkeit und Nahrung aufzunehmen.

Dann sah der Derwisch einen bettelarmen Mann des Weges kommen, der nicht einen Fetzen besaß, um seinen Leib zu bedecken. Alles, was ich selbst besitze, sagte er sich im stillen, ist dieser von Flicken übersäte Derwischmantel... Doch dann fiel ihm ein, daß der flickenreiche Mantel zeigen sollte, wes Standes er sei, und doch war sein Stand, obwohl er diesen Mantel trug, der des äußerlichen Scheins. Daher nahm er sich den Umhang von den Schultern und teilte ihn mit dem armen Wandersmann.

Da begann der Saft in den Stamm des Baumes auf dem Hügel emporzusteigen.

Nicht lange darauf saß der Derwisch unter diesem Baum,

als zwei Wahrheitssucher daherkamen. Als sie diese fromm aussehende Gestalt vor sich erblickten, baten sie ihn, er möge sie etwas lehren. Er aber sprach:

»Was ich euch lehren kann, ist dies: Wo immer ihr einen seht, der fromm aussieht, einen Bart trägt, sich freut, euch lehren zu dürfen, und sich von den Leuten mit religiösen Titeln anreden läßt – dort habt ihr es höchstwahrscheinlich mit einem Heuchler zu tun!«

In diesem Augenblick sprossen Knospen aus den Ästen des Baums, und fast im nächsten Moment gingen sie auf und erblühten.

Die Pointe verfehlt...

Heute war hier eine sehr erlauchte religiöse Persönlichkeit zu Besuch.

Ich fragte den Mann, wie er sich der Tatsache gegenüber verhielt, daß viele seiner alten Traditionen für die Menschen unserer Tage vollkommen inakzeptabel sind.

»Das ist nicht allzu schwierig«, sagte er, »weil ich solche Dinge ganz einfach nicht erwähne. Neben den von Ihnen genannten gibt es noch eine Fülle anderer Glaubensinhalte, mit denen wir arbeiten können.«

»Aber«, fuhr ich fort, »was können Sie machen, wenn Leute darauf bestehen, Themen zu diskutieren, die nach dem gegenwärtigen Stand des Wissens als überholt gelten?«

»Ich sage ganz einfach«, erklärte er mir, »daß dies unwesentliche Dinge sind und daß die Betreffenden sich zu viele Gedanken darüber machen...«

Das erinnert mich an eine Geschichte. Lesen Sie sie und entscheiden Sie selbst, ob unser Prälat nicht fast genauso reagiert wie der Koch in der Geschichte:

Unwesentlich

Es war einmal ein Koch, der von der Herrin des Hauses dabei überrascht wurde, wie er durch eine der Socken ihres Gemahls Suppe passierte.

»Was um Himmels willen tun Sie da mit den Socken des Herrn?« schrie sie entsetzt.

»Nichts, worüber Sie sich sorgen müßten, gnädige Frau«, meinte der Koch, »es sind ja nicht seine sauberen!«

Mir persönlich gefällt noch besser, was der berühmte Dr. Samuel Johnson einer Dame antwortete, als sie ihn fragte, aus welchem Grund er in seinem Wörterbuch das Wort *pastern* [»Fessel«] als »das Knie des Pferdes« definiert habe: »Aus purer Unwissenheit, Madam.«

Grün und blau

Eine der interessantesten – und nur wenig bekannten – Tatsachen über höheres Wissen ist, daß das Streben danach ebensosehr vom Ausschließen wie vom Einschließen abhängt. Bestimmte Dinge auszuschließen ist ebenso wichtig, wie andere einzuschließen. Sie werden vielleicht denken, Sie bräuchten nichts anderes zu *tun*, als die richtige Formel von Glauben, Ritual oder Übung zu finden; aber wenn Sie es gleichzeitig nicht *unterlassen*, bestimmte Dinge zu tun oder zu denken oder zu üben, dann kann es sein – und ist auch oft tatsächlich so –, daß diese unausgeschlossenen Dinge sich auf Ihre Bemühungen schädlich auswirken. Eine der Aufgaben echter Lehrer ist die, Ihnen sowohl zu sagen, was Sie unterlassen sollen, als auch, was Sie tun sollen. Wer ein echter Lehrer ist und wer nicht, können Sie folglich auch daran erkennen, ob der Lehrer Ihnen lediglich einen Packen Anweisungen (Gebete, Meditationen, Fasten, Konzentration etc.) vorsetzt – und somit nichts ausschließt –, oder ob er Ihnen auch sagt, was man unterlassen sollte. In diesen

Anweisungen wird es um Fragen von Zeit und Orten, von der Wahl des Umgangs und vom Verhalten gegenüber bestimmten Reaktionen gehen, um Dinge also, die zum echten Wissen des wirklichen Lehrers gehören.

In einer Geschichte, die als Analogie dazu verwendet wird, fordert eine Frau ihren Mann auf, sich in die Schule eines renommierten Lehrers zu begeben und ihm in jeder Hinsicht zu gehorchen. Ja, er soll sogar alles wiederholen, was der Lehrer sagt. Als der Mann zum Haus des Weisen gelangt, fragt ihn der Ehrwürdige: »Wer seid Ihr?«

»Wer seid Ihr?« wiederholt der Mann.

»Wie bitte?« fragt der Lehrer, und der Möchtegern-Student echot zurück: »Wie bitte?«

Nach einigen Wortwechseln dieser Art läßt der Weise dem Mann eine Tracht Prügel verabreichen und ihn dann aus dem Haus werfen. Als er wieder zu sich nach Hause zurückkommt, fragt ihn seine Frau, wie es ihm ergangen sei. »Ganz gut«, antwortet der Gemahl, »aber ich weiß nicht recht, wieviel mehr davon ich aushalten kann: Man hat mich grün und blau geschlagen, und das war erst meine erste Lektion!«

Sklavisches Nachmachen führt zu nichts, wie die Geschichte uns mitzuteilen versucht, und es kann sogar schmerzhafte Folgen haben. Doch nichts dergleichen hilft gegen den gewöhnlichen Hang der Menschen zur Imitation, in dem sie so häufig die Sitten, die Handlungen und sogar auch die Kleidung derer kopieren, die sie schätzen.

Die Hindernisse

Ein Mann will sich unbedingt aus einem Gefängnis befreien, und doch macht er dessen Gitterstäbe immer stabiler. Wird er also ausbrechen können? Diese Gitterstäbe sind die Angewohnheit, sich nur vom sekundären Selbst, dem Wunsch nach Stimulierung der Emotionen und von der Habgier abhängig zu machen.

Oder stellen Sie sich vor, jemand will aus der Wasserober-fläche auftauchen, aber er klammmert sich fortwährend an Steinen auf dem Meeresboden fest. Was würde mit ihm geschehen, und wie würden Sie ihn bezeichnen? Diese Steine sind das Festhalten an verbrauchten und irrelevanten Systemen, Ideen und Parolen.

Stellen Sie sich drittens vor, jemand will wachsen, aber er hält sich in einer Schachtel auf, die sein Wachstum auf Zwergengröße begrenzt. Diese Schachtel ist das Vertrauen auf Kulte und Organisationen, die die Fähigkeiten der Men-schen zwergwüchsig halten.

Stellen Sie sich viertens vor, jemand denkt, er würde sich gerne auf eine Reise begeben, aber er hängt sich zentner-schwere Gewichte an die Füße, so daß er sich nicht bewe-gen, geschweige denn einen Schritt gehen kann. Wie würden Sie einen solchen Menschen bezeichnen? Diese Gewichte sind der Wunsch nach Beachtung und danach, etwas zu bekommen, bevor die Zeit dazu reif ist.

Stellen Sie sich fünftens vor, einige Leute behaupten, sie wollten bessere Menschen werden, und trotzdem stehlen sie ständig, was anderen gehört, verbreiten Lügen und wirken einem Besserwerden in jeder Weise entgegen. Wie würden Sie solche Leute bezeichnen? Diese Verhaltensweisen ent-sprechen dem Glauben, man bekäme etwas zweimal be-zahlt: einmal durch das gute Gefühl, nachdem man etwas Gutes getan hat, und einmal in einem künftigen Leben.

Und stellen Sie sich zum Schluß noch vor, es gäbe Leute, die sagten, sie würden gerne in die Runde blicken, trügen dabei aber fortwährend Scheuklappen – wie würden Sie sie bezeichnen? Diese Hindernisse sind die Gewohnheit, at-traktive, aber nutzlose Formeln und Totems mit spezifi-schen Lehren zu verwechseln.

Unverdaut

Äußerst wichtig ist, daß man das, was man gelehrt bekommt, auch in sich aufnimmt und nicht nur kostet oder einfach schluckt.

Im allgemeinen haben es die Leute dermaßen eilig, daß sie sich nicht die Zeit gönnen, den Lehrstoff zu verdauen, denn dieser kann ja nur dann von Nutzen sein, wenn er wirklich innerlich aufgenommen wurde.

Dazu gibt es eine Parabel, die dabei hilft, uns dies ins Gedächtnis einzuprägen:

Goldstücke

Es war einmal ein raffgieriger Geizhals, der sich regelmäßig zu einem König begab und sich von ihm etwas erbettelte. Bei jedem Besuch, den er dem König abstattete, sprang für ihn ein Goldstück heraus, das er dem Monarchen gierig aus der Hand griff und in den verborgenen Falten seines Mantels versteckte.

Sowie er nach Hause kam, pflegte er die Münze in ein Loch unter dem Herd fallen zu lassen.

Eines Tages starb der Geizhals, wie wir eben alle sterben müssen.

Als sein Geld gefunden wurde, bemerkte man, daß auf jeder Münze der Name des Königs stand, und so ging der ganze Schatz an ihn zurück.

Aprikosenpasteten

In Afghanistan lebte einmal eine alte Frau, die seit dreißig Jahren für ihre köstlichen Aprikosenpasteten berühmt war. Meilenweit wußten alle von diesen Pasteten und aßen sie, wann immer sie konnten. Zu Hunderten hatten die Leute sie über die Jahre hinweg um das Rezept bestürmt.

Unverdrossen buk sie Jahr für Jahr, wenn die Zeit des Steinobstes gekommen war, dieses Gebäck und verteilte es nach allen Seiten – aber das Rezept wollte sie niemandem verraten.

Aus Angst, die Frau könne ihr Rezept am Ende noch ungesagt mit ins Grab nehmen, setzte eines Tages ein reicher Mann – der sowohl ein Liebhaber von Aprikosenpasteten als auch ein ziemlicher Geizhals war – auf das Rezept eine Belohnung von hundert Goldstücken aus.

Aber er fand niemanden, der die Pasteten so gut wie die Alte zu backen verstand, obwohl es nicht an Leuten fehlte, die sich lauthals um die Belohnung bewarben, indem sie behaupteten, sie wüßten es doch. Schließlich klopfte zu seiner Verwunderung die Frau selbst an seine Tür und erbot sich, das Rezept zu verkaufen.

»Aber ich dachte, Ihr wolltet es nie einer Menschenseele verraten«, stammelte er.

»Ach was«, sagte die Alte, »ich wollte nur zuerst ein Zeichen sehen, ob das Ganze auch aufrichtig gemeint ist.«

»Aber woher wißt Ihr, daß ich es aufrichtig meine?« fragte der Geizhals.

»Ihr«, sagte die Frau, »seid ein Mann, der in Gold vernarrt ist. Daß Ihr bereit seid, Euch auch nur von *einem Teil* davon zu trennen, geschweige denn von hundert Goldstücken, zeigt wie sonst nichts, daß Ihr es – in Eurem Sinn zumindest – aufrichtig meint. Das ist die größte Nähe, die wir, so scheint's, in dieser Gegend überhaupt zu wahrer Aufrichtigkeit erreichen können – und daher werde ich Euch das Geheimnis verraten.«

Der reiche Mann war außer sich vor Freude. Er nahm eine Feder und ein Blatt Papier zur Hand und bat die Frau, ihm zu diktieren.

»Dazu werdet Ihr Feder und Papier nicht brauchen«, sagte sie, »denn da gibt's nicht viel zu sagen. Ich pflücke mir Aprikosen – kostenlos – von barmherziger Leute Bäumen. Dazu geb ich Wasser und ein wenig Honig – fertig.«

»Aber so macht doch auch *jeder andere* Aprikosenpasteten!« rief der Mann empört. »Ich werde Euch bestimmt nicht hundert Ashrafis dafür geben, daß Ihr mir das erzählt.«

»Ganz wie Ihr wollt«, sagte die Frau.

»Ach was, Blödsinn«, sagte der Geizhals, »aber wenn das Geheimnis nicht in der Füllung liegt, dann muß es in der Hülle stecken. Wie macht Ihr die?«

Sie lächelte. »Die mach ich überhaupt nicht. Ich geh zum Dorfbäcker, bitte ihn um einen Rest Blätterteig, deck ihn drüber und laß ihn das Ganze zusammen mit dem Brot, das er bäckt, in seinen Ofen schieben – das ist alles.«

»Aber etwas *muß* doch an diesen Pasteten besonders sein«, beharrte der Mann, »und ich will herausfinden, was es ist.«

»Gut«, sagte sie, »dann folgt mir, macht mir nach, was ich mache, und wir werden sehen, wie Ihr zu Rande kommt. Wir werden sehen, ob Ihr wißt, was ein Rezept ist.«

Gemeinsam machten sie sich auf zu einem Rundgang durch die Aprikosengärten der Umgebung. Die Alte wurde, wie es dort Brauch war, kostenlos eingelassen, während der Geizhals einen Kupferpfennig zahlen mußte, bevor er so viele Aprikosen pflücken durfte, wie sein Herz begehrte.

Danach trugen sie ihre Pastetenförmchen zu dem Bäcker und ließen sie von ihm mit etwas übriggebliebenem Blätterteig bedecken. Dann setzten sie sich nieder und warteten, bis die Pasteten gebacken waren.

Als die Pasteten gar und abgekühlt waren, kosteten sie sie. Die der alten Frau schmeckte himmlisch. Aber die Pastete, die aus dem Obst zubereitet worden war, das der Geizhals aufgelesen hatte, war wirklich höchst gewöhnlich.

Ratlos schüttelte er den Kopf, dann fing er an, die Frau zu beschimpfen, nannte sie erst eine Betrügerin, die irgendeine geheime Zutat dazugemogelt habe, danach eine Verrückte, die das Geheimnis nicht herausrücken wolle, und schließlich eine Hexe im Bund mit bösen Mächten.

Als ihm der Atem ausgegangen war und er auf einer Bank vor der Bäckerei saß, lächelte die Alte wieder. »Nach all Euerm Gepolter, nach Euerm überlegenen Gehabe und blinden Vertrauen aufs Geld, nach all dem Unsinn, der der Enttäuschung von falschen Erwartungen entsprossen ist«, sagte sie, »will ich Euch sagen, wo Euer Fehler lag.

Wie Ihr wißt, dürfen arme Leute so viel Obst aus unseren Obstgärten aufsammeln, wie sie wollen. Da ich dies zu schätzen wußte, habe ich für meine Kuchen nie die reifen und vollkommenen Früchte gepflückt, denn der Obstbauer hat ein Recht darauf, das beste Obst für sich zu behalten und zu verkaufen, damit er seine Familie ernähren kann.

Daher habe ich immer un- und überreife Aprikosen gewählt und für meine Pasteten verrührt. Das ist das Geheimnis ihres wundervollen Geschmacks. Ihr dagegen giert so sehr nach Vollkommenheit und Gewinn, daß Ihr Euch – wie fast jeder, der hinter mein Geheimnis kommen wollte – immer die attraktivsten Früchte gepflückt habt. Das Ergebnis davon waren ganz gewöhnliche Aprikosenpasteten.«

Mit diesen Worten verstaute sie den Beutel mit Goldstücken in ihrem Gürtel und entfernte sich.

Die Gier, die Ungeduld und der Drang, Sufi-Lehren mit zuvor gemachten Annahmen zu vergleichen, wie es an den Reaktionen vieler Studierender zu beobachten ist, verursacht Knausrigkeit jeglicher Art, führt zur Errichtung von Barrieren gegen das Verstehen und macht die Leute blind für Dinge, die denjenigen, die auf eine bescheidenere Art an die Lehren herangehen, völlig klar sind.

Be- und entladen

Wenn einer etwas von einem anderen lernt und dann anfängt, das, was er gelernt hat, zu lehren, entsteht eine Situation, die wir uns sehr sorgfältig betrachten sollten, denn die meisten Leute verstehen nicht, was dabei vor sich geht.

Vergessen Sie im Augenblick, daß wir gerade vom »Lehren« sprechen. Was der Mensch von einem anderen ›bekommt‹ – sei es ein Faustschlag, eine Information, Geld oder den Eindruck, er habe eine Erfahrung gemacht bzw. etwas erlebt –, das erreicht ihn auf einer viel grundsätzlicheren Ebene. Sobald er es ›bekommen‹ hat oder glaubt, es ›bekommen‹ zu haben, ist seine nächste, automatische Reaktion die, daß er versucht, es weiterzugeben. Denn der Mensch ist ein Vermittler bzw. kommunizierendes Wesen oder verhält sich als ein solches.

Erst in einem späteren Stadium (auch dann, wenn dieses Stadium schon zwei Sekunden später eintritt) kommt er zu dem Schluß, daß er ein Wissen ›bekommen‹ hat, das er allein schon deshalb weitervermitteln muß, *weil es Wissen ist*. Weil er sich dessen aber nicht bewußt ist, wird er sich einbilden, die Tatsache, daß es Wissen ist, hätte ihn dazu bewogen, es weitervermitteln zu wollen.

Auf eine gewisse, wenn auch flüchtige Weise läßt sich dies bestätigen, wenn man kleine Kinder beobachtet. Sie versuchen mitzuteilen, zu kommunizieren. Sie versuchen alle möglichen Dinge zu bekommen und an andere weiterzugeben. Und sie versuchen, eine Antwort darauf zu erhalten.

Aufgrund der gesellschaftlich bestimmten Ethik erntet dieses Bekommen und Geben oft den reichsten Lohn. Ein Mensch, der eine große Summe Geld bekommt und das meiste davon weitergibt, wird dafür Beifall und Ehre ernten.

Ein anderer wichtiger Bestandteil dieses Prozesses von Bekommen und Geben ist der Moment, in dem den Menschen Ideen angeboten werden. Und oft kann man feststellen, daß Leute, die selbst irgendwelche Ideen mitzuteilen haben (ob diese irgendeinen Wert haben oder nicht, spielt keine Rolle), anderen Ideen mit Verachtung begegnen oder ihnen ihre Unterstützung verweigern werden. Oft geschieht das deshalb, weil sie ihre Ideen bereits von irgendwo anders her ›bekommen‹ oder ›bekommen haben‹ und weil gerade ihr Weitergabe-Prozeß im Gang ist.

Uns allen ist die Situation von Menschen vertraut, die unbedingt an einem bestimmten Thema festhalten wollen und sich weigern, irgendeiner anderen Sache Gehör zu schenken. Letzteres ist genau dann der Fall, wenn ein Mensch unterbrochen wird, während er sich in seiner »Entlade«-Phase befindet. Dies hilft uns zu verstehen, warum viele Leute manchmal so fanatisch sind. Allem Anschein nach sind sie zu unzugänglich und lassen nicht mit sich reden, in Wirklichkeit wollen sie damit aber sagen: »Ich befinde mich gerade in meiner Entladephase, bitte unterbrechen Sie sie nicht.« Was jedoch herauskommt, sind Bemerkungen wie »Meiers Ansichten sind nicht von Bedeutung« oder »das tut hier nichts zur Sache« und so fort.

Menschen, die von der Existenz und Wirkungsweise dieses Phänomens nichts wissen, leben fast wie in einem Traum – weil sie sich höchst verwundert fragen, warum Meiers Ansichten nicht von Bedeutung sind oder warum dies oder jenes nichts zur Sache tut. Statt dessen sollten sie erkennen, daß sie einen Entladevorgang nicht unterbrechen sollten.

Traubendiät

Es war einmal vor langer, langer Zeit ein weiser und mächtiger Fürst, der in einem von Mauern umfriedeten Besitz lebte. Sein Palast war umgeben von Obstgärten und Parks, und gemeinhin galt er, da er seine Handlungen nicht erklärte, als ein Mann, der sich um die Interessen des Volkes nicht kümmerte und seine Pflicht versäumte, nach Besserung zu streben. Diejenigen, die als weise galten, vermochten ihn nicht zu verstehen und erhoben ihre Stimme gegen ihn. Diejenigen, die wenig über ihn wußten, wähnten, er sei arm an Qualitäten. Diejenigen, die sich Gunst erschmeicheln wollten, priesen ihn – aber da solche Leute im allgemeinen seichte Köpfe sind, trug dies kaum zur Mehrung seines Ruhmes bei.

Nun wurde, wie es der Lauf des Lebens ist, das Land, worin der Fürst lebte, von Barbaren angegriffen, die Schritt um Schritt die benachbarten Fürstentümer verwüsteten, bis sie sich zusehends seinem eigenen näherten. Von Zeit zu Zeit sandte der Fürst an die anderen Herrscher Botschaften, worin er sie bat, sich mit ihm gegen die Invasoren zu verbünden, doch ihre Anmaßung war so groß, ihre Kenntnis von ihm so gering und ihre Neigung so anders, daß sie sie nicht beachteten.

Dieses Verhalten von seiten seiner Nachbarn schien den Fürsten aber nicht in Kummer und Sorge zu stürzen. Alles, was er sagte, war: »Die Bürde der Weisheit ist wahrlich fast zu schwer zu tragen. Als ein Mann der Wahrheit war ich gezwungen, ihnen zu sagen, daß ich ihr Führer sein muß, wenn der Krieg unter ihrer Mitwirkung gewonnen werden soll. Natürlich werden sie eine solche Bedingung nicht akzeptieren. Daher bleibt keine andere Wahl als die, zu warten, bis das Zweite Stadium eintritt.«

Die Barbaren rückten weiter vor, bis diejenigen, die sich ihnen entgegengestellt hatten, in stetig zunehmender Zahl auf die Domäne unseres Fürsten zurückfielen, um sich zum letzten Widerstand zu sammeln. Sie waren die kläglichen Reste der Ritter und Söldner eines jeden der besiegten Fürsten.

So kam es, daß eines Tages, als der Fürst gerade seine Mittagsruhe hielt, sein Minister zu ihm trat und, nachdem er ihm, wie es der Brauch war, seine Reverenz erwiesen hatte, zu ihm sagte:

»O Pol, nach welchem sich die Kompaßnadel wendet! Wir waren außerstande, die versprengten Reste der Verteidigungsheere davon abzuhalten, auf ihrer Flucht über die Mauern von Euer Gnaden Domäne zu klettern. Nun kauern sie, bedeckt von Dreck und Blut in den letzten Phasen der Erschöpfung in den Weinbergen.«

Der Fürst hob sein Haupt. »Und sonst gibt es nichts zu melden?« fragte er.

»Und«, fuhr der Minister fort, »sie sind sogar zu erschöpft, um zu essen oder ihre Wunden zu versorgen. Derzeit liegen sie fest eingeschlafen wie Tote da, während der Feind sich ungehindert zusammenrottet.«

»Ausgezeichnet«, sagte der Fürst, »da Ihr Euren Bericht erstattet habt, könnt Ihr Euch nun zurückziehen. Meldet Euch übermorgen wieder bei mir und beschreibt mir, wie die Dinge dann stehen.«

Obwohl der Minister wußte, daß sein Herr mit Weisheit begnadet war, wunderte er sich doch, weshalb der Fürst nicht zu irgendeiner Tat schritt, um die Domäne zu verteidigen, aber wie es einem guten Diener gebührt, machte er seine Verneigung und zog sich zurück.

Zwei Tage später begab er sich wieder zu seinem Fürsten und sagte: »Herr aller Fürstlichkeit! Ich melde mich zur Stelle, wie befohlen.«

»Gebt Euren Bericht«, befahl der Fürst.

»Die erschöpften Krieger«, berichtete der Minister, »haben nun zwei Tage geschlafen.«

»Und was tun sie jetzt?« fragte der Fürst.

»Möge Euch ein langes Leben beschieden sein!« sagte der Minister. »Sie sind nun so ausgehungert, daß sie Gras, Laub und unreife Trauben verschlingen.«

»Sehr gut«, sagte der Fürst. »Kehrt morgigen Tags wieder und gebt mir einen Bericht von der Lage.«

Am nächsten Tag verkündete der Minister: »Durchlauchtigste Präsenz! Die Heerführer, Krieger und Gemeinen, die sich in Euren Besitz geflüchtet hatten, verzehren nun die reifen Trauben und sind bereits ein wenig zu Kräften gekommen.«

»Gebt mir morgen zu Mittag weiteren Bericht«, sagte sein Herr.

Am Tag danach sagte der Minister: »Möge Euer Schatten nie kürzer werden! Die Flüchtlinge suchen sich nun nur die besten Trauben aus und tun sich an ihnen gütlich.«

»Ausgezeichnet«, sagte der Fürst. »Nun ruft sie zu mir,

und ich werde sie auf den Sieg über die Barbaren vorbereiten, denn nun sie sind bereit. Zuvor waren sie völlig außerstande zu kämpfen, und mußten alles bekommen, was sie an
Nahrung von uns erhalten konnten. Wenn wir sie weiter
gewähren lassen, werden sie so übersättigt sein, daß sie
untereinander Streit anfangen und uns nicht mehr zuhören
werden. Darum rüste nun zum Sieg!«

Und dies ist die Geschichte von dem weisen Fürsten,
dessen Handlungen niemand begriff. Als die letzte Schlacht
kam und die Barbaren niedergemetzelt wurden, zerfiel das
siegreiche Heer in Zwietracht. Als alle wieder in ihre eigenen Lande zurückkehrten, verfaßten ihre Geschichtsschrei-
ber widersprüchliche Berichte von dem, was geschehen war.
Alle Berichte hatten jedoch dies miteinander gemein: sie
mißverstanden den Fürsten.

Aufmerksamkeit

Ein lehrender Derwisch wurde einmal gefragt, woher es
käme, daß es ihm, dem Fragenden, so schwerfällt, wach zu
bleiben, d. h. die Dinge, die er gelesen oder gehört hatte, im
Gedächtnis zu behalten. Als Antwort erteilte der Derwisch
die folgende Lektion:

»Es war einmal ein Derwisch, der regelmäßig Vorträge
vor einer Gruppe zu halten pflegte, in der sich auch ein alter
Mann befand, der von seinem Enkel, einem kleinen Jungen,
begleitet wurde.

Und so regelmäßig wie ein Uhrwerk pflegte der Alte
einzuschlafen, sobald der Derwisch sich in Fahrt redete.

Da kam dem Derwisch eines Tages eine Idee. Nach der
Versammlung nahm er den Jungen beiseite und sagte: ›Ich
gebe dir ein Silberstück, wenn du deinen Großvater immer,
wenn er in meinen Vorträgen einschläft, wachrüttelst.‹ Der
Junge war einverstanden.

Auf drei Versammlungen nacheinander bekam der alte

Mann jedesmal, wenn ihm die Augen zufielen, einen Stoß in die Seite, und der Derwisch war hoch erfreut.

In der vierten Woche nickte der Großvater jedoch im Nu ein wie ehedem.

Nach der Versammlung nahm der Derwisch den Jungen wieder beiseite und fragte: ›Ich dachte, du wolltest den alten Mann für ein Silberstück wach halten?‹

›Stimmt‹, sagte der Junge, ›aber als ich ihm davon erzählte, bot er mir drei Silberstücke, wenn ich's bleiben lasse.‹«

»Und«, so fuhr der Derwisch, der die Geschichte erzählte, fort, »das eine Silberstück ist Ihr Wunsch, aufmerksam zu sein. Die drei sind Ihre natürliche Bequemlichkeit, Ihre Gewohnheiten und Ihre unbemerkte Opposition gegen die Wahrheit.«

Wann ist Lernen nicht Indoktrination?

Indoktrination könnte man als das »Eintrichtern von Verhaltensweisen ohne die rettende Gnade, sie zu verdauen zu dürfen« bezeichnen. Indoktrination ist nicht das, was manche Leute behaupten, nämlich das schnellere Vollbringen von etwas, wozu eine Kultur normalerweise viele Jahre benötigt.

Was macht ein »verdautes« System annehmbarer als ein aufgezwungenes?

Zweierlei Dinge. Erstens: Ein größerer Zeitraum und freiheitliche Bedingungen geben die Möglichkeit, es abzulehnen. Zweitens, wo es einen in Jahren gemessenen Zeitraum gibt – und wo die Möglichkeit für Dissens und Diskussion besteht –, dort gibt es auch Raum für Modifikation.

Menschen zu verleiten, daß sie etwas glauben, und dann, wie es gewöhnlich geschieht, plötzlich zu behaupten, dieser Glaube – denn es ist ein Glaube –, sei heilig oder gar unumgänglich, ist das Kennzeichen von Indoktrination.

Gedanken zu verbreiten und den Menschen Informationen zu geben, mit deren Hilfe sie diese testen (und auch gegen andere Ideen testen) können, bedeutet Freiheit und Erziehung, während beides durch Indoktrinatoren verstümmelt oder abgeschafft wird.

Aus zwei Gründen ist das eben Gesagte gegenwärtig noch weithin unbekannt:

1. Diese Entdeckung wurde – zumindest im »Westen« und in der modernen Welt – erst in jüngerer Zeit gemacht, und es wird noch eine Weile dauern, bis sie überall durchsickert.

2. Weist man auf diese Tatsachen hin, so bringt man diejenigen in peinliche Verlegenheit, die bei einer Analyse ihres eigenen Verhaltens zu der Feststellung gelangen, daß sie selbst die Opfer von Indoktrination sind.

Verbindung zwischen den Traditionen

Welche Verbindung, sofern es überhaupt eine gibt, besteht zwischen den verschiedenen metaphysischen Traditionen?
Es gibt, um Ihren Begriff zu verwenden, viele Verbindungen. Als die wichtigsten wären die folgenden zu nennen:

1. Die Welt ist übersät mit den Überresten echter Traditionen, deren Wirkungsweise jedoch entweder verfälscht wurde oder rein mechanisch geworden ist.

2. Es ist ein Naturgesetz, daß eine Lehre in Übereinstimmung mit dem Ort, der Zeit, den betroffenen Menschen und den Erfordernissen des Lehrprozesses erneuert werden muß.

In welcher Form geschieht diese Erneuerung?
Ganz einfach so: Ein Lehrer, der sich einer bestimmten Funktion widmet, organisiert und präsentiert das zu Lehrende in einer Form, die den genannten Bedingungen angemessen ist.

Bedeutet das, daß traditionelle Lehren, die wir in verschiedenen Ländern repräsentiert finden, heute keinerlei reale Funktion haben, weil sie Relikte aus einer Zeit sind, als sie noch wirkliche ›Arbeit‹ beinhalteten?
Ja, so ist es.
Aber wieviel Realität oder Funktion haben solche Organisationen heute?
Um mit Ihren Worten zu sprechen, beinhalten diese spirituellen, psychologischen und anderen Systeme drei Hauptkomponenten:

1. Die Komponente der Wirklichkeit, die die höchste Wahrheit ist und die durch den Menschen, der sie formuliert hat, mehr oder weniger festgelegt ist.
2. Die Komponente des Verfalls, die das umfaßt, was sich zu dem Zeitpunkt eingeschlichen hat, zu dem das Bemühen um wahrheitsgemäßes Handeln aufgehört hat – möglicherweise mit dem Tod des Formulierers.
3. Die Komponente der äußeren Form, die nach einer gewissen Zeit unbewußt zum Hauptinteresse für die Mitglieder wird.

Wie können die Mitglieder einer solchen Gruppe wissen, wie korrekt und sinnerfüllt ihre ›Arbeit‹ ist?
Dafür gibt es zwei Möglichkeiten. Entweder weiß es ihr Lehrer, wenn noch einer existiert, und in diesem Fall wird er Fehler korrigieren, und sie werden nicht weiter fortgesetzt werden. Oder ihre Arbeit ist völlig mechanisch und zu einer rein *administrativen* geworden. Dazu kommt es, wenn es keine wahre Nachfolge in der Lehre gegeben hat, so daß niemand an der Spitze steht, der genügend weit entwickelt ist, um die Lage diagnostizieren zu können. In diesem Fall ist die Gruppe mehr oder weniger zum Gefangenen des Automatismus der formalen Welt geworden.
Kann ein Lehrer in einer Gruppe auftauchen, die bereits existiert, oder macht er so etwas nicht?
Er kann, er kann aber auch nicht. Er kommt, um ein Gesetz

zu erfüllen. Er kann möglicherweise die Arbeitsgrundlagen einer degenerierten Gruppe wieder wirksam machen.

Warum macht er das?

Aufgrund einer unerbittlichen Notwendigkeit.

Erkennt die Gruppe ihn stets?

Manche im allgemeinen schon. Das wird von den Mitteln abhängen, die sie besitzen, um ihn zu erkennen. Die Aufgabe, die ihm obliegt, ist nicht in erster Linie das Predigen, sondern sich der Erkenntnis der Leute zur Verfügung zu stellen.

Braucht er dazu die Unterstützung solcher Gruppen?

Davon können beide Seiten profitieren, denn so etwas wie ein alleiniges Arbeiten gibt es nicht. Sogar eine degenerierte Gruppe kann halbbewußt eine Menge notwendiger Kraft (d. h. ›Substanz‹) produzieren, die gewissermaßen vergeudet wäre, wenn sie nicht richtig genutzt würde.

Wie läßt sich die dramatische Zunahme von Lehrern erklären, die behaupten, sie seien dazu ›berufen‹, der Menschheit z.B. Spiritualität zu bringen?

Verallgemeinern Sie dies nicht. Eine Form ist das Ergebnis von physikalischen Gesetzen. Eine Gruppe von Menschen kann, wie schon erwähnt, notwendige Kraft, d. h. Substanz erzeugen. Sie wissen nicht, was sie mit ihr anfangen sollen; vielleicht wissen sie nicht einmal, was sie eigentlich bedeutet. Ein einzelner Mensch, der eine andere, ihrer eigenen jedoch ähnliche Entwicklung durchlaufen hat, könnte nun mit dieser Kraft in Kontakt treten – Entfernung spielt hier keine Rolle – und sie sich zunutze machen. Dann haben wir die folgende komische und auch tragische Situation: (a) von einer bestimmten Gruppe wird Kraft erzeugt, die (b) von einem anderem erkannt und benutzt wird; dies wiederum (c) verstärkt aufgrund von Vampirismus die Kraft des »Lehrers«, der dadurch prominent wird; aufgrund der Ähnlichkeit des Betreffenden mit ihrer eigenen fehlerhaften Tradition glaubt (d) die Gruppe der Opfer dann, er sei ihr Lehrer, und sie (e) folgt ihm, da sie nicht erkennt, daß er deshalb so wie sie zu sein scheint, weil er aus ihrer eigenen Nahrung schöpft!

Was Sie als eine Bewegung bezeichnen, ist Teil einer organischen, natürlichen Entwicklung. Aufgrund der Kultur, in der sie heranwächst, nimmt sie eine von Ort zu Ort verschiedene Farbe an. Daher läßt sie sich nicht zusammen mit dieser speziellen *couleur locale* importieren. An dem Ort, wo sie lebt, kann sie sehr wohl einen gewissen Grad an notwendiger Kraft erlangen, aber ob sie sich auch in anderen Gegenden verbreiten kann, hängt von zwei ganz wesentlichen Faktoren ab, nämlich:

1. Daß sie in der neuen Kultur auf natürliche Art anwurzelt und eingebürgert wird.
2. Daß in der neuen Kultur eine Notwendigkeit für ihr Vorhandensein besteht.

Die letztgenannte Bedingung ist nur dann wirksam, wenn es dort einen Lehrer gibt, der in geeigneter Weise dazu bevollmächtigt ist, in dieser Gegend die Botschaft zu formulieren. *Es ist also sinnlos, herumzureisen, um Wissen zu suchen, da man, wie es scheint, warten muß, bis einem eine Lehre angeboten wird?*
Das habe ich damit nicht gemeint. Um mit Ihren Worten zu sprechen, läuft der Prozeß etwa folgendermaßen ab. Bestimmte Menschen könnten ›gerufen‹ werden, Reisen zu machen, um bestimmte Fähigkeiten zu erlangen. Dieser Ruf, von dem Sie zu leichtfertig angenommen haben, er sei ein Akt des persönlichen Willens, ist das Ergebnis ganz natürlicher Bedingungen. Solche Menschen werden angezogen, man könnte beinahe sagen, ›importiert‹, um, wenn dies nötig ist, ein Lehrzentrum zu werden, damit sie für ihre Aufgabe ausgebildet werden. Es gibt verschiedene Varianten solcher Individuen. Sie werden von einem Kulturgebiet genau dann in ein anderes »gerufen«, wenn es notwendig wird, die Lehre auf eine Gegend zu übertragen, die einen ähnlichen kulturellen Hintergrund besitzt. Dann werden sie

das Instrument für die Weitergabe der Lehre an eine neue Kultur.

Wird der Lehrer seinen Schülern diesen Prozeß beschreiben?

Der Lehrer wird seinen Anhängern genau das beschreiben, was sie unbedingt wissen müssen, um eine Entwicklung zu erreichen, bei der es seine Pflicht ist, seinen Beistand zu leisten. Seine Aufgabe ist es nicht, geographische, biographische oder geheimnisvolle Anreize zu bieten, es sei denn, dies dient einem vielfachen Zweck. Vergessen Sie nicht, daß das, was er tut, ebenfalls durch Notwendigkeit begründet wird und zum großen Teil in einem Bereich liegt, der von Uneingeweihten nicht wahrgenommen wird.

Welche Form hat das Lehren?

Es kann viele Formen annehmen. Der erste Schritt ist, eine Stabilisierung des Geisteszustandes zu erreichen, die den Studierenden dazu befähigt, zu lernen. Wir gehen nicht von der ungeprüften Annahme aus, daß der einzelne fähig ist, zu lernen. Vielleicht muß er nämlich zuerst das Lernen lernen.

Da sie die Tradition verherrlichen und wesentliche Dinge nicht verstehen, konzentrieren sich degenerierte Systeme auf das Wiederholen von bestimmten geistigen und/oder körperlichen Techniken, die den einzelnen nur partiell ausgeglichen machen. Das wahre Lehren erstreckt sich dagegen auf ein sehr weites Feld. Es beinhaltet »Unternehmungen« (Aufgaben), die erteilt werden, um bestimmte Funktionen wachzurufen, die benötigt werden, um sie mit bestimmten anderen zu verbinden. Sie können geistige und körperliche Bewegungen, Musik und spezielle Übungen sein.

Gibt es irgendwelche speziellen Faktoren, die wir im Westen nicht verstehen und von denen man sagen könnte, daß sie im wirklichen Lehren eine bedeutende Rolle spielen?

O ja, viele. Hier wäre bereits eine erste: Sie sind gewohnt, anzunehmen, daß man Ihnen etwas lehren kann, sobald Sie die nötigen Fähigkeiten und Voraussetzungen dazu besitzen. Dies kann unter Umständen aber Unsinn sein. Die Menschen versuchen alles mögliche zu lernen, ohne sich der schlichten, kleinen Tatsache bewußt zu sein, daß man bestimmte Dinge nur zu bestimmten Zeiten lernen kann. Diese Zeiten lassen sich nicht an der Uhr ablesen. Sie sind dem Lehrer durch inneres Erkennen bekannt, und wenn er nicht zu diesen Zeiten lehrt, werden alle Bücher oder Übungen der Welt so gut wie keine Wirkung haben.

Mir fällt auf, daß Sie nicht sehr häufig Fachausdrücke verwenden. Woher kommt das?

Weil Sie gewohnt sind, Fachtermini zu verwenden, die mit einer fragmentarischen Tradition assoziiert werden. Wenn ich einen Terminus verwende, den Sie wiedererkennen, dann werden Sie ihn sofort mit Erfahrungen aus der Vergangenheit und mit einer unvollständigen Formulierung assoziieren. Er wird durch Ihren Intellekt manipuliert. Ferner sind die Termini, die in einer bestimmten Phase der Arbeit verwendet werden, nicht unbedingt die, die in einer anderen gelten. Denken Sie immer an folgendes: Wenn Sie Termini verwenden, die 2000 Jahre alt sind, dann kann es sein, daß Sie in einer Rolle zu ›arbeiten‹ versuchen, die auf die Menschen von vor 2000 Jahren zugeschnitten war. Dies ist der Punkt, wo ›Tradition‹ zur Falle wird.

Aber es gibt doch sicher ein System?

Sie wissen nicht, was ein ›System‹ ist. Die Arbeit wird in Wirklichkeit auf einer viel höheren Ebene als der des Intellekts, wie Sie ihn kennen, systematisiert. Jede scheinbare Systematisierung ist lediglich ein Arbeitsrahmen, der zu dem Zweck zusammengezimmert wird, um Ihnen die Lehre ein wenig näherzubringen. Er besitzt aber keine universelle Gültigkeit. Das System ist dem Lehrer und ähnlich fortgeschrittenen Menschen bekannt, und zwar genauso, wie wenn Sie eine bestimmte Sache so gut kennen, daß Sie unweigerlich in Entsprechung mit ihr handeln. Diese Arbeit ist natürlich und organisch und sie ändert sich entsprechend der Bedürfnisse der Menschen, der Arbeit und des Lehrers in ihrer Form, aber nicht in ihrem Inhalt. Was in einer Phase der Arbeit als System dient, ist in einer anderen kein System.

Sie sprachen von Übungen und Musik. Können Sie mir etwas über Musik und Tanz sagen?

Sehr wenig, was Ihnen verständlich sein wird. Was wir als »Tanz« bezeichnen, ist manchmal eine der Entwicklung dienende Übung, manchmal dient es verschiedenen Arten der Kommunikation, manchmal dazu, um etwas zu bündeln und festzuhalten, manchmal hat es einen symbolischen Charakter. Da er auf Prinzipien aufbaut, die man in einem inneren Sinn kennen muß, ist der Tanz eines der lebenswichtigsten Dinge, aber in seiner kulturellen und sogar auch in seiner religiösen Verwendung ist er zu etwas rein Mechanischem verkommen.

Musik hat viele Funktionen, die jedoch alle von der Umgebung, den Teilnehmenden, den verwendeten Instrumenten sowie von dem Stadium, das die Arbeit in einer bestimmten Gemeinde erreicht hat, und von vielen weiteren Dingen abhängen.

Und was ist mit dem Gebet?

Das Gebet hängt in seiner Wirkung davon ab, ob man weiß, wie man beten muß und wozu das Beten dient. Die üblichste Idee, die man mit dem Gebet verbindet, ist eine rein emotionale, und ein solches Beten dient der Konditionierung.

Also sind die heutigen Formen religiösen Glaubens und religiöser Praxis keine echten?

Sie sind Mischformen. Was darin enthalten ist, sind einige versteinerte Überreste von echten Dingen; einige Funktionen für den gemeinen Mann, damit er sich kontinuierlich auf eine bestimmte Art verhalten kann; einige Elemente von falsch Verstandenem, einige eingebaute persönliche Schnörkel bestimmter Einzelpersonen, die versucht haben, dem Ganzen irgendeine Ordnung zu geben, ohne es zu verstehen.

Kann jemand, der keinen umfassenden Überblick über diese Faktoren hat, in Ihrem Sinn etwas lehren?

Sehr wenig. Ihm kann eine Aufgabe zugeteilt werden, aber diese wird er selbst ausführen müssen. Wenn er zu lehren versucht, wird er seine eigenen Entstellungen an andere weitergeben. Es mag sein, daß man ihm erlaubt, versuchsweise zu lehren oder zu organisieren, aber wenn sein eigener Lehrer nicht zur Hand ist, um dort, wo er zu weit gegangen ist, die Dinge wieder zu korrigieren, wird er mehr Schaden anrichten als Gutes tun.

Welchen Stellenwert hat eine auf Wiederholung aufgebaute Organisation, die in dem Glauben oder in der Hoffnung weitermacht, daß sie schon irgendwas erreichen wird?

Das wird von der betreffenden Organisation abhängen. Allgemein könnte man sagen, daß eine solche Institution lediglich eine sich selbst-verewigende und keine Lehrinstitution ist. Je mehr sie versucht zu lehren, desto mehr werden ihre Defekte weitervermittelt. Ein Blinder kann keine Blinden führen. Im allgemeinen versumpfen solche Organisationen in Selbstsucht und verlieren die Bescheidenheit. So würden z.B. nur wenige christliche Führer in der heutigen Zeit Jesus akzeptieren, wenn sie ihm begegneten. Anstatt wirklich etwas zu wissen, leben sie von ihrer Selbstverliebtheit, und diese entwickelt sich zu dem, was wir als das »Beherrschende Selbst« bezeichnen. Und dies ist etwas sehr Schreckliches, denn es steht ihrer tatsächlich möglichen Bestimmung diametral entgegen.

Unterziehen Sie die Leute, die sich für das, was Sie tun, interessieren, einer Prüfung?

Das tun wir in der Tat. Zumeist wissen sie nicht, daß sie einer Prüfung unterzogen werden. Sie erwarten irgendeinen ganz unverblümten, offensichtlichen Test, den sie über sich ergehen lassen wollen. Sie haben kaum eine Ahnung von der Raffiniertheit der Mittel, über die wir verfügen.

Was tun Sie im Fall von Leuten, die zwar eine Menge Eigendünkel, aber nicht genug Bewußtsein besitzen?

Wir befassen uns mit nicht ganz so theoretischen Fällen, wie es in dieser Frage der Fall ist. Aber man könnte sagen, daß wir ihnen auf eine Art, die sie verstandesmäßig nicht erfassen, eine Botschaft oder einen Funken von Wahrheit

zukommen lassen, damit ihre innere Wirklichkeit, ihr *dhat* (wesentlicher Faktor) unsere Signale empfangen kann. Dies funktioniert so, daß es sie, wenn der »Spiegel nicht zu rostig« ist, wirklich etwas von der Gefahr spüren läßt, in der sie sich befinden, so daß ihr Bewußtsein wachgerüttelt wird. *Führt das manchmal nicht zu einem paradoxen Verhalten seitens des Lehrers?*
Sicher. Nichts ist so enthüllend, wie jemandem zu begegnen, der glaubt, er besäße einen bestimmten Grad an Wahrnehmungsfähigkeit, und trotzdem nicht die »Signale« empfangen kann, wenn sie auf einer non-verbalen und nicht-intellektuellen Ebene übermittelt werden.

»Barbaren«

Die ungeprüften Annahmen der höflichen Gesellschaft, die wir uns errichtet haben, verhindern in verschiedenen uns vertrauten menschlichen Gemeinschaften aufs wirksamste die Entwicklung von wirklichem Verstehen, und zwar zumeist deshalb, weil die kulturellen Systeme, die die Menschen errichtet haben, im allgemeinen Flickwerk und unvollständig sind; Flickwerk, weil sie nicht umfassend sind, unvollständig, weil sie nicht in die Tiefe reichen.

Hier ein Beispiel dafür:

Sie betrachten irgendeinen Gegenstand und bewerten ihn mit Hilfe der Assoziationen, die er auslöst. Vielleicht gefällt er Ihnen, vielleicht auch nicht. Die Gründe, weshalb er Ihnen gefällt, sind selten auch nur im mindesten vernünftig. Jemandem könnte ganz legitim eine Blume gefallen. Ihm gefällt ihre Farbe, ihre Gestalt, ihr Gesamteindruck, ihr Duft und so fort. Aber eine Konzeption hinsichtlich einer tieferen Bedeutung der Blume hat er nicht. Damit meine ich nicht jenes verschwommene Gefühl, »daß das Ganze im Grunde irgendwas zu bedeuten hat«. Eine solche Idee ist viel zu unpräzise und primitiv. Die Blume hat eine Bedeutung und einen Wert von der Art, die ich als die tiefere Bedeutung bezeichne. Der Begriff *Bedeutung* bezeichnet hier die wirkliche Beziehung zwischen der Blume, dem einzelnen und der Gruppe sowie ihre wirkliche Funktion im Verhältnis zur Gesamtheit des Lebens. Manche Philosophen und Dichter reden und *reflektieren* über solche Dinge. Fast niemand nimmt aber an ihrem Sein teil.

Von dieser Art zu denken, d. h. von dem aus betrachtet, was wir die Wahrnehmung dessen nennen, was, sagen wir, eine Blume wirklich bedeutet, sind diejenigen, die sich von der Ästhetik der Blume vereinnahmen lassen, »Barbaren«, die sich auf Sinneseindrücke beschränken sowie darauf, sie geistig zu verarbeiten.

Hier eine Analogie dazu. Sie erhalten den Wert, den wirklichen Wert eines Geschenks, das Sie von einem guten Menschen bekommen, wenn Sie es mit dem richtigen Geist empfangen. Der habgierige Mensch sieht nur den Wert des Geschenks in Form von Bargeld, Ware, Status, Emotion und dergleichen mehr. Es gibt aber noch eine Form von menschlicher Kultiviertheit, die weit höher ist als die, die der gewöhnliche ästhetisch, künstlerisch oder gesellschaftlich bewußte und wohlerzogene Mensch sich vorstellt. Und diese Kultiviertheit bietet einen ganz präzisen und nicht verschwommenen Raum für eine weitere Entwicklung.

Der kultivierte Barbar

Vielen Leuten fällt es schwer zu glauben, daß, obwohl sie in einem bestimmten Sinn vielleicht kultiviert sein mögen, dies nur eine Kultiviertheit bestimmter Zweige ihres Denkens oder sogar nur kleiner Teile ihrer Beobachtungsgabe ist. Auch ein kultivierter Mensch könnte in vieler Hinsicht ein Barbar sein, sei es auch nur, weil seine Aufmerksamkeit nicht auf die Dinge gerichtet wurde, die das Leben sonst noch enthält, da er und die, die vor ihm kamen, sich nicht die

Mühe gemacht hatten, sie zu betrachten oder ihnen irgendeinen Wert beizumessen.

Die alte Wissenschaft hat Jahrtausende hindurch Diagramme und Symbole zum Zweck tatsächlicher Entwicklung und Evolution verwendet. Der oberflächliche Mensch – unser moderner Barbar – sieht in bestimmten Überresten aus der Vergangenheit lediglich hübsche Zeichen oder künstlerische Formen. Er denkt vielleicht, sie seien von natürlichen Formen abgeleitet, weil sie das sind, woran sie ihn denken lassen. Bestenfalls sieht er sie so, als wären ihre Funktionen nur die Wirkungen gewesen, die sie auf ihn ausüben oder auf das Denken (wie er es sich denkt) der frühen oder vor ihm dagewesenen Menschen ausgeübt hatten.

Was er in der Hand hält, ist ein Spiegel seiner selbst, und er denkt, das Bild, das er sieht, sei die wirkliche Bedeutung des Symbols oder die Bedeutung, die andere in dieses Symbol hineingelegt haben.

Genau das tut der westliche Gelehrte und er hat vielen östlichen Gelehrten gelehrt, dasselbe zu tun. Dies ist aber Bildung der »barbarischen« Art. Noch schlimmer: der Gelehrte dieses Typs forscht rastlos nach Beweisen, um seine eigene Deutung dieser Phänomene zu stützen. Er mag diese angeblichen Beweise vielleicht an Ort und Stelle finden wollen. Er bereist Länder von alter Kultur und beobachtet die Anhänger einer degenerierten Form einer verfälschten Tradition; wirklicher – wenn auch für ihn nicht einleuchtender – »Barbarismus«, der das gefundene Material auf diese grobe Art zu Repräsentationszwecken, als Vorstellungsstütze sowie als intellektuellen oder emotionalen Stimulus benutzt. Infolgedessen gelangt er zu dem Schluß, daß dies der ursprüngliche Gebrauch oder Zweck der betreffenden Materialien gewesen sei. Warum ist dies aber so unerwünscht?

Das ist deshalb so, weil der Verstand, wenn die Basis der Aufmerksamkeit auf eine falsche Auffassung fixiert ist,

nicht von der inneren Kraft profitieren kann für die Weiter-
entwicklung dessen, wovon diese Auffassung nur ein Zerrbild ist.

Analogie: Wenn jemand glaubt, die Erde sei eine Scheibe,
kann er die Erdkugel nicht auf eine geplante Art umsegeln.
Er kann von der Tatsache der Kugelgestalt nicht absichtlich
oder bewußt profitieren und bleibt im Endergebnis auf
einem niedrigen Niveau an Erreichtem stehen.

Wie man menschliche Entwicklung messen kann

*Können Sie mir irgendwelche Informationen darüber ge-
ben, wie man Ihren Entwicklungen eine statistische Grundlage geben kann? Es wird viel geforscht in dem Versuch, die
Möglichkeiten supra-normaler Kommunikation oder Erkenntnis aufzuzeigen. All diese Tests werden stets einer
statistischen Analyse unterzogen.*

Solche Bemühungen, wie Sie sie erwähnen, werden nicht zu
dem Erfolg führen, daß man irgend etwas wirklich Bedeutendes entdeckt, denn das, womit wir uns beschäftigen, hat
ein serielles System und eine Periodizität, die von anderer
Art sind als die von Ihnen erwähnten Statistiken. Nützlich
ist es dagegen, wenn man sich einmal betrachtet, wie naiv die
Annahme ist, daß alles einem bestimmten Zeitschema und
Gesetzen der Messung gehorchen muß, um signifikant zu
sein. Mit Statistiken können Sie nur das Auftreten von
solchen Dingen messen, die sich innerhalb der begrenzten
Reichweite von Statistiken bewegen, wie Sie sie kennen –
und diese umfassen selbst in diesem Bereich, dem Bereich
der Ereignisse, nur einen geringen Teil der Möglichkeiten
einer Berechnung. Beachten Sie sorgfältig die Tatsache, daß
ein Objekt, das einem Reiz »gehorcht«, den Sie in einem
gewissen Rhythmus darauf richten, nicht von sich aus absichtlich reagiert. Der Rhythmus, den es ausgelöst hat, ge-

horcht nicht Ihren Reizen – und er tritt in Ihrer Arena auch nicht in Form von Symptomen in Erscheinung, die Sie mit Hilfe Ihrer Statistiken messen können. Und es stellt sich die Frage, ob Sie sich überhaupt eine solche parallele Periodiziät außerhalb Ihres eigenen Bezugssystems vorstellen können.

Die Möglichkeit kann ich mir gerade noch vorstellen, aber der Gedanke an sich ist mir vollkommen neu. Können Sie ihn etwas näher ausführen?

Soweit wir ihn auf diesem Niveau überhaupt diskutieren können, kann ich Ihre Aufmerksamkeit zumindest auf die Tatsache lenken, daß Ihre Statistiken auf einem sehr beschränkten Muster aufgebaut sind. Daher würden wir es als ein primitives bezeichnen. Sie wurden dazu erzogen, nur solche Dinge zu beachten, die sich nach einer bestimmten Art von Regelmäßigkeit oder Unregelmäßigkeit bewegen. Sie verfeinern diesen Blick soweit, wie Sie können, und gelangen dann zu der *Annahme*, daß nichts Realität besitzt, wenn es sich nicht innerhalb dieser engen Grenzen erfassen läßt. Sehen Sie nun, was ich meine?

Ja, das sehe ich. Aber bei alledem, was wir mit den uns so wohlvertrauten Statistiken verbinden, muß es doch ungeheuer schwer sein, in ein anderes System hineinzukommen.

Genau das ist der Punkt: Worauf es ankommt, ist, in das System *hineinzukommen*, und nicht, theoretisch darüber zu reden. Und hineinfinden kann man nur durch Erfahrung und Teilnahme an der Sache, aber nicht, indem man an ihr herumrätselt.

Die Gesetze und der Lehrer

Bemerkung gegenüber einem, der meinte, ein System sollte systematisch angewandt werden, da es sonst kein System sei:

Wenn überhaupt ein System angewendet werden muß, dann sollte es vermutlich systematisch angewandt werden, obwohl das nicht unbedingt aus der Tatsache folgt, daß es ein System ist.

Es mag ja ganz gut sein, Prinzipien der Entwicklung herzunehmen und sie hemmungslos anzuwenden. Wenn Sie dies in einer doktrinären Art und Weise tun, werden Sie als Ergebnis lediglich einen Automaten erhalten. Nehmen Sie das Phänomen des Mechanischen. Die Aufmerksamkeit darauf zu lenken, ist eine Sache. Zu wissen, welche Teile davon wirklich rein mechanisch und welche notwendig, nämlich in korrekter Weise verdaute Faktoren der Entwicklung sind, ist eine andere Frage. Und dieses Wissen entsteht aus einer umfassenden Wahrnehmung und nicht aus dem reinen Anwenden eines Dogmas.

Wie Sie sehen werden, haben wir uns mit zwei Punkten befaßt, die beide ungeheuer wichtig sind, aus denen in der Praxis aber nur selten Nutzen gezogen wird. Der erste ist:

Das starre Anwenden eines unflexiblen Prinzips, das als ein unbeugsames Gesetz betrachtet wird, liefert ein entsprechendes Bild: einen Glauben in der Strenge dieses Prinzips.

Der zweite ist:

Sogar Prinzipien können in Wirklichkeit nicht von einem angewandt werden, der nicht in korrekter Weise als Lehrer ausgewählt, abgestimmt und tätig ist. Prinzipien zu studieren, ist eine Sache; den Versuch zu machen, sie anzuwenden, ist eine andere Sache.

Über alledem muß jene Unterscheidung der Situation, des betreffenden Menschen und der Notwendigkeiten walten, die einem die vielen Dimensionen eines Prinzips wie »Der Mensch ist eine Maschine« zu Bewußtsein bringt.

Lesen Sie einmal nach, was von Menschen geschrieben wurde, die nur versucht haben, Prinzipien dieser Art zu erforschen. Dann werden Sie nämlich sehen, daß diese Leute dem Irrtum verfallen sind, daß sie zu lehren versuchten, während sie glaubten, sie würden forschen. Selbst in diesem engen Bereich ist ihre Unterscheidung, um bei unserem Wort zu bleiben, »barbarisch«.

Aus diesen Gründen dürfen wir Systematisierungen nur nach den Regeln der Flexibilität vornehmen, denn sonst sind sie das genaue Gegenteil dessen, woran wir arbeiten, nämlich an der Evolution, die teils durch Umwelt und Einfluß von außen, teils durch individuelle Entscheidung, teils durch Faktoren bestimmt wird, die ihre Vielfalt und feinen Unterschiede zu schützen versuchen.

»Upper Class«

Eine Dame schreibt, sie sei ein gläubiger Mensch und beim Lesen unserer Bücher habe sie den Eindruck, sie wären ziemlich stark im Ton der »upper class« oder Oberschicht gehalten.

Da sieht man wieder einmal, wie sehr die Meinungen doch auseinandergehen können. Oft wird uns nämlich vorgeworfen, wir wären ziemlich »low class« oder proletenhaft in unseren Haltungen.

Für mich persönlich würde ich sagen, daß dies der Wahrheit irgendwie näherkommt. Ich frage mich nämlich, ob es von der obersten Sprosse der gesellschaftlichen Leiter aus betrachtet, wirklich sehr »upper class«-mäßig wirkt, wenn man durch die Gegend läuft und den Leuten sagt, sie würden die Dinge falsch anpacken und sollten sich ändern!

Traditionsgemäß ist es bei Mitgliedern der »upper class« nicht üblich, Kritik zu üben und Änderungen zu empfehlen. Sie geben lediglich Befehle – und zwar solche, die wesentlich konkreter sind als die Versuche, Veränderungen oder Reformen herbeizuführen.

Dieses Bemühen, die Menschen zu verändern, würde ich eher als eine Betätigung der »lower middle-class« oder unteren Mittelschicht bezeichnen, wenn wir ihr schon ein Etikett aufkleben müssen. Daneben ist es auch eine übliche Beschäftigung von proletarischen Aktivisten.

Je »upper« Sie sind, desto weniger *tun* Sie und desto mehr *sind* Sie oder als desto mehr fühlen Sie sich.

Der König in den Märchen holt sich Rat bei Bauern oder sogar bei Bettlern und oft bei Weisen. Holen sich aber Weise oder gar Bettler jemals Rat bei Königen?

»Upper class«-Leute oder solche, die sich dafür halten, beschränken sich darauf, Könige und ähnliche Personen, die die wirkliche »upper class« bilden, zu imitieren.

Dies ist das traditionelle Bild, und im Grunde hat sich seither nicht viel daran geändert. Es gibt immer noch eine »upper class« in allen Ländern. Je höher Sie steigen, desto weniger Interesse (im Unterschied zum Lippenbekenntnis) werden Sie für das Lernen finden.

Natürlich gibt es auch in der »lower class« jede Menge Ignoranten. Und ich bilde mir ein, diese sind es, die sich von der wortreichen und nur angeblichen »upper class« (ich meine die Schriftsteller, Lehrer, Wissenschaftler, Künstler und ähnliche Kommunikatoren in Wort, Schrift und Bild) zu dem irrigen Glauben verleiten lassen, dieses bunte Häuflein bilde die »upper class«.

Aber warum sich darüber den Kopf zerbrechen? Man erinnere sich nur an das Sprichwort: »Die Höchsten auf Erden erreichen kaum je auch nur die Niedersten im Himmel.« Immerhin schreibt unsere Korrespondentin, sie sei »gläubig«, also wird sie in diesem Zitat wahrscheinlich ihren Trost finden.

Rechtfertigung

Wie können Sie es rechtfertigen, Leute gegen ihren Willen zu beeinflussen? Kann aus Täuschung je etwas Gutes erwachsen?

Von Beeinflussung von Leuten gegen ihren Willen ist mir

nichts bekannt, und Sie müssen schon sehr sicher sein, daß Sie wissen, was Sie unter Täuschung verstehen.

Nehmen wir zuerst den zweiten Punkt: Sie könnten von Täuschung sprechen, wenn man etwas ohne Wissen des anderen tut. Was ist aber mit insgeheimer Nächstenliebe? Was ist, wenn man einem hilft und dabei so tut, als würde man nicht helfen? Ihre Auffassung von Täuschung ist wahrscheinlich fehlerhaft; solche Schlagworte werden allzu leichtfertig benutzt, ohne über sie nachzudenken.

Nun zum Beeinflussen von Leuten gegen ihren Willen. Hören Sie dazu eine Geschichte:

Der Mann, der keine Medikamente wollte

Es war einmal ein Mann, der zu einem Arzt ging und sagte: »Ich weiß, daß Medikamente meiner Krankheit nicht helfen werden, und dies aufgrund meiner Erfahrung mit Ärzten wie auch aufgrund meiner eigenen Ansichten. Ich möchte, daß Sie mich gesund machen, wenn Sie so weise sind, wie die Leute behaupten, aber ohne Verwendung von Medikamenten.«

Da gab ihm der Arzt einen Stock und sagte: »Nehmen Sie diesen Stock und benutzen Sie ihn zwanzig Tage lang täglich bei einem Spaziergang von drei Meilen; kommen Sie danach wieder zu mir.«

Als der Mann wiederkam, war er gesund. Der Arzt sagte: »Sie haben nicht an Behandlung durch Medikamente geglaubt; also habe ich den Griff des Spazierstocks mit einem pulverförmigen Medikament eingerieben. Sobald Ihre Hand schwitzte, wirkte das Pulver auf Ihr Gewebe.«

Nun zum dem, was das Handeln gegen den Willen von jemandem betrifft: Was war denn *tatsächlich* der Wunsch des Patienten? Ich rate Ihnen, die Verwirrung des Denkens zu vermeiden, zu der es kommt, wenn man sich auf Ansichten aus zweiter Hand einläßt, und ich empfehle Ihnen, sich statt dessen selbst ein paar Gedanken zu machen.

Die Maschine

Neulich unterhielt ich mich mit einem herausragenden Wissenschaftler, der auch ein Erfinder ist. Er erklärte mir ein neues Arbeitseinspargerät.

»Ja, wirklich fabelhaft«, sagte ich, »aber diese Maschine muß gewartet werden. Könnten Sie sie nicht so automatisieren, daß die Hausfrau nicht jedesmal, wenn der Warnton erklingt, die verschiedensten Handgriffe auszuführen braucht? Das wird ihr doch sicher Zeit einsparen.«

Darauf entgegnete er: »Diese Maschine ist ein ›Zwitter‹ zwischen Technologie und Psychologie. Wir haben nämlich mit Hilfe von Tests herausgefunden, daß der Mensch eine Maschine schätzen und kaufen wird, wenn er glaubt, daß sie ohne ihn überhaupt nicht arbeiten *kann*.«

Dieses ängstlich besorgte Geschöpf ist der Herr der Schöpfung: der Mensch des zwanzigsten Jahrhunderts – der wirkliche und nicht der mythische, der er behauptet zu sein.

Übersetzungen

Sie haben einmal gesagt, Sie hätten mehrere meiner Bücher in Übersetzung gelesen und die Übersetzung sei nicht gut.

Seit mein erstes Buch übersetzt wurde, und zwar vor etwa dreißig Jahren, haben die Leute das ständig gesagt.

Ja, sie haben es gesagt, haben darüber geschrieben und haben mich sogar auf der Straße angehalten, um mich darauf aufmerksam zu machen.

Sie sind nie zufrieden: Das ist ihr Hauptmerkmal.

Woher ich das weiß und eher zu dieser Ansicht neige anstatt zu der Ansicht, daß solche Leute hilfreich sind und mit den besten Absichten handeln?

Aus zwei Gründen: erstens aus Erfahrung, zweitens aufgrund von Experimenten.

Die Erfahrung sagt mir, wann der Betreffende in guter

oder böser Absicht handelt. Das Experiment kann zu den amüsantesten Ergebnissen führen.

Wenn ich z.B. den, der sich beklagt hatte, losschickte, um den Übersetzer zur Rede zu stellen, dann kam es zwischen den beiden beinahe zur Schlägerei. Oft will keiner von beiden nachgeben, mit dem Ergebnis, daß keiner weiß, *welche* nun die richtige Übersetzung ist. Manchmal wiederum will der Neuling den Übersetzer davon überzeugen, daß er sich geirrt hat: Aber wenn er dies tut, ist er nicht immer derjenige, der recht hat. Ich habe Fälle gesehen, wo eine korrekte Übersetzung von einem Wichtigtuer angefochten wurde und dieser den Übersetzer dazu brachte, sie zurückzuziehen – und ich fand, daß es keine Veranlassung dazu gab, außer daß der Kritiker ein stärkeres Ego besaß und den Übersetzer eingeschüchtert hatte!

Aus solchen und anderen Gründen gehe ich diesem Thema seit Jahren aus dem Weg.

6. TEIL

Fragen

Ich habe eine ganze Menge von Ihren Antworten auf Fragen gelesen; aber ich muß sagen, daß ich darunter nicht die Art von Fragen finde, die ich stellen würde. Woher kommt es, daß Ihnen keine intelligenteren Fragen gestellt werden?

Das ist eine der wichtigsten Fragen, die einem gestellt werden können, und ich habe über dieses Problem einige Untersuchungen angestellt. Tatsache ist, daß ständig Leute aufstehen oder schreiben und sagen, sie fänden *unsere* Fragen nicht gut und sie könnten diese besser formulieren oder wenigstens andere Fragen stellen.

Das Interessante daran ist, daß ich immer, wenn dies geschah, ohne Unterschied dieselbe Antwort gegeben habe, die ich auch jetzt gebe:

> »Wenn Sie repräsentativere, profundere oder interessantere Fragen stellen möchten, dann steht es Ihnen frei, dies zu tun, und ich werde sie beantworten.«

Von solchen Fragestellern wurden mir überhaupt nie irgendwelche Fragen gestellt, die (a) andere Anwesende per Abstimmung für interessanter oder profunder befunden hätten, (b) nicht schon von den gestellten und bereits beantworteten Fragen abgedeckt gewesen wären und (c) nicht beantwortet worden wären, weil sie in leicht abgewandelter Form schon einmal aufgetaucht waren.

Daher muß die Anwort auf die eine der beiden folgenden Arten lauten:

1. Sie haben eine unverläßliche Auffassung, was die Intelligenz der Fragen betrifft – oder

2. Wenn man die Leute auffordert, Fragen zu stellen, sind sie so eitel, daß sie Angst haben, ihre Fragen könnten für trivial gehalten werden, und sich einer solchen Bewertung nicht aussetzen möchten.

Entweder haben Sie also unrecht oder Sie sind eitel. Wenn Sie unrecht haben, dann ist nichts Unrechtes an Ihren Fragen, und Ihre Frage braucht nicht beantwortet zu werden. Wenn Sie eitel sind, dann gibt es nichts, was *ich* daran ändern kann. Wenn Eitelkeit der Intelligenz im Weg steht, so ist das letztlich nur etwas, worauf die Sufis bereits seit geraumer Zeit hingewiesen haben.

Jeder, der die Verantwortung auf sich nimmt, eine Frage zu stellen, wird immer auf Beachtung stoßen. Wenn sie aber in irgendeiner Form von bereits gegebenen Antworten abgedeckt ist, dann wird sie vielleicht nicht noch ein zweites Mal beantwortet werden. Wenn derjenige, der die Frage stellt, den Wunsch hat, eine intelligente anzubieten, dann kann ich nur sagen, daß ich darüber hoch erfreut wäre.

Unaufmerksamkeit

Ein Besucher verschaffte sich einmal, so wird erzählt, unter einem bestimmten Vorwand Zutritt in das Haus eines Derwischs. Nachdem er sich unter die Versammlung gemischt hatte, fragte er:

»Warum verbringt Ihr Eure Zeit mit diesem unwürdigen Pack?« Es ärgerte ihn nämlich, daß er mit keinerlei Zeichen eines Gunsterweises begrüßt worden war.

Da stürzte der Derwisch sofort auf ihn zu, küßte ihm die Hand – und warf ihn aus dem Haus.

Danach wechselte der Derwisch häufig den Kreis seiner Schüler. Als man ihn nach dem Grund für sein sonderbares Verhalten jenem überheblichen Kerl gegenüber fragte, sagte er:

»Ich änderte mein Verhalten, denn der Vorwurf war berechtigt. In Anerkennung dessen küßte ich dem Mann die Hand. Aber obwohl die Kritik richtig war, war der *Mann* der falsche – und so machte ich den Anfang damit, daß ich ihn aus dem Kreis der Weisen entfernte.«

Zyklisch

Werden Sie nicht durch eine Unmenge von Unterbrechungen in Ihrer Arbeit gestört; Anrufe, nutzlose Briefe, Spinner, Leute, die Interviews machen wollen, Leute, die Auskunft haben möchten, die sie sehr gut auch woanders her bekommen können, und so fort?
Ja.
Was machen Sie mit ihnen? Wenn Sie nicht auf Briefe reagieren, werden sich die Leute empören; wenn Sie Zeit für Anrufer verwenden, könnte wichtige Arbeit unterbrochen werden; wenn Sie den Leuten sagen, was sie wirklich sind, werden sie das sicher nicht akzeptieren, sofern sie noch nichts gelernt haben.
Nun, ich gebe zu, daß ich immer sage, was ich hiermit auch Ihnen sage – nämlich daß alle, für die sich die Öffentlichkeit interessiert oder die viel zu tun haben, einem Druck dieser Art ausgesetzt sind.
Gut, aber sie haben dann entweder ein Magengeschwür oder ganze Scharen von Sekretären oder irgendein System, um den Ansturm auszufiltern...
Das wichtigste, was Sie erkennen müssen, nachdem Sie zur Kenntnis genommen haben, daß auch viele andere Leute dieses Problem haben, ist, daß es zyklisch auftritt. Wenn Sie mit vielen Briefen, Anrufern, Krisen etc. konfrontiert werden, stellen Sie fest, daß sie offenbar in bestimmten Zyklen daherkommen und daß es von Vorteil ist, wenn man mit ihnen so umgeht, als ob dies tatsächlich der Fall wäre. Offenbar haben z.B. Leute, die sich empören, die Neigung, sich so zu verhalten, als ob sie sich schubweise, ja, grup-

penweise in einem bestimmten Rhythmus empören. Das bedeutet, daß Sie Ihr Verhalten im voraus planen und die besten Ergebnisse erzielen können, wenn Sie diese Zyklen berücksichtigen. Dasselbe gilt für Besucher: Es gibt Zeiten, wo Sie aufgrund Ihrer Erfahrung sagen können: »Jetzt kommen sie!« und prompt werden Sie eine oder zwei Wochen lang von Besuchern überflutet. Danach ebbt der Strom wieder ab. Oder nehmen Sie Begeisterung und Unterstützung. Auch hier dasselbe Spiel.

Einer der weiteren großen Vorteile, die das Erkennen eines solchen Zyklus mit sich bringt, ist der, daß Sie dann nicht das Gefühl zu haben brauchen, Sie trieben auf der Schaumkrone einer Woge, säßen in einer Falle oder befänden sich in einer ähnlich mißlichen Lage. Sie bewegen sich lediglich in einem Zyklus. Und da dieser nicht Ihr ganz spezieller Zyklus ist, sondern hauptsächlich der von anderen Leuten oder von Situationen, die sie geschaffen haben, können Sie von ihm nicht in dem Maße in Mitleidenschaft gezogen werden, daß Sie sich selbst schädigen – durch Magengeschwüre oder andere Dinge – oder durch eine mit diesen Zyklen zusammenhängende Selbst-Beobachtung oder Selbst-Befangenheit in Ihrer Arbeit ineffizient werden. *Aber wie können Sie ›sicher‹ sein, daß das wirklich so ist?* Kühn wäre der Mann, der aus einer Sache, die über lange Jahre hinweg gewirkt, fortlaufend zu guten Ergebnissen geführt, das Arbeiten ermöglicht und niemandem geschadet hat, nicht seinen Nutzen zieht.

Warum Fragen gestellt werden

Warum stellen die Leute Fragen?
Ein wichtiger Grund ist der: sie brauchen Erfahrung. Antworten sind nichts, Erfahrung ist alles. Aber die Antwort sagt Ihnen das Wie und Was, um Erfahrung erlangen zu können. Daher legen Lehrer soviel Wert auf Bescheiden-

heit. Aber es muß eine konstruktive Bescheidenheit sein und nicht die künstliche, »verschleiernde« (intellektualisierende) Art, die nur eine hypothetische oder pathetische ist.

Aber Sie haben einmal gesagt, daß allein die Tatsache, daß jemand eine bestimmte Frage stellt, häufig zeigt, daß er unfähig ist, die Antwort zu verstehen.

Genau. Unfähig, seine Frage in seinem eigenen Inneren zu beantworten, weshalb er sie nach außen trägt. Und auch unfähig, die Antwort allein dadurch zu verstehen, daß er über die Worte nachdenkt, die er zurückbekommt. Die Antwort muß als ein Startblock benutzt werden, um ihn dabei zu unterstützen, daß er lernt, die Antwort zu *erleben* oder zu *erfahren*. Eine Frage wird gestellt, weil die Antwort schwierig ist. Sie muß verdaut und verarbeitet werden. Oder wie Mulla Nasrudin sagt: »Die Leute fragen nicht, ob es technisch möglich ist, Wasser zu trinken.« Und zwar deshalb nicht, weil ihnen die Erfahrung des Wassertrinkens so sehr in Fleisch und Blut übergegangen ist, daß sie Wasser trinken, ohne daß dazu zuerst das mindeste Problem gelöst werden müßte.

Wie viele Fragen können höchstens gestellt werden – weil ich nämlich so viele habe?

Auf diese Frage können Sie zwei Antworten erhalten, die vorläufig genügen.

Die erste ist, daß viele der Fragen, die mir gestellt werden, ein und dieselbe Frage in verschiedenen Formen sind. Manche Leute stellen nie mehr als nur diese eine Frage, obwohl sie in ihrem Mund viele verschiedene Formen annimmt.

Die zweite Bemerkung ist, daß das Fragen und das Antworten auf Fragen unter anderem dem Gesetz der Sättigung gehorcht. Wenn Sie zu viele Antworten bekommen, werden Sie sie nicht aufnehmen können. Nicht aufnehmen können bedeutet, Sie werden nicht über die Frage arbeiten, werden sich die Antwort nicht »zu eigen« machen und nicht durch aktives Erfahren der Antwort eine stetige Zunahme an Erkenntnis erreichen können.

Denken Sie über Fragen und Antworten eingehend nach, denn es führt keine Abkürzung zu dem *Prozeß*, dessen Bestandteil sie sind. Wenn Sie die Frage und die Antwort nicht verdauen, werden Sie sie in anderer Form erneut stellen, und das Ganze geht so lange so weiter, »bis der Groschen fällt«.

Außerdem werden viele Fragen nur gestellt, um Aufmerksamkeit zu gewinnen.

Warum die Leute Fragen stellen

Warum können manche Fragen nicht beantwortet werden? Weil die Tatsache, daß jemand eine Frage stellen kann, noch nicht bedeutet, daß er die Antwort verstehen kann. Die Frage könnte falsch gestellt sein. So kann z.B. ein Kind die Frage stellen: »Warum ist Käse Käse?« Oder der Fragende kann die Antwort überhaupt nicht verstehen: »Erklären Sie mir alles über Kernphysik.« Die Annahme, daß ein Mechanismus, der in der Lage ist, eine Frage zu formulieren, auch in der Lage ist, sowohl diese als auch die Antwort zu verstehen, und daß es in einer bestimmten Form eine Antwort gibt, ist eine der albernsten Annahmen überhaupt.

Fragen unterscheiden sich, was ihre Beantwortbarkeit betrifft, nicht durch den Grad ihrer Wichtigkeit voneinander. Sie unterscheiden sich durch Scharfsinn, Nuance und anderes. Diese Tatsache ist dem Wissenschaftler und pedantischen Formalisten deshalb so sehr ein Dorn im Auge, weil sie zur Folge hat, daß er sich dazu rüsten muß, sich in anderen Dimensionen zu bewegen, wenn er der Sicherheit von ungestützten Annahmen, seiner »psychologischen Nische oder Festung«, den Vorzug gibt. Wie der Bösewicht in der Nasrudin-Geschichte übt er sich und alle anderen darin, sich in groben Annahmen zu ergehen und in Versuchen, um sich herum eine Welt zu schaffen. Kein Wunder, daß da überall ungelöste Faktoren zum Vorschein kommen und die

Leute plagen. Ich sage »plagen«, denn unliebsame Faktoren werden im allgemeinen als »Abweichungen«, »Irrwege«, »Abnormitäten« oder ähnliches abgestempelt. Irgend etwas paßt nicht in Ihren wunderschönen Plan. Daher ist es Ihnen ein Dorn im Auge. Daher die Behauptung, dieses oder jenes sei »wider die Vernunft«, »unwissenschaftlich« und so fort. Die Theologie hat versucht, aus diesem Phänomen Kapital zu schlagen, indem sie alles, was aus dem Bündel des Faßbaren und Erfaßten herausragt, mit dem Etikett »Mysterium« versah. Und daher hockt der Theologe auf einem ganzen Stapel davon und leitet daraus seine Autorität ab.

Dies erinnert an den Mann, der in einer primitiven Gesellschaft das Feuer einführt. Er ist ein göttliches Wesen, da er der einzige Mensch ist, der Feuer zu machen versteht. Der Theologe und Kleriker übt einen weniger nützlichen Dienst aus – denn er hat nicht einmal Feuer zu bieten. Normalerweise wartet er mit Trost und Stärkung auf, und zur Abwechslung auch mit Drohungen. Er gleicht dem Medizinmann, der zuerst sagt: »Seht euch dieses Feuer an! Ihr könnt es nicht begreifen. Ihr werdet euch an ihm verbrennen!« und der danach sagt: »Seht euch dieses Feuer an! Es erzeugt Wärme und kocht das Essen.« Ist das Feuer jedoch ein Erdöllager, das in Flammen steht, so hat der Priester nur noch wenig zu vermelden außer der Geistesgegenwart, zu rufen: »Schnell, schnell, nichts wie weg: Das hier ist die größte Flamme der Welt!«

Um auf das Thema Fragen zurückzukommen: Die Leute stellen Fragen über das Feuer, die (1) auf ihren Hypothesen darüber und (2) auf dem basieren, was der Priester ihnen darüber erzählt. Eine davon, so fühlen sie, muß die korrekte Frage sein. Was sie fragen, klingt dann etwa so: »Warum ist der große Gott der Flamme zornig auf mich?« oder »Wann wird die große Flamme die Erde verschlingen?« oder gar: »Wie kann ich dieser Flamme dienen, denn weil ich weiß, daß sie göttlich ist, weiß ich auch, daß es meine Bestimmung sein muß, ihr zu dienen.«

Ist Ihre Frage wirklich notwendig? Ist sie wahr? Wie und warum wurde sie gestellt? Wie lange wird sie für Sie noch gültig sein? Nasrudin wurde einmal gefragt: »Was ist die größte Frage im Leben?« Er antwortete: »Die Frage: ›Wie bekomme ich meinen Esel morgen auf den Markt?‹«

Antwort

Warum antworten Sufis selten auf Briefe? Mir ist tatsächlich kein einziger Fall bekannt, wo ein Brief an einen Sufi wirklich beantwortet wurde!

Nun, Sie haben vielleicht von einem Ausspruch von Rumi gehört, der da lautet: »Keine Antwort ist auch eine Antwort.« Ich für meinen Teil habe nie davon gehört, daß ein vernünftiger Brief an einen Sufi nicht beantwortet worden wäre. Sehr interessant ist die Annahme, die in der Frage enthalten ist. Es ist die, daß der Brief auf jeden Fall einer Antwort würdig sein muß. Ganz im Gegenteil sind meiner Erfahrung nach die meisten Briefe, die Sufis erhalten, nicht nur keiner Antwort würdig – sie *sollten* überhaupt nicht beantwortet werden, denn dieses Schweigen wird in geeigneten Fällen den Schreiber dazu bringen, noch einmal zu überdenken, was er geschrieben hat, und wird ihm dabei helfen, es noch einmal zu versuchen. Wenn der Brief tatsächlich beantwortet wird, dann wird er immer, dessen können Sie versichert sein, einen unpassenden Effekt hervorrufen, denn in diesem Fall wird der Schreiber des ursprünglichen Briefs ein nicht annähernd so starkes Bedürfnis haben, noch einmal zu überdenken, was er geschrieben hat, wie dann, wenn die Antwort lautet: »Überdenken Sie noch einmal, was Sie geschrieben haben.« Die Annahme, jeder Brief an einen Sufi sei von einer Art, die beantwortet werden kann und sollte, zeigt lediglich, daß der Fragesteller noch nicht versteht, daß es verschiedene Arten von Briefen gibt, wie es auch verschiedene Arten von Behauptungen von Tatsachen gibt. »Der Mond ist gelb« oder »2 + 2 = 4« sind solche Behauptungen, aber sie sind nicht von der gleichen Art, sie scheinen es nur zu sein, weil beides Behauptungen sind. Über diese elementare Art des Verstehens sollte der Schreiber verfügen, bevor er einen Brief schreibt. Und es gehört mit Sicherheit nicht zur Arbeit der Sufis, dieses zu lehren; obwohl er, sofern er Zeit dazu hat, es tun könnte, denn dabei geht es nicht um Lehren und Lernen, sondern lediglich um gewöhnlichen Menschenverstand.

Keine Antwort

Vor einem Monat habe ich Ihnen in großer Ausführlichkeit geschrieben und meinem Brief einen frankierten Umschlag für Ihre Antwort beigefügt. Alles, was ich bis jetzt bekommen habe, ist jedoch eine Liste von Büchern. Was ist mit Ihrer Antwort auf meine Fragen und auf meine Bitte, Sie bald einmal aufsuchen zu dürfen?

Ein persönlicher Brief an den Betreffenden wäre tatsächlich nutzlos gewesen, wie wir aus seinen eigenen Worten ersehen können. Er will lernen, aber unsere Reaktion will er nicht akzeptieren – unsere Antwort besteht nur aus einer Liste von Büchern. Seinem Urteil nach ist das aber nicht genügend interessant, ja, vielleicht sogar überhaupt nicht genügend. Sicher haben wir ihn empört, deprimiert oder sprachlos gemacht, da wir trotz der für diesen Dienst beigefügten Briefmarke seine Fragen nicht beantwortet haben. Nun, für die Briefmarke bekam er immerhin eine Bücherliste. Wann wird er sich selbst die Frage stellen, wessen Urteil in dieser Angelegenheit richtig ist, seines oder unseres? Und ob er die Liste mit Büchern braucht oder einen Brief mit Antworten auf seine Fragen.

Aber genau wie »keine Antwort auch eine Antwort« ist, so ist eine Antwort, die der Betreffende nicht verstehen oder von der er nicht profitieren kann, *keine* Antwort. Daher beantworten wir seine Fragen nicht, denn sie haben uns gezeigt, daß das, was er zuerst braucht, Bücher sind.

Wenn er aber nicht zur Kenntnis nimmt, daß er Bücher braucht, und tatsächlich ratlos oder verärgert erneut schreibt, welchen Sinn soll es dann haben, ihm Bücherlisten oder Schweigen zu senden?

Schlicht und einfach den, daß immer die Möglichkeit besteht, daß er seinen Brief oder unsere Bücherliste noch einmal durchgeht und erkennt, wie es in Wirklichkeit um ihn steht und was wir ihm mit dem Schweigen und der Bücherliste in Wirklichkeit sagen wollen. Wenn er dies tut, hat er die erste korrekte Übung der Selbstbeobachtung ausgeführt und müßte in der Lage sein, von da aus weiterzugehen.

Briefe und Antworten

Dort liegt ein großer Stapel von Briefen, der anscheinend nicht geöffnet wurde. Beantworten Sie denn keine Briefe? Natürlich beantworte ich sie. Dieser Stapel stammt von Leuten, die mir regelmäßig jeden Tag oder manchmal sogar mehr als einmal täglich schreiben. Von Zeit zu Zeit bekomme ich, wie viele andere Leute auch, ganze Massen von Briefen, manchmal bis zu 24 Seiten dick, von ein und derselben Person. Können Sie sich nun vorstellen, welche Formen die Korrespondenz eines Menschen annähme, wenn er auf diese Flut von Briefen automatisch – wie eine Maschine – reagieren würde? Da bliebe keine Zeit mehr, um noch irgend etwas anderes zu tun. Würde ich auf den Briefschreibzwang einiger weniger reagieren (und häufig macht es das Übel nur noch schlimmer, wenn man sie beantwortet, und das Ergebnis davon sind immer noch mehr und noch mehr Briefe), dann würde ich sehr wahrscheinlich allen anderen Korrespondenten die Möglichkeit vorenthalten, daß auch sie eine Antwort bekommen.

Aber enthalten denn die Briefe, die »zwanghaft« geschrieben sind, überhaupt nichts, was von Wert wäre?

Alle Briefe enthalten irgend etwas, was von Wert ist. Die Frage ist nur: Ist es fair, einigen Leuten mehr, als ihnen gebührt, von der Zeit und Hilfe zu widmen, die man selbst erübrigen kann?

Nach welchem Kriterium gehen Sie aber dann mit diesem Phänomen um?

Nach dem gleichen, das jeder in einer ähnlichen Situation anwenden würde. Erstens pflegen Leute, die Fragen stellen, die in gedruckten Werken bereits beantwortet wurden, eine Antwort nicht zu werten. Zweitens: wenn sie die Übungsmöglichkeit nicht genutzt haben, die in der Schule oder dadurch geboten wird, daß sie in ihrer Stadtbücherei nachlesen können, wie sie ihr Denken schulen können, dann benötigen sie dieses Studium in zusammenhängender Form, aber dafür sind wir nicht die richtige Adresse. Drittens: Wenn sie nicht einsichtig genug sind, um zu erkennen, daß es auch noch andere Leute auf der Welt gibt, die dringende Briefe beantwortet haben möchten, dann sollte man denen den Vorrang geben, die dies erkennen und danach auch handeln, indem sie zuerst nachdenken, bevor sie schreiben, und ihre Briefe kurz halten. Soweit die Art von Kriterien, nach denen ich vorgehe.

Wenn Leute keine Antwort von Ihnen erhalten, wie kann es ihnen dann überhaupt etwas bringen, daß sie geschrieben haben?

Das beste, was ich hierauf tun kann, ist, Rumi zu zitieren: »Keine Antwort ist auch eine Antwort.«

Bedeutet das, daß Leute, die keine Antwort erhalten, abgelehnt werden?

Das bedeutet es nur für Paranoiker und Neurotiker. Wenn die Leute nicht fähig sind, mit Hilfe von normalen Methoden zu versuchen, ihre Fehlleistungen zu überprüfen, dann sind wir nicht dazu berechtigt, eine psychotherapeutische Klinik für sie zu betreiben. Sie sollten bedenken, daß sehr

233

viele Leute ihre Antworten sehr sorgfältig *lesen*; daß viele ihre Briefe sorgfältig *einrahmen*; daß sehr viele ihre Ansätze neu *überprüfen* und so fort. Sie sind diejenigen, denen wir zuerst verpflichtet sind. Das Ganze ist eine Frage von Prioritäten. Zuerst helfen Sie den Leuten, mit denen Sie arbeiten können. Um diejenigen, die vielleicht Opfer gesellschaftlicher Prozesse und ähnlicher Dinge sind, haben sich mit absolutem Vorrang die psychotherapeutischen Institutionen zu kümmern.

Wie würden Sie dies in einen einprägsamen Aphorismus fassen?

Ich würde sagen: »Wenden Sie sich nicht an uns, wenn Sie eine Psychotherapie brauchen. Die Kliniken haben zwar nicht unseren Einblick zu bieten, aber wir nehmen ihnen nicht ihre Kunden weg!«

Rhetorik

Wenn es im Osten so viel Weisheit gibt, warum geht es dann den Leuten dort so dreckig?

Wenn östliches Wissen so wichtig ist, warum ist es dann so schwer zu erlernen?

Warum existiert es nicht in einer westlichen *Form?*

Zuerst sollten wir uns fragen, ob eine oder jede dieser Fragen eine rhetorische Frage ist oder nicht. Ich bin geneigt zu glauben, sie sind es alle. Denn schließlich dürfte jeder nur einen Moment lang nachdenken müssen, um für eine oder jede dieser Fragen mögliche Antworten liefern zu können.

Das fragen wir uns deshalb, weil wir therapeutisch nicht dafür zuständig sind, uns mit Rhetorikern zu befassen. Dagegen haben wir im Interesse all derer unter den Anwesenden, die das Studium ernsthaft betreiben, so etwas wie eine Pflicht, Rhetoriker zu erkennen und auszuschließen, damit sie auf schnellstem Wege zu ihrer Therapie finden, wo immer sie geboten wird.

Bevor wir versuchen, Fragen zu beantworten, müssen wir also die Studierenden studieren. Möglicherweise müssen sie nämlich Heilgymnastik machen oder ausgeschlossen werden. Oder ihr rhetorisches Gebaren könnte seine Wurzeln in unbrauchbaren Denkmustern haben. Dann würde es vielleicht schon genügen, wenn man einen einsichtigen Teil ihres Verstandes auf unser Thema lenkt, obwohl es einige Zeit dauern könnte, bis sie wieder lernen, wie das geht.

Was hilfreich zu diesem Aussortierprozeß führt, ist, daß man einige Zeit mit diesen Leuten verbringt, um in Gruppenaktivitäten ihr Verhalten zu studieren und zu testen, wie sie auf verschiedene schriftliche und andere Materialien reagieren. Es kann ebenfalls von Nutzen sein, sie über eine wahre Analogie aus dem physio-mentalen Bereich in Kenntnis zu setzen:

In manchen Speisen herrscht ein Mangel an Nikotinamid, einem Vitamin B, das auch unter der Bezeichnung Niacin bekannt ist. Man weiß, daß dieser Mangel einen mentalen Zustand verursacht, der dadurch gekennzeichnet ist, daß die darunter Leidenden den Verdacht haben, die Welt würde sich gegen sie verschwören. Sie können sehr aggressiv und gewalttätig werden und sich bis zur Obsession in diesen Wahn hineinsteigern. Die Ironie des Ganzen ist aber: Bieten Sie dem Opfer das heilende Mittel dagegen an (Vitamintabletten oder auch nur vitamin-B-reiches Brot), so wertet der Betreffende dies als Beweis dafür, daß Sie versuchen, ihn zu vergiften oder in den Wahnsinn zu treiben...

Gespräche im Kopf behalten

Ich finde es schwer, Ihre Gespräche im Kopf zu behalten, obwohl ich sie mir anschließend manchmal aufzuschreiben versuche. Woher kommt das?
Es ist nicht immer notwendig, Gespräche im Kopf zu behalten. Manche davon nehmen sogar Formen an, die jener

Art von Gedächtnis trotzen, die wir zu benutzen gewohnt sind. Es gibt aber noch einen anderen Punkt, der Ihren speziellen Fall und auch verschiedene andere unter den an diesem Nachmittag hier Anwesenden betrifft. Die Leute können es sich zur Gewohnheit machen, einfach herzukommen und sich anzuhören, was da so geredet wird. Sie geben sich dem hin, was sie für die Atmosphäre halten. Das ist eine Form von Selbsthypnose oder es könnte Bequemlichkeit sein. Und dann bekommen sie die Essenz des Gesprächs nicht mit, sondern sie lassen sich lediglich vom Geplätscher der Worte treiben.

Zu vage

Ich habe so ein Gefühl, daß das Ziel wie eine Herausforderung vor mir liegt und ich mich ihr stellen muß. Ich fühle, daß ich dem Ziel immer näher komme. Ich habe mich zwanzig Jahre lang mit dem Studium spiritueller Dinge befaßt, und von Zeit zu Zeit ein Seminar besucht. Dann beschäftigte ich mich mit allen möglichen Formen von Okkultismus und Metaphysik. Ich glaube, daß mir das Ergebnis von alledem allmählich die Quelle der Erleuchtung liefert, die ja irgendwann kommen muß.

Glauben Sie? Gut, dann würde ich an Ihrer Stelle einfach so weitermachen. Sie sind sicher zu mir gekommen, um sich Bestätigung zu holen und um Ihre eigenen Gefühle auszubreiten, habe ich recht? Wenn Sie irgendwann einmal das Gefühl haben, Sie wissen:

was das Ziel ist,
wo Sie stehen,
wie Sie sich verändert haben,
worin die neue Erfahrung besteht, die Sie gemacht haben –

dann kommen Sie wieder zu mir, falls ich dann noch da bin.

Entmutigend

Warum wird man von Sufis ständig entmutigt, etwas zu tun? So wurde mir zum Beispiel gesagt, es hätte keinen Zweck, wenn ich ein Buch über Sufis schreiben würde. Ein andermal wurde ich nicht ermutigt, als ich einen Film über Sufi-Lehrer drehen wollte. Jemand, den ich kenne, wollte einmal eine Sufi-Gesellschaft gründen, da sagten Sufis, daß dies nicht angebracht sei. Ich möchte gerne wissen, wann ich endlich meine Talente dazu einsetzen kann, um etwas über das Erbe der Sufis und seine Bedeutung zu veröffentlichen ...

Die einzigen Leute, die von Sufis »entmutigt werden, etwas zu tun«, sind diejenigen, die zu rennen versuchen, bevor sie gehen können. Filme drehen, Bücher schreiben, Gesellschaften gründen, all das könnte durchaus nützlich sein, vorausgesetzt jedoch, daß der, der es tut, genug über die richtigen Momente und die Methoden weiß, in denen solche Dinge auf dem Gebiet der Sufis getan werden. Erfahrung auf anderen Gebieten könnte dafür vielleicht nicht ausreichen. Im schlimmsten Fall könnte es sein, daß die Leute, die ständig versuchen, solche Dinge zu tun, ihre Kräfte überschätzen; im besten Fall sind sie oft Leute, die noch nicht den Punkt erreicht haben, wo sie gewisse wesentliche Dinge wissen, wie z.B., daß es einen ganz bestimmten Zeitpunkt für das Handeln gibt, der eingehalten werden muß, und daß eine sachdienliche Auswahl und Abstimmung der Materialien und Aktivitäten vorgenommen werden muß.

Wir werden durch diese Frage aufgefordert, die Verhaltensweisen von Sufis zu erklären. Wichtiger ist hier aber, darauf hinzuweisen, daß der Fragesteller offenbar kaum eine Ahnung davon hat, daß das Ermutigen oder Entmutigen von seiten des Sufis eine Reaktion auf etwas ist. Wenn das Ansinnen korrekt ist, dann muß die Reaktion ermutigend sein. Wenn es nicht richtig ist, dann muß die Reaktion negativ sein. Das hat weit weniger mit dem Sufi als mit dem anderen, dem Anfragenden, und den jeweiligen Umständen zu tun.

Die Bedeutung der Absicht

Im Vergleich zu früheren Zeiten befinden sich die Menschen von heute in einer hervorragenden Position, um ihre Handlungen aus der Perspektive der Absicht zu betrachten. Der Hauptgrund dafür ist, daß man sich heute sehr stark darüber im klaren ist, daß die Menschen aus unbewußten Motiven heraus handeln könnten – weil sie sich über die Ursprünge ihres Handelns nicht im klaren sind.

Traditionell haben natürlich viele Kulturen erkannt, daß »ein Mann vielleicht von einem Vorgesetzten getreten wurde und als Folge davon dann seinen Esel tritt«. Hier liegt nicht die Absicht vor, dem Esel weh zu tun oder den Esel dazu zu bringen, daß er die Hufe schwingt. Es handelt sich vielmehr um den Fall einer Motivation, die an die Stelle der Intention, d. h. der Absicht tritt. Man könnte also von einer »unechten Absicht« sprechen. Ein Beobachter von außen wird natürlich einer Handlung, deren Zeuge er wurde, oft eine Absicht unterstellen, weil er für eine bestimmte Handlung eine Erklärung finden möchte: »Er hat den Esel getreten, folglich hat der Esel etwas Unrechtes getan« oder »Seine Absicht war eindeutig die, den Esel dazu zu bringen, daß er seine Hufe bewegt«.

Aber es gibt ganze Bevölkerungen, für die Gedanken, Worte und Taten das Resultat von verinnerlichter Ideologie sind, d. h. von erstarrter Absicht nicht des einzelnen oder der Gruppe, sondern der Menschen (oder des Trainingssystems bzw. der Organisation), die die Gruppe inspiriert, instruiert oder trainiert haben.

Auf dem Gebiet des Religiösen herrscht im allgemeinen nur eine geringe Aufgeschlossenheit für die Frage, welche Rolle die »kristallisierte Absicht« in den Handlungen der

Gläubigen spielt. Mit Lippenbekenntnissen wird vielleicht hervorgehoben, daß es wichtig ist, die richtige Absicht zu haben, und nicht, daß man von einem bestimmten Denken oder Handeln persönlich profitiert. In vielen Fällen läßt sich recht leicht beweisen, daß Menschen z.B. andere Menschen nur deshalb bekehren, weil dieses Tun für sich bereits die Eigenschaft besitzt, daß es emotional höchst befriedigend ist. Dann ist die Absicht, obwohl sie nach außen hin und, was den einzelnen betrifft, darin besteht, der Gemeinde zu dienen und dem Bekehrten zu helfen, nichts anderes als die, dem Missionar eine emotionale Befriedigung zu verschaffen.

Die Leute, die vehement gegen diese Ansicht opponieren, sind, wie sich bei näherem Hinsehen herausstellt, Menschen, die tatsächlich solche »Ersatzbefriedigungen« erhalten.

Es ist jedoch ungeheuer wichtig, daß die echte Absicht einer Handlung bekannt ist. Wenn sie darin besteht, Befriedigung von Emotionen zu verschaffen, so ist daran nichts schlimm, vorausgesetzt, es besteht ein Bedürfnis danach, und auch vorausgesetzt, sie wird nicht fälschlich für etwas anderes gehalten – z.B. für Frömmigkeit. Das ist deshalb so, weil es im Menschen einen Bereich gibt, in dem die echte Absicht wohnt, und zwar jenseits von persönlicher Befriedigung. Wenn dieser Bereich nicht entwickelt wird, dann lebt der Mensch, so fromm er auch sein mag, in einer Illusion.

Natur

Es war einmal ein Skorpion, der einen Fluß überqueren wollte. Er schwänzelte am Ufer hin und her und suchte nach einem Mittel, wie er auf die andere Seite gelangen könnte. Da sah eine Schildkröte sein Problem und erbot sich, ihn hinüberzusetzen.

Der Skorpion dankte der Schildkröte und kletterte auf ihren Panzer. Sobald die Schildkröte hinübergeschwommen war und den Skorpion wieder ablud, versetzte der Skorpion ihr einen wahrhaft gewaltigen Stich mit seinem Stachel.

»Autsch! Wie kannst du mir sowas antun?« schrie die Schildkröte auf. »Meine Natur ist, hilfsbereit zu sein, und ich habe sie benutzt, um dir zu helfen. Und nun werde ich dafür gestochen!«

»Liebe Freundin«, sagte der Skorpion, »deine Natur ist es, hilfsbereit zu sein, und das bist du gewesen. Die meine ist es, zu stechen, und das habe ich getan. Warum trachtest du also danach, deine Natur zu einer Tugend zu machen und die meine zu einer Gemeinheit?«

Das Boot

Wenn man Sufi-Texte liest, fällt es einem schwer, herauszufinden, ob man sich besser in Geduld üben oder auf Arbeit konzentrieren soll. Dasselbe gilt, so scheint mir, für alle Systeme des Wissens und der Spiritualität. Manchmal ist darin von Dienen und aktivem Handeln die Rede, manchmal von Nichtstun und Geduldüben. Wie soll man sich zwischen alledem entscheiden?

Praktiziertes Sufitum ist wie jeder spirituelle Pfad eine Vorbereitung. Es kommt nicht allein darauf an, was Sie tun, sondern wie es getan wird und warum.

Das ist der Grund, weshalb es Sufi-Lehrer gibt, die den Fortschritt leiten.

Aktiv handeln und Geduld üben ist gleichermaßen gut und gleichermaßen nutzlos, je nachdem, wie wirksam das eine wie das andere für das Ziel ist.

Ein Sprichwort sagt:

Ob langsam oder schnell, an der Fähre trifft man sich wieder.

Wissen die Leute, wohin sie fahren? Haben sie das Geld für die Überfahrt und Proviant für die Reise? Oder haben sie sich nur darüber den Kopf zerbrochen, ob sie langsam oder schnell zur Anlegestelle gelangen?

Oberflächliches Lesen

Bücher haben die unterschiedlichsten Wirkungen auf die Leser. Wenn sie etwa zu jung sind oder zu unerfahren, um bestimmte Worte zu kennen oder um zu verstehen, wovon der Autor spricht, werden sie zugeben, daß ihnen das Buch nicht optimal nützt. Sobald sie aber erwachsen und gewohnt sind, Bücher zu lesen, werden sie annehmen, daß sie in der Lage sein müssen, von dem Text in genau der Weise zu profitieren, die der Autor beabsichtigt hat. Dieser Gedanke erwächst nicht aus der Erfahrung und ist noch dazu sogar unlogisch, denn er beruht auf einer Annahme, für die es keine Beweise gibt.

Die Form, in der manche Bücher geschrieben sind und der Zweck, zu dem sie geschrieben sind, wird von den meisten nur zur Hälfte verstanden. Der Gedanke zum Beispiel, daß ein Buch dazu bestimmt ist, nur unter ganz bestimmten Bedingungen oder in unterschiedlichen Phasen der Entwicklung gelesen zu werden, ist in den gegenwärtigen Kulturen nicht sehr weit verbreitet. Wenn ein Buch verständlich erscheint, wird der Leser davon ausgehen, daß es genau das bedeutet, was er in der Lage war, als dessen Bedeutung zu erschließen. Diese Annahme ist natürlich nicht richtig. Bücher von echtem Wert für die Entwicklung können nur unter ihren eigenen Bedingungen gelesen werden. Der Lehrer erklärt, wie das Buch gelesen werden muß, sowie andere Dinge, die für die augenblickliche Stufe des Lernenden notwendig sind. Sehr oft empfehlen sich die

Leute gegenseitig, dieses oder jenes Buch zu lesen, ohne daß sie etwas über den inneren Gehalt des Buchs wissen oder darüber, daß das Buch in Wirklichkeit vielleicht ein hochkompliziert technisches Instrumentarium sein könnte, das nur so aussieht wie ein gewöhnliches Buch. Ein abstruses philosophisches Buch, und davon haben wir im Osten nicht wenige, könnte vielleicht lediglich den Weg zu sehr wichtigen Übungen verschleiern, die unendlich viel wertvoller sind als der intellektuelle Inhalt des Buchs. Andererseits passiert es nicht selten, daß man von bestimmten Büchern, die einem empfohlen werden, emotional ungeheuer ergriffen wird.

Wie das Experiment jedoch sehr schnell zeigt, wird ein Buch über Religion, das man einem Menschen in die Hand gibt, der es, was seine spezifischen Richtungen betrifft, nicht zu lesen versteht, diesen lediglich emotional ergreifen, und zwar entweder, weil die Worte oder Sätze von einer Art sind, die Emotionen erweckt, oder aufgrund der Person, die ihm das Buch oder die Empfehlung gegeben hat. Diese Reaktionen sind oberflächlich, obwohl sie dem unerleuchteten Leser als tief erscheinen.

Dieses Problem existiert bereits seit dem Mittelalter, als Bücher ohne das Wissen, wie sie zu benutzen sind, immer zahlreicher wurden, und wurde von da an immer akuter. Der Witz an der Geschichte ist, daß wir heute Millionen Bücher besitzen und daß in manchen ihrer Texte das Wissen, und zwar das *wahre* Wissen, durchschimmert, von dem der Akademiker aber nicht einmal etwas ahnt.

Es ist, wie wenn wir ein gereimtes Telefonbuch hätten und glauben würden, das Entscheidende daran sei der Reim, ohne zu wissen, daß dieses Buch zu einer bestimmten Zeit und an einem bestimmten Ort einen anderen, unschätzbar praktischen Wert besitzt.

Schreiben

Ich erinnere mich, daß Feroz Shamshiri, der berühmte Sufi aus Taschkent, in seiner Stadt lebte, aber selten Versammlungen für seine Schüler abhielt. Er kommunizierte mit ihnen stets in schriftlicher Form. Woher kam das?

Wenn Sie Erfahrungen mit spirituellen Gruppen besitzen, werden Sie wissen, daß zu viele Leute ihre Aufmerksamkeit auf den Lehrer und nicht auf das Gelehrte konzentrieren. Dieser Mißbrauch ist sogar so häufig, daß manche Leute sich restlos auf einen Lehrer fixieren, ganz gleich, ob er ein wahrer oder ein falscher ist.

Sogar im Osten mißverstehen die Leute dieses Phänomen als Heiligkeit oder als religiöse Erfahrung.

Da sie dies wissen, lehren viele Sufis überhaupt nicht direkt; ob sie es tun oder nicht, hängt von dem Niveau ihrer Anhänger ab.

Es ist also nichts Ungewöhnliches, wenn Lehrer ihre Lehren aufschreiben oder diktieren und diese dann vom einzelnen Empfänger gelesen oder der Gruppe vorgelesen werden.

Wenn einzelne Lernende oder Gruppen dagegen fähig sind, sich auf die Essenz zu konzentrieren und nicht auf das äußere Erscheinungsbild oder die Gegenwart des Lehrers, dann finden Versammlungen statt.

Erst in jüngster Zeit haben Psychologen im Westen entdeckt, daß die tatsächliche Anwesenheit einer Person, von der angenommen wird, daß sie ein Lehrer ist, ein Gefühl von Ehrfurcht, Bedeutsamkeit oder religiöser Andacht erzeugt, was natürlich nicht dasselbe ist wie das klare Wahrnehmen dessen, was wirklich da ist.

Der Schatten ohne den Baum

»Es gibt ein Wissen, das nicht in Büchern steht. Es gibt Erfahrungen, die man nicht in Worte fassen kann. Es gibt ein direktes Wahrnehmen der höchsten Wirklichkeit, für die, wie ich glaube, die Menschheit bestimmt war: – und genau dies ist es, wonach ich strebe...«

Diese sehnsüchtige, doch zuversichtliche Reihe von Behauptungen wiederholt sich in den Briefen, die ich erhalte, und im Munde derer, die mich besuchen kommen.

Seit zwanzig Jahren beantworte ich sie mit einer Reihe von Fragen, die ans Licht bringen sollen, welche Auffassung von der »höchsten Wirklichkeit« sich hinter diesen Worten verbergen könnte.

Gewöhnlich hatten die Fragen die folgende Tonart, die natürlich dem klassischen Sufi-Muster entspricht:

»Wissen Sie, wie man dieses non-verbale Wissen erkennt?«

»Wissen Sie jetzt, daß das »Wissen nicht in Büchern« vielleicht durch Bücher in ihrer instrumentalen Funktion wachgerufen werden könnte – und Bücher somit notwendig macht?«

»Haben Sie nicht daran gedacht, daß Sie, wenn sich Ihre Wahrnehmung entwickelt hat, das Mittel besitzen werden, um bestimmte Bücher zu verstehen – so daß Sie erkennen, daß Sie sie vorweg deshalb brauchen, weil sie die nötigen Bezugsrahmen für das Denken liefern?«

»Haben Sie daran gedacht, davon gehört oder gar vermutet, daß Bücher und Worte eine funktionale Rolle haben, die sich hinter ihrem intellektuellen, faktischen oder emotional stimulierenden Verwendungszweck verbirgt?«

Nichts sagt uns in einer buch-orientierten Gesellschaft soviel über den möglichen und tatsächlichen Fortschritt eines Menschen wie sein Verhältnis zur Literatur.

Tatsache ist, daß kaum jeder Fünfzigste die mindeste Ahnung hatte, was der »wahre Gebrauch« des Wortes ist. Jalaluddin Rumi sprach von »einem unter tausend« Moslems seiner Zeit. Somit sieht das heutige Bild vielleicht sogar günstiger aus. Aber der oberflächliche Umgang mit dem Wort, der das Ergebnis der Oberflächlichkeit der diversen Arten von Glauben in der gegenwärtigen Gesellschaft ist, wird in künftigen Zeiten zweifellos als etwas komisch Barbarisches betrachtet werden.

Erinnern Sie sich daran, daß alle großen Sufis der klassischen Zeit mit Worten arbeiteten. Und fragen Sie sich dann: Warum war das so?

Vielleicht suchen Sie nach Schatten und mögen die Sonne nicht, die ihn erzeugt. Gut, dann eben nicht. Aber um Schatten zu bekommen, brauchen Sie beides: die Sonne und den Baum.

Derwisch-Literatur

Können Sie mir etwas über die Derwisch-Literatur in übersetzter Form sagen? Welche Bücher sollte man lesen?
Viele Bücher sind übersetzt worden. Damit sie Ihnen aber selbst in der Übersetzung etwas nützen, müssen Sie etwas über sie wissen, worauf nur selten hingewiesen wird; und Sie müssen sich im richtigen Stadium befinden. Was Sie wissen müssen, ist, daß sie oft überhaupt nicht Literatur in dem Sinn sind, wie man sie in anderen Bereichen versteht. Sie sind so aufgebaut, daß sie einen vielfältigen Zweck erfüllen. Akademische Wissenschaftler haben sie als Literatur, als Quellenmaterial für Fakten, als Darstellungen von Lehren behandelt. So können sie aber nur von Leuten verwendet werden, die auch wissen, was und wo sie aus ihnen schöpfen können. Was die Frage des Zeitpunkts betrifft, wann sie studiert werden sollen, so hängt ihr Nährwert davon ab, in welchem Zustand sich der Lernende befindet.

Die einzige Möglichkeit, mit dieser Literatur zu Rande zu kommen und von ihr auf sinnvolle Art zu profitieren, ist, sie so zu studieren, wie sie studiert werden soll: als ein umfassender Plan, auf eine Art und Weise sowie zu Zeiten und unter Bedingungen, die ihrem Studium angemessen sind. Andernfalls gleicht das Ganze einer Fernseh-Übertragung in Farbe, die Sie sich in einem Schwarzweiß-Fernseher ansehen. Sie bekommen zwar einen gewissen Eindruck, der wohl irgendeinen Nutzen hat, aber in seiner Wirkung in dem Maße von dem Gemeinten abweicht, wie das Monochrome etwas wiederzugeben vermag, was der ursprünglichen Absicht nach voll in Farbe sein sollte. Manche Leute haben sich ungeheuer intensiv in diese Literatur vertieft und haben mehr oder weniger viel davon profitiert. Sie dürfen aber nie vergessen, daß die darauf verwendete Mühe einem nicht nur mehr, sondern auch weniger einbringen kann – bei einem solchen Unternehmen können Sie tatsächlich sogar auch verlieren.

Die Bedeutung von Biographien

Ich interessiere mich sehr für die Lebensgeschichten von Lehrern und Führern aller Art. Welche von den Büchern, die es im Handel gibt, sind in diesem Bereich eine nützliche Lektüre? Gewöhnlich haben nämlich die Leute, die diese Bücher schreiben, so scheint mir, ein wesentlich niedrigeres Niveau als der Lehrer, über den sie schreiben. Sie sind überzeugt, daß die Person, über die sie schreiben, real oder bedeutend etc. sei. Aber der Haken daran scheint mir zu sein, daß sie nur fromme Beobachter von etwas sind, worin sie keinen vollen Einblick haben.

Eine Biographie eines Lehrers oder eine Beschreibung seiner Taten und Worte, die von jemandem verfaßt wurde, der kein objektives (d. h. wirklichkeitsgetreues, vollständiges oder, wie wir sagen, bedeutungsvolles) Bild von der Aufgabe dieses Menschen hat, ist im allgemeinen zu nichts anderem von Nutzen als dazu, »Rätsel« und »Wunder« am Leben zu halten – sofern Sie dies als einen Nutzen bezeichnen können. Ein solches Werk ist wahrscheinlich nur ein Produkt, das eine oberflächliche, undifferenzierte Aufmerksamkeit auf irgendwelche Dinge lenkt, die gesagt oder getan wurden, und nicht auf etwas wirklich Bedeutungsvolles. Ich sage ›im allgemeinen‹, denn es gibt eine Form von Literatur, die absichtlich schlicht und verschleiernd ist, denn sie hat den Zweck, im Bewußtsein des Lesers ein bestimmtes vorbereitendes Klima zu schaffen oder Informationen für Leute zu bieten, die nicht in der Lage sind, die gesamte Tragweite der Funktion eines Menschen zu verstehen. Diese Bücher besitzen einen Wert, der nicht sofort einleuchtet, aber in vieler Hinsicht von Nutzen ist: Sie sortieren die Leute aus. Sie bringen ans Licht, welche Leute dem Buch oder der darin porträtierten Person »vergötternd« verbunden werden. Solche Leute haben ihrer Entwicklung selbst ein »Stop«-Schild in den Weg gestellt, einen Punkt, der vermutlich ihrem momentanen Niveau entspricht, der aber vielleicht unterhalb ihres Potentials liegt. Diejenigen, die in der Lage sind, »die Welle als einen Aspekt des Meeres« zu erkennen, können lernen, daß das Buch bzw. ein Teil seines Inhalts eine Schwelle zu etwas anderem ist.

In den Fällen, wo die Funktion des Lehrers real ist, besteht die Möglichkeit, daß sogar der nutzlose Biograph so gut wie unbewußt etwas vermittelt, was von Nutzen sein wird. Dies ist als die Doktrin bekannt: »Der Kanal selbst trinkt nicht, aber er führt das Wasser zu dem dürstenden Land.« Manche Bücher sind für besondere Gemeinschaften bestimmt oder dazu, während einer begrenzten Zeitspanne zu wirken.

Ich könnte noch hinzufügen, daß das spezielle Buch, das Sie, als Sie herkamen, im Auge hatten, von der oberflächlichen Sorte ist und sich selbst für die rein oberflächliche

Emotion empfiehlt, obwohl dies für die meisten nicht von »Tiefe« zu unterscheiden ist. Das ist *Ihre* Antwort: Die Antwort auf die ungestellte Frage, die sich hinter Ihrer gestellten Frage verbirgt. Ich habe die Gelegenheit dazu benutzt, um eine allgemeine Deutung zu liefern. Es könnte Ihnen vielleicht entgangen sein, daß das, was die Autoren zu porträtieren versuchten, durch Verwirrung entstellt wurde. Bei dem Buch, an das Sie denken, ist dies der Fall.

Auf welchen verschiedenen Niveaus können die veröffentlichten Lehren der großen Meister von Nutzen sein?

Das allgemein zugängliche Material über die Lehren solcher Meister ist keine geeignete Quelle, um ihre Lehren auf verschiedenen Niveaus zu studieren. Das kommt daher, weil ein solches Material Äußerungen, Handlungen und Unterweisungen aufzeichnet, ohne daß dabei die Zeit, der Ort, die Notwendigkeit für besondere Formulierungen, die Unterscheidung zwischen Allegorie und Wirklichkeit oder gar die Frage berücksichtigt wird, um welche Niveaus es dabei geht.

In den meisten Fällen wurde Material von verschiedenen Niveaus und für unterschiedliche Zwecke gesammelt und veröffentlicht. Um welches Niveau es sich handelt, kann nur jemand unterscheiden, der Zugang zu diesen Niveaus hat, und in diesem Fall hat er kaum Bedarf an der Literatur, außer es besteht für ihn die Notwendigkeit, seine Lehre, *die* Lehre, an Leute zu vermitteln, deren kultureller Kontext aus jenen verunreinigten Traditionen besteht. Wenn er lediglich ein Lernender ist, kann er nicht direkt aus dem Material lernen, denn er hat keinen wirklichen Zugang zu den verschiedenen Niveaus. Daher ist das Material für die meisten Leute unbrauchbar. Für die anderen ist es entstellt, und die Wiederherstellung seiner wahren Form ist eine undankbare Aufgabe. Soweit ein Grund für die Möglichkeit und Notwendigkeit der Neuformulierung. Aufgrund der letzten beiden Bemerkungen erübrigt sich die gestellte Frage eigentlich. Strenggläubige wissenschaftliche Formalisten und andere ähnlich oberflächlich Verfahrende sind natürlich verpflichtet, von der Annahme auszugehen, wie es auch der Fragesteller tat, daß der Inhalt dieses Materials in jedem Fall brauchbar ist, daß er verfügbar ist und daß er mit akademischen oder logischen Methoden entschlüsselt werden kann. Aber da irrt sich der Formalist, denn er erhebt lediglich den Anspruch auf die Verwendung von Quellen (wie der Töpfer auf die Verwendung von Lehm), weil er nicht arbeiten kann, ohne sie auf seine spezielle Art zu verwenden.

7. Teil

Religiöse oder sufische Art der Darstellung

Was unterscheidet eigentlich den Vortrag oder die Intensiv-Darstellung eines Sufis von der flammenden Rede des Fundamentalisten oder religiösen Schwärmers? Beide erwecken den gleichen Eindruck auf mich. Sicher putscht doch der Sufi seine Zuhörer zu dem gleichen Grad der Erregung auf, wie es auch der Sektenprediger auf der Seifenkiste macht?

Der Unterschied ist der, daß der Schwärmer Erregung, Spannung und Betroffenheit steigert. Der Sufi dagegen zielt darauf ab, die Potentialität und Lernfähigkeit zu steigern. Das eine ist Indoktrination, die ein Verlangen nach Reue, Aktion, Engagement zu schüren versucht. Das andere versucht eine Atmosphäre zu schaffen, in der zuerst ein Lernen und dann ein Verstehen möglich wird. Ersteres geht davon aus, daß man nicht verstehen kann, sondern einfach ›fest dran glauben‹ bzw. ›darauf vertrauen‹ muß. Letzteres besteht darin, daß man lernen muß, und daß man, sobald man versteht, wissen wird, was dieses ›Glauben‹ ist. Der Religionsvertreter glaubt, daß der Glaube das höchste aller Dinge ist. Der Sufi behauptet, daß der Glaube ein Ersatz für Wissen ist: »Wenn Sie wissen, brauchen Sie nicht zu glauben. Fakten brauchen den Mechanismus der Bekehrung nicht.« Deshalb braucht der Indoktrinator Menschen, die manipuliert werden können; der Sufi dagegen braucht nur Menschen, die bereit sind, ein Minimum an Aufmerksamkeit zu spenden: Und zwar genau die Menge, die zum Lernen benötigt wird, und nicht die Menge, die erforderlich ist, um anderer Leute Glaubenssache in sich aufzunehmen.

Der »unbesungene Held« ist derjenige, der etwas tut, weil er weiß, daß es getan werden muß, und der keine Publicity bekommt. Der umjubelte Erwählte ist dagegen jemand, der etwas tut, weil in ihn ein tiefer Glaube daran eingepflanzt ist. Das Interessante dabei ist, daß der Einpflanzer dem Glauben nicht traut: er muß ihn also induzieren, zu ihm verleiten. Er kann nicht glauben, daß Menschen aufgrund von Wissen eiwas sein oder tun können: sie müssen dazu bewogen werden, etwas zu tun oder zu sein. Und der Mechanismus, mit dem dies zuwege gebracht wird, ist ein Eingriff in ihr Bewußtsein.

Was ist was?

Es wurde behauptet, Sufismus sei eine Form von Religion – und auch, daß »Religion eine Form von Sufismus« sei.

Obwohl die erste Behauptung vielleicht wahrscheinlicher klingt, können wir nur, wenn wir uns beide Behauptungen betrachten, erkennen, was die Sufis behaupten, daß Sufismus sei.

Der Sufismus hilft uns in manchen seiner Aspekte zweifellos, zu erkennen, was viele Formen von Religion in Wirklichkeit sind.

So haben die Sufis wie die heutigen Sozialwissenschaftler z.B. seit vielen Jahrhunderten bestimmte Formen von Religion sehr richtig als Gesellschafts- oder Stammesphänomene beschrieben, die in der Hauptsache eher gefühls- und verstandesmäßige Triebfedern als erkennbar spirituelle Inhalte haben.

Sie verurteilen solche Aktivitäten nicht unbedingt, aber sie betonen immer wieder, daß man sie als das betrachten muß, was sie sind.

Die Sufis verstehen sich nämlich bestens darauf, menschliches Verhalten zu analysieren und zu beschreiben. Wie es bei jedem System der Fall ist, das behauptet, beschreibend zu sein, weist die Methode der Sufis nicht nur auf Beschränktheiten, sondern auch auf Möglichkeiten hin.

Diejenigen, die das nicht erkennen (und das sind viele), werden immer glauben, die Sufis würden versuchen, etwas in seinem Wert herabzumindern. Die Sufis und nicht nur sie können jedoch mühelos das Argument anführen, daß eine beschreibende Haltung nicht dasselbe wie eine kritisierende Haltung ist. Wenn dadurch bei anderen paranoide oder überempfindliche Reaktionen ausgelöst werden, so wird dies ein medizinisch-psychologisches Problem, und als solches entzieht es sich an diesem Punkt der Kompetenz der Sufis – denn schließlich haben auch Sufis eindeutig das Recht, sich hie und da aus der Kontroverse herauszuhalten.

Daran, daß er nicht bemerkt, wann dieser Punkt gekommen ist, läßt sich klar und deutlich erkennen, was ein Nachahmer, Flachkopf oder Hochstapler und was ein Sufi ist.

Wenn Sie ein Stück rostiges Metall haben, gibt es zwei Stadien, um ihm wieder zu seinem Glanz zu verhelfen: Zuerst kommt das Entfernen des Rosts, dann das Polieren. Und schließlich könnte noch das Auftragen von Rostschutz erfolgen. Leute, die nichts (oder nur wenig) von diesem Verfahren wissen, werden denen, die etwas davon verstehen, lächerlich vorkommen. Wenn diese auf dem Reinigen vor dem Polieren oder auf der Rostbehandlung vor allem weiteren bestehen, so wird den Laien dies wiederum stets als unnötig, unerklärlich oder gar unannehmbar erscheinen.

Die Arbeit der Sufis ist im wesentlichen konstruktiv. Aber wenn Sie die Erde umgraben, um sie für die Aussaat vorzubereiten, wird immer jemand daherkommen und darauf hinweisen, daß Sie störend in etwas eingreifen.

Das alles bedeutet natürlich nicht nur, daß Rost entfernt oder vor dem Säen gepflügt werden muß, sondern auch, daß man die theoretische Grundlage für solche Tätigkeiten vermittelt bekommen und verstanden haben muß.

Nur wenn die theoretische Grundlage nicht vermittelt wird, kann es zu Verwirrung kommen.

Was aber in aller Klarheit verstanden werden muß, ist, daß die Vermittlung der theoretischen Grundlage nicht allein von der Existenz und Aktivität des Vermittlers abhängt. Wenn man nämlich mit Leuten zu tun hat, die diese Vermittlung nicht wirklich wünschen, dann ist man praktisch machtlos.

Das gewöhnlichste Kommunikationsproblem bei der Vermittlung entsteht dann, wenn die Leute einen auffordern, etwas zu vermitteln, und sich dann herausstellt, daß sie einem letztlich überhaupt nicht zuhören.

Das »Zuhören« in diesem Sinn wird uns heute relativ leicht ermöglicht durch die Versorgung mit reichlicher Literatur, die für das, was vermittelt werden soll, die Basis und den Kontext bildet.

Daher ist es von größtem Interesse, zu erkennen, daß sich diejenigen, die in Wirklichkeit an der Vermittlung von Wissen nicht interessiert sind, hinter der Behauptung verschanzen: »Ich habe keine Lust, Bücher zu lesen ...«

Unbesiegbarer Unverstand

Wenn Sie eine Situation von Angebot und Nachfrage vorliegen haben und die Leute erwarten, daß ihr Lehrer eine bestimmte Rolle erfüllt, und wenn Sie dazu noch einen Lehrer haben, der sich gleichermaßen geehrt fühlt, diese zu erfüllen, dann könnten Sie im Prinzip eine Ausbildung bekommen. Aber wenn Sie sich ein wenig umsehen, werden Sie feststellen, daß nicht selten etwas dabei herauskommt, was nichts weiter als die Ausbildung eines neuen Stammes oder Unternehmens ist, in dem ein Ding gegen ein anderes gehandelt wird.

Diese Form von Transaktionismus oder Tauschhandelsprinzip hat durchaus ihre Verwendung. Wenn es z.B. einem Menschen Freude macht, Befehle zu erteilen, und wenn es anderen ein akzeptables Maß an Freude macht, ihnen zu gehorchen, so wäre das der Grundstock für ein konstruktives oder destruktives Unternehmen. Die meisten Dinge, die

die Menschen tun, laufen nach diesem Muster ab. Die Grenzen dieses Prozesses bestehen jedoch darin, daß nur solche Dinge geplant und ausgeführt werden können, die einer bestimmten Anzahl von Menschen zu einer bestimmten Zeit akzeptable Anreize bieten.

Stellen wir uns einmal eine Gemeinschaft vor, die z.B. ein bestimmtes Medikament, eine bestimmte Information oder Kenntnis in einer bestimmten Fertigkeit benötigt. Bevor irgend etwas von diesem Dingen effizient eingeführt und beibehalten werden könnte, wäre es notwendig, daß der Faktor, das Objekt, die Lehre oder was immer es sein mag, von einer Person, die geschätzt oder vielleicht geachtet wird, zuerst einmal in einer akzeptierten Form präsentiert wird sowie auch in einer Form, die genau jene Art von Anreizen bietet, die von den Zuhörern, den Lesern, der Gemeinschaft etc. erwartet werden.

Ständig wird ungemein viel von restriktiven bzw. beschränkenden Gesellschaften geredet; aber ein Punkt, der der Betrachtung wert wäre, ist der, daß alle Gesellschaften (solange es keine gibt, die diesen Punkt begreift) allein deshalb selbst-beschränkend sind, weil sie von der Annahme ausgehen, daß eine Person oder Sache nur in dem Maße akzeptabel sei, wie sie den Mitgliedern dieser Gesellschaft oder einigen von ihnen gefällt.

Heute erhielt ich von einem Verleger die Bitte um eine Einführung zu einem meiner Bücher. Es handelt sich um eine Sammlung von Geschichten, die eine bestimmte Wirkung im Leser auslösen sollen, und diese Wirkung hängt davon ab, daß der Leser keinerlei vorgefaßte Meinung darüber hat, was die Geschichte mit ihm ›machen‹ könnte. Aber prompt bittet mich der künftige Verleger, eine Einführung zu liefern, die dem Leser die intendierte Wirkung der Geschichten verraten soll!

Vor nicht allzu langer Zeit hatte ich eine Unterhaltung mit einen anderen Verleger. »Ich weiß«, meinte er, »Sie haben gesagt, daß Ihr Textmaterial schlicht und einfach in der Form präsentiert werden *muß*, in der es vorliegt; aber ohne von Ihnen verlangen zu wollen, daß Sie eine allgemeine Theorie über Ihr gesamtes Textmaterial verfassen, wäre ich Ihnen doch sehr verbunden, wenn Sie mir ein Buch schreiben könnten, das so etwas enthält, wie, sagen wir ...« Er brach ab und wußte nicht weiter.

»So was wie eine allgemeine Theorie?« fragte ich.

»Genau!« antwortete er.

Daß auch Verleger in diesen Beispielen auftreten, kommt daher, weil sie dazu neigen, unbedingt in Worte fassen zu müssen, was ihre Leser wünschen, aber dies nicht so klar zum Ausdruck bringen können. Sie haben sogar ein Schlagwort dafür parat: »Die kreative Seite des Verlagswesens.« Der einzige Fehler dabei ist der: Es bedeutet, daß der Verleger nur auf solche Angebote eingeht, die mit seinen vorgefaßten Ansichten darüber, was man ihm und dem Leser anbieten sollte, im Einklang stehen.

Als ich einmal von einem bestimmten Hörfunkprogramm eingeladen wurde, über eines meiner Bücher zu diskutieren, hatte der sehr distinguierte Leiter der Sendung eine Frage. Das Buch war eine Sammlung von Sufi-Geschichten. Er fand es sonderbar, daß in diesen Geschichten immer der Sufi am besten wegkam. Zu meiner größten Verblüffung stellte ich fest, daß diesem höchst kompetenten und intelligenten Mann nicht aufgefallen war, daß es sich bei diesem Buch um ein Buch von Beispielen handelte. Hätte er im Fall einer Sammlung von mathematischen Formeln vielleicht eine ähnliche Kritik angebracht und gefragt: »Warum gehen die Gleichungen immer auf?«

Dieses Problem des schier unbesiegbaren Unverstandes wird nicht gerade verständlicher, wenn man bedenkt, daß dieses Übel keinesweg weltweit verbreitet ist. Obwohl man mit ziemlicher Sicherheit behaupten kann, daß von allen existierenden Kulturen, die uns irgendwie bekannt sind, jede einzelne von einer ähnlichen Blindheit geschlagen ist, begegnet man doch immer wieder Leuten, die nicht nur fähig sind, ohne jeden Hauch dieser Beschränktheit an eine Frage – und somit auch an Sufi-Texte – heranzugehen, sondern dies auch tun. Daher können wir schwerlich behaupten, der Mensch sei aufgrund seiner Natur ein Wesen, das seine Sicht so weit beschränkt, daß es nicht mehr sehen kann, oder er sei ein Wesen, dessen Kultur es für andere Arten, die Dinge zu sehen, blind macht.

Aber es ist ebenfalls klar, daß wir genau deshalb in der Welt leben, in der wir leben, weil es viel bequemer ist, in beschränkten Bahnen zu denken, die auf der Idee des Transaktionalismus basieren.

Und die Erfahrung lehrt, daß der Weg, der aus diesen Bahnen herausführt, darin besteht, das Verwässern der Lehre abzulehnen, sich von der Popularisierung fernzuhalten, sich die Befriedigung des Kompromisse-Schließens zu versagen, wenn der Umgang mit Texten, sobald sie nicht in einer Weise aufgenommen werden, die Wirkungen zeigt, zu etwas anderem wird – nämlich zu reiner Unterhaltung.

Ich hielt einmal in den USA einen Vortrag vor einigen Hundert Leuten. Eine geraume Weile sprach ich darüber, wie fruchtlos Rituale und wie bedeutungslos »metaphysische Übungen« sind, da sie nur mechanische Relikte von früher einmal funktionalen und speziell kalkulierten Wirkungen sind. Am Ende des Vortrags hatte ich Mühe, das Podium zu verlassen, denn ich wurde belagert von Leuten, die mich inständig anflehten, ich möge ihnen doch ein paar Rituale und metaphysische Übungen beibringen…

Wenn das mechanische Denken in den Köpfen der Menschen einmal Wurzeln gefaßt hat, ist nicht zu befürchten, daß es sich so leicht wieder durch irgend etwas aus der Ruhe bringen läßt.

Einmal überreichte ich einem weithin geachteten Mann, der in manchen Kreisen einen beeindruckenden Ruf als spiritueller Lehrer genoß, eine Sammlung von sehr wichtigem und umfassendem Material in bereits veröffentlichter Form.

257

»Ja, besten Dank, wirklich wunderbar«, meinte er und blickte mich an. »Aber« (hier nahm er einen vertraulichen, fast verschwörerischen Ton an und gab mir einen Stoß in die Rippen) »was wir eigentlich bräuchten, wäre etwas, was *noch nicht* veröffentlicht wurde.«

Ganz offensichtlich war das Gefühl von etwas Heimlichem, Beschränktem, Unveröffentlichtem wichtiger als das Geschenk von etwas wirklich Nützlichem.

Dieser Durst nach dem Ausländischen, Fremden und Exotischen, egal, ob nützlich oder nicht, ist so stark ausgeprägt, daß die Menschen im Westen zuerst einmal östliche Namen annehmen, bevor sie versuchen, ihren Mitmenschen etwas beizubringen: Sie behaupten, sie hätten die entlegensten Gebirgsschlupfwinkel besucht, sie wären von den mysteriösesten Morgenländern beauftragt, irgendwelche Botschaften zu verbreiten: Sie beschwören die Namen und Schriften von Leuten, von denen sie kaum etwas verstehen, sie machen sich fremde Gebräuche und Eßgewohnheiten, Gewänder und Übungen zu eigen. Als ich einmal in einem Interview erwähnte, daß dies für gewisse Gurus des Ostens das gefundene Fressen sei und daß sie diese Leute im Westen lediglich mit dem fütterten, wonach sie verlangten, schlug mir von der Seite der Imitat-Orientalen und ihrer Anhänger ein Aufschrei der Entrüstung entgegen, der mir heute noch in den Ohren klingt.

»Wir haben den ganzen Erdball abgesucht«, soll einer meiner entfernten Vorfahren gesagt haben, »doch wir fanden keinen, dem wir unser Wissen anvertrauen könnten.« Aber ich bin mir sicher, er hätte ganze Scharen von Leuten gefunden, die es übernommen hätten, wenn es nur verrückt genug gewesen wäre.

Sufi-Verhalten und Guru-Gebaren

Das bewußt mysteriöse und zuweilen outrierte Gebaren jener Abenteurer, die scharenweise aus Asien in den Westen strömen, hat häufig zur Wirkung, daß die Kritikfähigkeit ihrer Schüler lahmgelegt wird. Sogar ihr gesunder Menschenverstand wird verrenkt oder außer Kraft gesetzt, während die Leichtgläubigkeit ihrer Phantasie im gleichen Verhältnis gesteigert wird.

Als praktisch einzige Therapie dagegen verwenden die Sufis manchmal die Methode des *action-teaching*, um diesen Zustand zu illustrieren.

In einem dokumentierten Fall dieser Art wurde ein indischer Mystiker seit Jahrzehnten von einer Horde getreuer und bedingungslos gehorchender Jünger umringt, die niemals seine für gewöhnlich kindischen und nebulösen Ergüsse einer kritischen Prüfung unterzogen.

In dem Wunsch, ihn in einer Weise bloßzustellen, die den von ihm Gefesselten eine Möglichkeit geben könnte, zu erkennen, wie tief sie gesunken waren, plante ein gewisser Sufi einen illustrativen Zwischenfall.

Er ließ sich auf einer Bahre zu einer Versammlung tragen, die von dem Guru abgehalten wurde, und blieb während der ganzen Veranstaltung darauf liegen.

Nachdem der Vortrag und die rituellen Niederwerfungen der Gläubigen beendet waren, stand der Sufi auf und wollte den Saal verlassen.

Das »Wunder« war nicht unbemerkt geblieben.

Wie er erwartet hatte, hielt ihn einer der Anhänger des Gurus zurück und fragte: »Wollt Ihr denn nicht Zeugnis ablegen, daß Ihr durch den Meister auf wundersame Weise geheilt wurdet?« Natürlich wurden die beiden von höchst gespannten Schülern umringt.

»Höchstens dann«, sagte der Sufi, »wenn alle erfahren sollen, daß ich keineswegs krank und gebrechlich war, sondern daß ich es beim Zuhören nur bequem haben und nicht

in diesem Gedränge sitzen wollte, das Euer Guru alle Leute
zwingt, zu ertragen!«

Konditionierung

Alle Systeme, Sekten, Kulte, metaphysischen Gruppen und
fast alle menschlichen Organisationen betreiben Konditionierung. Das bedeutet, sie impfen den Menschen eine be-
grenzte Menge an Glaubensregeln ein und verlangen bestimmte automatische Handlungsweisen. Unwissentlich
werden die davon Betroffenen (wozu auch die Einimpfer
selbst gehören können) zu »Dienern« des Systems.

Manche Systeme könnte man als »nicht-umfassend« bezeichnen. Dazu wären diejenigen zu rechnen, die keine
Weltanschauung besitzen und innerhalb von wohl-verstan-
denen und akzeptierten Grenzen recht wirkungsvoll funktionieren. Als »nicht-umfassend« könnte man also eine
Gruppe von Menschen bezeichnen, die sich zusammen-
schließen, um ein Spiel zu spielen, ein Unternehmen auszuführen oder ein festumrissenes Ziel zu verfolgen.

»Umfassende« Systeme sind diejenigen, die eine Weltanschauung besitzen oder Lebensansichten von einer Art,
die ihre Mitglieder veranlaßt, so zu handeln, als hätten sie
eine Weltanschauung. Solche Systeme sind diejenigen, die
(bewußt oder zumindest in der Praxis) von ihren Mitgliedern verlangen, in Übereinstimmung mit einer umfassenden
Menge von Glaubensregeln zu handeln, die alle oder fast alle
Eventualitäten abdecken.

Es wird auffallen, daß zur Kategorie der »umfassenden«
Systeme praktisch alle bedeutenden Religionssysteme zäh-
len. Das soll jedoch nicht heißen, daß auch die ursprüngliche Form oder das ursprüngliche Verständnis des betreffenden Systems in dem Sinn umfassend gewesen sein muß, daß
es als unveränderlich betrachtet wurde. Das eine oder andere Prinzip mag vielleicht als unverrückbar betrachtet

worden sein; aber bei anderen, in manchen Fällen sehr fundamentalen, ist zu erkennen, daß sie erst im Laufe der Jahre und Jahrhunderte von jener Art Zwangsjackendenken vereinnahmt wurden, das ein gemeinsames Kennzeichen von Glaubenssystemen ist. Das Dogma hat die Einsicht ersetzt. Wo der Ursprung des Dogmas lag und in welchem Stadium es sich auskristallisierte, gerät allzu leicht in Vergessenheit.

Daß die Dogmatisierung von etwas, was einst flexibel war, als Phänomen verstanden wird, ist von größter Bedeutung. Da so viele Glaubensansichten und Praktiken ganz selbstverständlich als zentral und wesentlich zu einem ganzen Glaubenssystem gehörig gehalten werden, neigen im allgemeinen die Menschen (in jeder Kultur) zu einem Zwangsjackendenken in unendlich vielen Bereichen. Als Folge davon finden sie es schwer oder unmöglich, neues – oder ungewohntes – Wissen aufzunehmen.

Eine weitere Komplikation ist die, daß die meisten menschlichen Systeme gewöhnlich von Leuten entworfen wurden, die es versäumten, einen Unterschied zwischen spirituellen und soziopsychologischen Gefühlen – oder zwischen Emotion und Spiritualität – zu machen.

Bis vor vergleichsweise kurzer Zeit war das für diese Leute kein Problem. Die meisten Menschen lebten in einander ausschließenden Gemeinschaften, die voneinander getrennt waren. Soziologie und Psychologie steckten noch in den Kinderschuhen oder wurden aus der Betrachtung ausgeschlossen, und multikulturelle Gemeinschaften hatten im allgemeinen wenig Zugang zu den monokulturellen, die letztlich auf der Welt die dominierenden waren.

Mit der Entdeckung und dem weitreichenden Bekanntwerden der Phänomene Konditionierung und Indoktrination entstand jedoch eine neue Situation, die es in ähnlicher Ausdehnung und Stoßkraft bislang noch nicht gegeben hatte. Als die existierenden Kulturen mit diesem Wissen konfrontiert wurden, konnten sich nur wenige von ihnen erklären, warum Konditionierung notwendig ist oder warum so viele wohl-etablierte Glaubenssysteme von »Gehirnwäsche«-Systemen nicht zu unterscheiden sind.

Betrachtet man sich die Geschichte und Entwicklung von Glaubenssystemen, so kann man unschwer erkennen, daß sie stets in ihrer Flexibilität und Verständnisfähigkeit degenerieren. Außerdem – und als Folge davon – neigen sie dazu, sich mehr und mehr auf Autorität und Hyper-Simplifikation zu verlassen. Von keiner ließe sich sagen, daß sie sich mit Erfolg vor Konditionierung gehütet hätte. Die Sufis haben, wie ihre die Jahrhunderte hindurch veröffentlichte Geschichte zeigt, dem Mechanismus der Konditionierung entgegengewirkt, aber bis in die jüngste Zeit fehlten ihnen die geeigneten Voraussetzungen, um darauf hinzuweisen, daß dieser Faktor unbedingt in Betracht gezogen werden muß.

Die Sufis behaupten, daß es traditionell eine scharf umrissene Methode gegeben hat, die von den »Wissenden« weithin, wenn nicht weltweit angewandt wurde. Zu dieser gehörte es, (1) die Menschen (oder einige von ihnen) dazu zu indoktrinieren, daß sie überholte Systeme abschaffen, die bereits angefangen haben, als Scheuklappen zu wirken; danach (2) die Indoktrination abzuschaffen, um wieder Flexibilität des Standpunktes und als Folge davon mögliche Aufklärung einzuführen und schließlich (3) bestimmte Stimuli anzuwenden, die helfen sollen, diese Aufklärung in der gewöhnlichen Welt wirksam zu machen.

Sehr nahe Parallelen dazu gibt es im weltlichen Erziehungsprozeß. Wenn z.B. jeder felsenfest an die Alchemie glauben würde, so wäre es schwierig, die Wissenschaft der Chemie aus ihren Fesseln zu befreien. Dann müßte bei bestimmten Menschen zuerst die Fixiertheit auf das alchemistische Ziel gelockert werden, bevor sie von der Chemie profitieren könnten.

Mit Hilfe des Erkennens von Konditionierung und Flexibilität läßt sich praktisch jedes System menschlichen Denkens und Handelns auf dem Gebiet der Spiritualität untersuchen. Solange jemand diese Erkenntnis nicht anzuwenden versteht, ist es nämlich unmöglich, mit dem Betreffenden ein gehaltvolles Gespräch zu führen.

Heute wird nur noch von wenigen bestritten, daß man unbedingt mit dem Phänomen des Konditionierens vertraut sein muß, um Glaubenssysteme untersuchen zu können. Warum ist aber dann mit so vielen Leuten in dieser Logik nur so schwer zu reden? Die Antwort ist sehr einfach. Was das Verstehen des menschlichen Verhaltens betrifft, befinden wir uns in einem Stadium, vergleichbar mit dem, das die Menschen erreichten, als sie die ersten Versuche machten, mit Leuten über Chemie zu sprechen, die noch auf die Hoffnung auf unerhörten Reichtum (oder manchmal auch auf unerhört spirituelle Aufklärung) durch die Alchemie fixiert waren. Wie der Alchemist oder diejenigen, die nach leicht zu erreichendem Reichtum verlangen, so verlangen auch heute die Leute eher nach dramatischen Impulsen (Stimulation der Emotionen, atemberaubende Erregung, Bestätigung, Autoritätsfiguren und ähnliches) als nach Wissen.

Erst wenn der Wunsch nach Wissen und Verstehen so stark wie das Verlangen nach emotionaler Stimulation ist, wird der Mensch aufgeschlossen für Veränderung, für Wissen und für mehr als ein nur sehr beschränktes Verstehen.

Daher muß vor dem Lernen zuerst die Fähigkeit zu lernen kommen. Und *diese* erwächst, zumindest zum Teil, aus der richtigen Einstellung. Und um *diese* wiederum muß sich der künftige Lernende bemühen.

Täuschung

Ein Gelehrter sagte zu einem Sufi:

»Wollt Ihr nicht zugeben, daß ihr Sufis mit Täuschung arbeitet?«

»Das will ich, in der Tat«, antwortete der Sufi. »Und ich will sogar noch weiter gehen und Euch erklären, warum das *sein muß*.

Jeder ist auf seinen eigenen Vorteil bedacht, jeder giert nach Gewinn ohne Mühe und nach einem Vorteil, der in keinem Verhältnis zu dem geleisteten Einsatz steht.

Niemand wird zu einer Sache hingezogen, wenn er sich von ihr nicht etwas verspricht.

Manche Leute werden zum Gelehrtentum hingezogen, dem Metier, das Ihr betreibt, weil Bildung den Menschen einen schmeichelhaften Ruf verleiht. Wie viele Gelehrte gibt es, die sich nichts auf ihre Gelehrsamkeit einbilden?«

Auch die Worte und Taten der Sufis scheinen in den Augen des Uneingeweihten vieles zu versprechen: Macht, Geheimnisse, Erlösung, Sicherheit und zu erreichende Ziele, die gewaltiger sind als alle anderen auf Erden. Ein solcher Mensch fühlt sich genau wie der künftige Gelehrte zu den Sufis hingezogen.

Worin besteht der Unterschied?

Der Unterschied besteht darin, daß die Mitglieder anderer Gruppen durch Stolz auf die eigene Person, Schmeichelei unter ihresgleichen und Heuchelei gegenüber der Welt die Täuschung vergrößern, während die Sufis es sich zu ihrer ersten Aufgabe machen, jedem, der über ihre Schwelle tritt, die Augen darüber zu öffen, wie gering die Chancen sind, daß ihm irgend etwas ohne Mühe in den Schoß fällt...

Götter und Geister

Wie kann man von den Leuten erwarten, daß sie den Sufis glauben, wenn diese behaupten, sie stünden in Kontakt mit dem Unbekannten, sie sähen einen roten Faden im Leben, den andere nicht sehen, und sie wären in der Lage, dies in die Erziehung des Menschen einzubringen?

Bevor ich diese Frage beantworten kann, muß ich zunächst

Sie fragen: Glauben Sie an die Götter und Geister, an die Opfer und den Weihrauch, an die geweihten Gewänder und Reliquien der Religion Ihres Volkes?

Ja, ich glaube an diese Dinge.

Wunderbar. Dann lassen Sie mich Ihnen eine Geschichte erzählen. Es war einmal ein Mann, der von einem mächtigen Gegner verfolgt wurde. Als der Mann unter einem Baum hindurchging, schlug er mit dem Kopf gegen einen Ast und fiel ohnmächtig zu Boden. Wie es der Zufall wollte, kam in diesem Moment sein Feind vorüber und hielt an, um nachzusehen, was geschehen war. Als der Bedrängte wieder zu sich kam, erkannte er die einmalige Chance, die sich ihm bot. Sofort sagte er zu dem anderen: »Ich war tot gewesen und habe für die Dauer eines Augenaufschlags das Jenseits besucht. Und tatsächlich traf ich dort Eure Familie.«

Aus irgendeinem Grund – wahrscheinlich aus Neugier oder Aberglauben – glaubte ihm der Unterdrücker. Er fragte: »Und wie steht es um sie?«

»Nicht gut«, sagte der andere. »Eure Vorfahren haben die niedersten Verrichtungen zu tun, alles lacht über sie und sie leben in einem Elend, wie man's ärger nicht finden könnte.«

»Aber was kann ich für sie tun?« fragte der unglückliche Empfänger dieser Nachricht.

»Es gibt nichts, was Ihr tun könntet, solange Ihr lebt, außer für mich zu sorgen. Ich erfuhr nämlich auch, daß ich, nachdem ich gestorben bin, ein gutes Wort für Euch einlegen kann, sofern ich ein hohes Alter erreiche, und ich werde keinem Menschen erzählen, in welcher Schande Eure Familie lebt«, sagte das einstige Opfer.

Und so kam es, daß er der Gefangenschaft seines Gegners entkam, indem er dessen Schwäche gegen ihn selbst verwendete … Nun, wie finden Sie das?

Ich begreife nicht, weshalb der Unterdrücker glauben sollte, daß der Schwindler im Himmel war oder wo immer er angeblich gewesen sein will; ich begreife nicht, warum irgend jemand glauben könnte …

Aber Sie wissen nicht, wie oder warum jemand glauben kann, was Sie zu glauben behaupten und was denen, die nicht in Ihrer speziellen Tradition aufgewachsen sind, ebenfalls unglaubhaft erscheint. Egal, ob Wahrheit oder Lüge und Einbildung, beides kommt den einen wahr und den anderen unwahr vor.

Gebet

Wenn schon ein einziges kleines Gebet Trost geben kann, wie wir wissen, daß es dies tut, kann dann ein ununterbrochenes Beten, wie es von manchen Asketen praktiziert wird, nicht sogar noch mehr geben?

Es war einmal eine arme, fast erblindete Frau. Im Gedränge eines Straßenmarktes geriet sie ins Stolpern und riß dabei mit der eisernen Spitze ihres Stocks den Saum der Robe eines Höflings auf, der gerade an einem Laden stehenblieb.

Sofort scharte sich eine Menschenmenge zusammen, als des Edelmanns Diener die Alte beschimpften.

Aber der Adlige war freundlich, voller Mitgefühl. »Unfälle passieren eben, wie's der Zufall will, Mütterchen«, meinte er, gab der Frau ein Goldstück und ging weiter seiner Wege.

Zufällig befand sich auch ein Schwachsinniger in der Menge. »Ein Goldstück für einen Riß in der Robe!« frohlockte der Mann mit dem Riß in der Rübe. »Das muß man sich wirklich merken.«

Und so schmiedete er sich, wie Schwachköpfe es tun, seine Pläne, die auf seiner eigenen Auffassung von der Situation basierten.

Als er das nächste Mal den reichen Mann auf dem Markt entdeckte, rannte der Idiot auf ihn zu, zerrte ihm die Brokatrobe von den Schultern, zerriß sie kreuz und quer und rief »Zehnmal zerrissen! Dafür schuldet Ihr mir zehn Goldstücke ...«

Die alte Frau war unschuldig und voll tiefem Bedauern gewesen; der Idiot dagegen war närrisch und habgierig. Was Sie nicht sehen, könnte in einer bestimmten Situation oder Sache vielleicht der entscheidende Faktor sein. Die Auswirkungen werden in gleichem Maße von Ihrem inneren Zustand wie von anderen Dingen abhängen.

Der Zweck der sufischen Unterweisung ist der, daß man sich auf ein höheres, feineres Verständnis einstimmt – und sie macht nicht den Versuch, einem Bewußtsein irgendwelche Formeln aufzuzwingen, das noch von zuviel Habgier erfüllt ist und diese mit berechtigtem Streben verwechselt.

Geister

Primitive Völker führen psychologische Absonderlichkeiten, wunderliche Macken und Barrieren auf Geister und kriminelle Vergehen zurück. Da heute auf dem Gebiet der Psychologie so viel Wissen herrscht, dürfte es den Sufis doch sicher leichter fallen, ihren Standpunkt zu vermitteln?

Wenn heute jemand sagt: »Das kann ich nicht akzeptieren« oder »das verstehe ich nicht« oder »ich möchte dies oder das«, dann könnte man ihn tatsächlich als einen Menschen betrachten, der an Inhibitionen oder etwas ähnlichem leidet, und nicht als einen, der von Teufeln besessen ist. Es gibt aber zwei Probleme, mit denen viele Leute noch nicht gelernt haben umzugehen. Das erste ist, daß das Bedenkenhaben für die Menschen auch ein schützender Faktor sein kann und daß es ihnen sogar zu vermeiden hilft, daß sie ausgebeutet werden. Das zweite ist, daß das Errichten von Barrieren in einem Moment, wo sie die Lage noch nicht überblicken können, die Menschen um den Fortschritt bringen kann. Rumis Geschichte vom Löwen, der nicht zu der Wasserstelle gehen konnte, um seinen Durst zu löschen, weil er sich vor seinem Spiegelbild darin fürchtete, veranschaulicht dieses Problem.

Die moderne Psychologie hat die Barrieren zwar aufgezeigt, aber sie hat bisher nur Methoden entwickelt, wie man damit in klinischen Fällen umgehen kann. Die Situation der Barrieren in der Gesellschaft ist jedoch weit umfassender und allgemeiner. Wenn Sie sehen möchten, wie früher damit umgegangen wurde, brauchen Sie sich nur unverseuchte Sufi-Literatur zu betrachten. Das wird jedoch nur selten getan, weil die Sufis aus den verschiedensten Gründen in früheren Zeiten praktisch als einzige auf diese Fakten hingewiesen haben. Die dämonische Erklärung haben sie bereits Jahrhunderte früher als irgend jemand anderer abgelegt – und sicher auch schon lange, bevor diese Auffassung in der Welt der Neuzeit auftauchte. Diese Feststellung führt ihrerseits manchmal zur Errichtung von Barrieren des Unglaubens, was auch ein Teil jener Malaise ist, von der wir hier sprechen. Daher ist die einzige Therapie die, dafür zu sorgen, daß die Gegner sich mit dem vertraut machen, was von den Sufis die Jahrhunderte hindurch geleistet wurde.

Held oder Ignorant

Der Hauptunterschied zwischen Sufis und »Glaubenden« ist, daß Glauben Überzeugung und Gewißheit ohne Beweis ist, während sich Sufi-Wissen auf Fakten stützt. Dies wird von Theologen häufig abgestritten, da sie in der Regel Wissen und Glauben miteinander verwechseln. Das läßt sich leicht demonstrieren: Wenn ich *weiß*, daß es zehn Uhr zehn vormittags ist oder daß eine Fliege an der Wand sitzt, dann ist es absolut überflüssig, ja, hirnrissig, dies als einen Glauben zu bezeichnen. Diejenigen, die *glauben*, daß eine Sache wahr ist, wissen dies dagegen keineswegs auf dieselbe Art und Weise. Und warum nicht? Weil sie, wenn sie es als positive, objektive Tatsache wüßten, nicht die geringste Emotion damit verbinden würden; dann wären sie auch nicht so sehr darauf versessen, ihren Glauben anderen aufzuzwingen. Alle menschliche Erfahrung zeigt, daß auf diese charakteristische Weise nur Dinge geglaubt werden, über die es Zweifel gibt. Tatsachen, wahre Tatsachen sind kein Thema für Emotion oder Bekehrungseifer. Die theologisch orientierten Menschen unterliegen also nicht einem Irrtum oder einer Täuschung, sondern sie sind nur wenig informiert über den Unterschied zwischen Äußerungen wie »Ich weiß, daß das ein Bleistift ist« und »Ich weiß, daß es spirituelle Wesen gibt, denn ich habe gefühlt, daß das wahr ist.«

Es gibt eine Geschichte, die dies auf eine nützliche Weise veranschaulicht. Drei Männer saßen einmal in einem Flugzeug. Plötzlich verlor die Maschine an Höhe, und der Pilot bat einen von ihnen, abzuspringen, damit sie leichter wird und sicher landen kann. »Ich kann nicht springen«, sagte der Gelehrte, »denn ich als ein Instrument der Erziehung bin zu wichtig, um mein Leben aufs Spiel zu setzen.«

»Ich werde springen«, sagte der Priester, »denn ich glaube zuversichtlich, daß ich gerettet werde.« Und er sprang.

»Es gibt nur noch einen Fallschirm«, sagte der Sufi, »und den werde ich nehmen, denn ich weiß, daß der Pilot jeden Moment einen weiteren bitten wird, sich als Freiwilliger zu melden, und so werde ich sicher landen.«

»Aber«, meinte der Gelehrte, »war der Priester nicht ein Held, weil er daran glaubte, daß er sicher landen würde?«

»Er war sogar mehr als das«, sagte der Sufi. »Statt des Fallschirms schnallte er sich nämlich Ihren Rucksack um ...«

Reklame

Wie würden Sie die Leute bezeichnen, die in aller Öffentlichkeit ihren Anspruch verbreiten, Lehrer des Weges zu sein, die mit Musik und Gesang für ihren Anspruch Reklame machen und die auf die gleiche Tour ›Retreats‹ für Schüler veranstalten, wie es so viele mechanische und emotionale Religionsvertreter ebenfalls tun?

Diese Leute haben sich die Jahrhunderte hindurch kein bißchen geändert. Zu dem, was die klassischen Meister bereits über sie gesagt haben, brauche ich nichts hinzuzufügen. Bedauerlicherweise studierten die Leute aber diese Ermahnungen nicht. Wenn sie es täten, dann müßten sie nämlich nicht solche Fragen stellen. Es ist dasselbe, wenn die Leute in der Algebra ständig fragen würden, ob es so etwas wie Gleichungen gibt, obwohl die Bücher nur so strotzen vor Gleichungen. Wenn Sie ein Beispiel dazu möchten, dann betrachten Sie sich in Rumis *Mathnawi* die Geschichte vom naseweisen Dalqak und dem Sayeden, welcher Sultan von Tirmid war.

Der Sayede hatte verkünden lassen, daß er jeden belohnen werde, der sich nach Samarkand begeben und für ihn in drei bis vier Tagen eine dringende geschäftliche Angelegenheit erledigen könne.

Da sich Dalqak gerade im Lande befand, schwang er sich, sowie er davon hörte, auf sein Roß und eilte so geschwind, wie er konnte, zu dem Sultan. Seine Eile war so groß, daß zwei Pferde nacheinander tot unter ihm zusammenbrachen und seine aberwitzige Flucht die Leute in Angst und Verwirrung stürzte. Sie glaubten, ein schrecklicher Feind sei im Anmarsch und drauf und dran, über das Reich herzufallen.

Als er zu dem Sayeden vorgelassen wurde, mußte der Naseweis zuerst einmal verschnaufen, um Atem zu schöpfen, während alle aufs höchste gespannt waren, welche Nachricht er wohl brachte. Schließlich sprach er zu dem König: »Ich habe von Eurer Hoheit Angebot gehört, aber ich bin gekommen, um Euch zu erklären, daß ich diesen Auftrag leider nicht erfüllen kann!«

Dies ist ein Gleichnis für die Verwirrung und Zweifel, die jene angeblichen »Sufi-Lehrer« säen, die in Wirklichkeit nichts anderes tun, als Schall und Rauch, Aufregung und Aufruhr zu verbreiten – und sogar dann, wenn sie angeblich zu Stille und Meditation aufrufen.

Bereits Rumi verwendet diese Geschichte als Beispiel

dafür, was genau die Leute, die Sie beschreiben, wirklich tun und was ihre wahre Rolle ist. Wozu müßte ich sie daher noch weiter definieren?

Das Volk Gottes

Ein mongolischer Eroberer entsandte einmal als Kaufleute verkleidete Spione in ein fremdes Land, um Auskünfte über seine Regierung einzuholen.

Hier ihr Bericht:

»In jenem Land gibt es nicht nur einen Herrscher, sondern zwei. Der erste wird ›König‹ genannt, und seine Bediensteten sind gut gekleidet, gut genährt und genießen ihr Leben. Der andere Herrscher wird ›Gott‹ genannt. Die Leute, die ihm folgen, sind in fade Gewänder gehüllt, machen trübe Gesichter und sind unterernährt.

Den Grund für die Einsetzung dieser zwei Herrscher über ein Land konnten wir nicht entdecken, aber wir wissen, welchem von ihnen jeder Neuling, wenn er die Wahl hätte, den Vorzug gäbe.«

Leichter …

Es war einmal ein Derwisch, und der war ein Barbier. Einer seiner Kunden war ein religiöser Fanatiker, ein Mulla mit einem mächtig buschigen Bart, und er beschloß, sich ihn stutzen zu lassen, da er ihm inzwischen in den Mund zu wuchern begann. Da er ein gieriger Esser war, geriet sein Bart bereits seinen Speisen ins Gehege.

Als der Derwisch ihm zum ersten Mal den Bart stutzte, fragte er seinen Kunden: »Was fühlt Ihr, wenn Ihr an die Ungläubigen denkt?«

Als sich der Mulla zum zweiten Mal zum Bartstutzen niedersetzte, fragte ihn der Barbier-Derwisch wieder:

271

»Werden die Ungläubigen neuerdings nicht immer mächtiger?«

Und als der Mulla sich zum dritten Mal zum Stutzenlassen niederließ, meinte der Derwisch, welcher ein Barbier war, wiederum: »Laßt uns über die Ungläubigen reden...«

Da fuhr der Mulla zu ihm herum und schrie: »Weshalb könnt Ihr nicht über etwas Bekömmlicheres reden? Jedesmal, wenn ich herkomme, wollt Ihr über die Ungläubigen reden. Es entsetzt mich, daß Ihr einen so verkommenen Geschmack habt, und dies, obwohl es heißt, Ihr wärt ein Derwisch...«

Da lachte der Derwisch. »Das hat nichts mit meinem *Geschmack* zu tun«, sagte er, »es ist nur so: Wann immer Ihr das Wort ›Ungläubige‹ hört, sträubt sich Euch so sehr der Bart, daß er leichter zu stutzen ist.«

Trottel

Menschen, die auf konventionelle Art religiös sind, bewundern gewöhnlich Dinge, von denen ihnen ihr Assoziationsvermögen sagt, sie seien »heilig« oder »gut« oder »fromm«. Es verschafft ihnen emotionale Befriedigung, wenn sie von Vertrauten hören oder von Fremden sehen, daß sie Dinge tun, die gemeinhin als fromm gelten. Da dies für sie zu einem Quell persönlicher Freude geworden ist, fällt ihnen nicht auf, daß dieses häufig abgesehen davon keinen weiteren Wert hat. Daher sind solche Leute hoch entzückt, wenn sie andere beten oder auf sonstige Art »spirituell« reagieren sehen, denn von beidem haben sie gelernt, daß es etwas Höheres bedeutet als das, was sie in Wirklichkeit tun. In Wirklichkeit gehen dabei nämlich spirituelle Empfindungen verloren. Was sie verdrängt hat, ist die oberflächlichere Emotion. Daher die

Geschichte vom Spatz und dem Priester

Ein Priester ging einmal in eine Tierhandlung und fragte, ob es dort irgend etwas gäbe, was ihn interessieren könnte. Die Ladenangestellte zeigte ihm einen Sperling.

»Der wird Euch sicher gefallen«, sagte sie. »Wenn Ihr an diesem Bein des Vogels zieht, spricht er ein Gebet, und wenn Ihr am anderen zieht, dann singt er ein Kirchenlied.«

Der Priester war entzückt, und in Anbetracht einer so wohlvertraut frommen Aufmerksamkeit durchströmte ihn ein Gefühl von heiliger Freude.

»Und«, strahlte er, »was passiert, wenn ich an beiden Beinen gleichzeitig ziehe?«

Da schilpte der Spatz aus vollem Hals: »Dann fall ich auf die Fresse, du Trottel!«

Leid

Ist Leiden der Weg zu Gott, wie so viele Sufis behauptet haben?

Mir ist kein wahrer Sufi bekannt, der das behauptet hätte. Wenn das wahr wäre, dann müßten oder könnten sich alle Menschen um Sie herum, die ein Leid erfahren haben, auf dem Weg zu Gott befinden. Viele Derwische, die mit Emotionen arbeiten und das Augenmerk zu sehr auf das Leiden gerichtet haben, stellen sich dabei vor, daß dies in gewisser Weise ein religiöser Pfad sei. Dasselbe können Sie auch in gedruckter Form finden und immer wieder aus dem Munde irregeleiteter Menschen hören. Menschen mit Verstand dagegen, diejenigen, die sich mit der Materie befaßt haben, werden Ihnen sofort sagen, daß das, was einen zu einem besseren oder schlechteren Menschen machen kann, nicht das Leid selbst ist, sondern die Art, wie er auf das Leid reagiert. Wenn ein Mensch Leid braucht und es versteht, damit fertig zu werden, wird es ihn zu einem besseren

Menschen machen. Andernfalls aber nicht. Sie müssen sich wirklich vor jenen übertriebenen Vereinfachungen hüten, die auf der Einbildung gründen, eine einfache Formel könne alles erklären. Erinnern Sie sich, wenn Sie wollen, wie ich einmal den Unterschied zwischen einem Derwisch und einem Sufi definiert habe: »Ein Derwisch versucht heilig zu sein – der Sufi braucht es nicht zu versuchen!«

Ersatz-Beschäftigungen

Ersatz-Beschäftigungen, manchmal auch »Austausch-Symptome« genannt, bilden einen bedeutenden Teil des menschlichen Verhaltens.

Ein Beispiel: Menschen, die behaupten, sie würden sich nicht für Metaphysik interessieren, reagieren oft besonders heftig gegen eine Neugier in dieser Richtung.

Andererseits haben Leute, die eifrig behaupten, diese Dinge würden sie zutiefst beschäftigen, selten die richtigen Voraussetzungen, um davon profitieren zu können. Ihren Eifer bei der Sache benutzen sie als ein Mittel, das sie davon abhält, weiter in die Materie einzudringen.

Ihre Angst lähmt sie – aber dies könnte insgeheim sogar beabsichtigt sein.

Daß das so ist, kann man auf einer sehr gewöhnlichen Ebene sehen, wenn man sich die eifrig Gläubigen aller möglichen Sekten und Systeme betrachtet. Weil sie »Glauben haben«, glauben sie nicht an das Lernen. Sie benutzen das Glauben tatsächlich dazu, um das Lernen zu verhindern. Das kommt zum Teil daher, weil das dringende »Verlangen nach dem Lernen« ein Verhalten auf emotional niederer Stufe, eine Form von angenehmer Beschäftigung, ein Ersatz ist.

»Gläubige« bzw. »Glaubende« hängen auch stark an ihrem Glauben, und lassen so leicht nicht zu, daß daran etwas geändert wird, und schon gar nicht durch Erfahrung, weil sie in Wirklichkeit nach einer systematischen Formel suchen, die ihnen ein Gefühl der Stabilität verleiht. In ihren Köpfen ist Raum für ein System und nicht für die Wahrheit. Es sind Leute, die sich einbilden, es habe sich ein mächtiger Wandel in ihnen vollzogen, wenn sie nur ein Glaubenssystem gegen ein anderes austauschen. Sie sind nicht Gläubige in dem Sinn, wie er von einem echten Glaubenssystem verstanden wird, sondern nur vorübergehend Stabilisierte.

Im Notfall

Wie denken Menschen anderer Kulturen eigentlich über die Art zu predigen, die im Westen praktiziert wird?
Natürlich gibt es viele Arten zu predigen. Aber einige davon sind ganz offensichtlich weniger ein Predigen, sondern eher ein Ventil für die überschüssige Energie des Predigers.

Ich erinnere mich, daß ich einmal zu einem Vortrag, der von einer sehr berühmten spirituellen Persönlichkeit in einem westlichen Land gehalten wurde, einen Sufi mitgenommen habe, um seine Reaktion zu beobachten.

Der religiöse Propagandist stand auf einer Kanzel, und da er klein an Gestalt war, wurde er von ihr fast vollends zum Zwerg gemacht und es sah so aus, als wäre er in einem Käfig eingesperrt.

Während er sich über sein Thema warm redete, wurde er immer hitziger, ruderte mit den Armen und seine Stimme bekam etwas besorgniserregend Wildes.

Als seine Rede ihren Höhepunkt erreichte und er sein dramatisches Pathos in voller Stärke verströmte, wandte sich der Sufi zu mir und flüsterte:

»Was macht man in diesem Land eigentlich, um das Publikum im Notfall zu schützen, wenn solche Leute ausbrechen?«

Worauf sie reagieren

Menschen, die wirklich große Zuschauermassen anziehen, bringen diese mit mehreren Mitteln gleichzeitig zusammen. Da ist zunächst einmal das, was sie sagen, dann das, was sie dabei tun, und schließlich das gesamte Erscheinungsbild der Veranstaltung. Traditionellerweise ziehen Sufis dagegen keine ›Show‹ ab – es sei denn, es sind Sufi-Imitationen, die für Bärte und Roben und das übrige Brimborium schwärmen. Wie denken Sie darüber?

Das kommt darauf an, ob Sie in erster Linie lehren oder unterhalten. Durch die Art, wie Sie sich zur Schau stellen oder dies unterlassen, können Sie sich das Ihnen entsprechende Publikum auswählen.

Ich fragte einmal einen Geistlichen, weshalb er mit Weihrauch, Meßgewändern, Anrufungen und ähnlichen Dingen arbeitete. Darauf sagte er, er habe herausgefunden, daß er damit sein Problem ähnlich löste wie jener Mann, der an einer verkehrsreichen Straßenkreuzung wohnte: Das Haus dieses Mannes war so gelegen, daß die Autos dicht daran vorbeirasten und seine Familie in Gefahr brachten. Er stellte Schilder auf mit der Bitte, vorsichtig zu fahren, aber sie blieben ohne Wirkung. Schließlich stieß er auf eine Lösung – und schon am nächsten Tag schlichen die Autos geradezu, sobald ihre Fahrer sein neues Hinweisschild erblickten. Es trug die Aufschrift: »AUTOFAHRER ACHTUNG: NUDISTEN KREUZEN DIE STRASSE!«

Levitation

Wie erklären Sie sich die Tatsache, daß viele Menschen die außergewöhnlichsten Dinge wahrnehmen oder wahrzunehmen glauben, und zwar Wahrnehmungen, die von spiritueller Natur zu sein scheinen und sich häufig so sehr gleichen, daß sie sicher real sein müssen?

Echte spirituelle Erfahrungen – und damit meine ich nicht jene zaghaften Versuche auf einer niedrigen Ebene, von denen die Leute ständig reden – lassen sich nicht mit Worten beschreiben. Sie finden auf einer anderen als der verbalen Ebene statt. Manche davon können wiederum echt und real sein und andere nicht. Daher kann man solche Dinge, die in ganz bestimmten Zusammenhängen stehen, nicht verallgemeinern.

Aber Sie sollten sich daran erinnern, daß sich nur wenige Leute darüber im klaren sind, wie leicht es ist, zu glauben oder andere glauben zu machen, daß sie etwas Außergewöhnliches erlebt haben. Greifen wir aus einer ganzen Fülle von Beispielen eines heraus:

Der Astronom Patrick Moore kündigte einmal in der BBC an, daß es in Kürze zu einer ungewöhnlichen Planeten-Konstellation kommen werde. Die Folge davon sei, so fuhr er fort, daß die Schwerkraft auf die Bewohner unseres Planeten weniger stark als gewöhnlich wirken werde. Er schlug vor, die Leute sollten in dem Moment, wo der Planet Pluto – genau um 9 Uhr 47 des betreffenden Tages – diesen Effekt verursachen würde, das Nachlassen der Schwerkraft testen, indem sie aus dem Stand in die Höhe springen. Dann bekämen sie ein Gefühl, als würden sie schweben.

Zu Hunderten riefen die Menschen bei der BBC an und berichteten, daß sie tatsächlich gesprungen wären und den Effekt des Schweben gefühlt hätten. Da Meinungsumfragen ergeben hatten, daß selbst bei den aufregendsten Erlebnissen weniger als ein Prozent der Bevölkerung sofort bei der entsprechenden Nachrichtenredaktion der BBC anruft, mußte dies bedeuten, daß viele Tausende von diesem Schwerkraftaufhebungseffekt überzeugt gewesen waren.

Was sie alle vergessen hatten, war natürlich, daß Moore seine Ankündigung am 1. April gemacht hatte.

Weitere Kommentare dürften sich also erübrigen!

Sie mit Wissenschaft blenden

Ständig kommen Leute zu mir und sagen, es hätte ihnen anfangs zwar Befriedigung verschafft und sie hätten sogar »spirituelle Erfahrungen« gemacht, wie sie es gerne nennen, wenn sie diesem oder jenem spirituellen System gefolgt waren, aber dann hätte die Wirkung nachgelassen und sie hätten sich von ihrem erwünschten Ziel so weit entfernt wie ehedem gefühlt.

Sie klammern sich an die Behauptung, daß das, was sie getan haben, irgendeinen Sinn gehabt haben muß, und erwarten nun, daß man ihnen die Sache so erklärt, daß sie das Element der betreffenden Lehre, von dem sie glauben, es sei befriedigend für sie gewesen, weiter am Leben erhalten können.

Ihre Schwierigkeit ist die, daß sie das, was mit ihnen geschah, nicht objektiv betrachten – mit dem Ergebnis, daß es effektiv nichts gibt, was man in diesem Zustand für sie tun könnte.

Eine Analogie dazu ist in der Geschichte von dem Mann zu finden, der Mücken in seinem Bett hatte. Zuerst löschte er das Licht, damit die Insekten nicht sehen konnten, wohin sie stachen. Dieser Mann ging von Annahmen aus, die durchaus logisch waren, aber ohne Wirkung blieben, weil er seine Erfahrung nicht richtig einzuordnen verstand. Als ihm jemand sagte, Mücken könnten auch im Dunkeln stechen, installierte er eine ganze Flutlichtanlage im Zimmer, um die Mücken zu blenden. Dies schien – o Wunder aller Wunder! – eine Weile zu funktionieren; aber dann stellte er fest, daß er fühlte, wie sie wieder zu stechen anfingen.

Wie ›wirkten‹ die Scheinwerfer? Tatsache ist natürlich, daß das Licht *ihn* so benommen machte, daß seine Aufmerksamkeit von den Mücken abgelenkt wurde und ihm das Gefühl gab, sie würden ihn nicht mehr stechen. Als er sich an das blendende Licht aber gewöhnt hatte, begann er die Mücken wieder zu spüren.

Er hat auch heute noch das Gefühl, so wurde uns berichtet, daß der Erfolg irgendwo in der Richtung von Scheinwerfern liegen müsse. Und er preist seine wenigen kurzen Stunden, in denen er frei von Stichen ist.

Das »Two-Thirty«

Einmal fragte mich jemand, woher es komme, daß so viele unkomische Komiker es fertigbrächten, sich eine solche Berühmtheit zu verschaffen, daß die Leute schon lachten, wenn sie sie nur erblicken. Der Fragesteller wies ganz richtig darauf hin, daß sehr viele dieser Künstler überhaupt nicht komisch seien und trotzdem unglaublich hohe Gagen einstrichen.

Ich wußte nicht so recht, was ich antworten sollte, aber schon bald darauf lieferte mir jemand eine Demonstration, die mir die Augen öffnete. Es handelte sich nicht um einen Komiker, sondern um einen Prediger, der in dem Ruf stand, auf jede Frage, egal, wie schwer, zur Zufriedenheit fast jedes Zuhörers in seinem Publikum eine Antwort zu wissen.

Mir wurde klar, daß dieses Kunststück mit Hilfe von etwas gelingt, was einem Trick gleichkommt, den das Publikum jedoch nur selten durchschaut. Wenn Sie sich einmal die Mühe machen, solche Leute zu beobachten, werden Sie genauso wie ich sehen, daß dieses Etwas immer wieder angewandt wird. Aber sogar Journalisten, die solchen Ereignissen beiwohnen, haben es noch nicht entdeckt.

Der »Trick« ist mit einer bestimmten menschlichen Eigentümlichkeit verbunden. Wenn sie nicht besonders aufmerksam sind, vergessen die Menschen, wie die Frage eigentlich gelautet hatte, und lassen sich davon mitreißen, daß es so *scheint*, als würde der Sprecher die Frage beantworten. Das Vertrauen in seine Stimme blufft sie so stark, daß sie sich einbilden, er habe tatsächlich auf eine Art geantwortet, die sich auf die Frage bezieht.

Ich ging also zu der betreffenden Versammlung, weil mir von verschiedenen Leuten, die ansonsten bei klarem Verstand sind, versichert wurde, der Redner wüßte »auf alles eine Antwort«.

Als wir ankamen, rief jemand aus dem Publikum dem »Mann, der alles weiß«, unbeherrscht zu:

»Gut, dann sagen Sie uns, wer morgen nachmittag das ›Two-thirty‹-Rennen in Doncaster gewinnt!«

Ohne auch nur eine Sekunde zu zögern, setzte der magische Mann des Glaubens zu einem Redestrom an, der sich über eine geschlagene Viertelstunde hinzog und mit folgenden Worten einsetzte:

»Ich freue mich, daß Sie diese Frage gestellt haben, denn sie gibt mir Gelegenheit, über das wichtigste Problem unserer Zeit zu sprechen, nämlich über den Materialismus...«

Als wir wieder aus dem Saal herausströmten, sagten die Leute aufgeregt zueinander: »Verstehst du, Mann, der weiß eben echt Bescheid...«

Die Leute, die uns beeindrucken...

Sie haben mich erstens gefragt, wie eine Lehre, die im Grunde kein besonderes Verdienst hat, so viele Leute, darunter auch Sie selbst, beeindrucken kann. Zweitens haben Sie gefragt, woher es kommt, daß erstaunliche und sogar an ein Wunder grenzende Dinge von Leuten vollbracht werden können, die ganz gewöhnliche Menschen sind. Verdienen solche Leute, so fragen Sie weiter, nicht Beachtung und Respekt? Drittens haben Sie gefragt, warum der Eindruck, den solche Leute auf andere machen, für Sie nicht von großem Wert sein kann und warum man sie im Grunde nicht als Lehrer betrachten sollte.

Wie Sie sich vorstellen können, wurden diese Fragen bereits viele Male gestellt und beantwortet – und die Tatsache, daß Sie sie stellen, beweist, daß es Ihnen an Information fehlt, und nicht, daß für Sie die Notwendigkeit besteht, sie zu stellen. Die Menschen haben rohe Datteln gesehen und dachten nun, sie würden reifen, wenn sie nicht mehr hinsehen. Sie haben geglaubt, ihre Brunnen, die versiegt waren, seien auf wunderbare Weise mit Wasser gefüllt worden – wenn der Grund für das plötzliche Auftreten von Wasser ein anderer war. Die Fragen wurden auch von denen gestellt, die sich über ihre Kinder freuten, obwohl sie dazu vielleicht weniger Veranlassung gehabt hätten, als sie glaubten.

Die folgende Geschichte, eine sehr alte, gehört zu denen, die traditionell dazu benutzt werden, um Ihre Fragen zu beantworten:

Der Baum, der Brunnen und der Sohn

Es war einmal ein Mann, dessen Dattelpalme keine Datteln mehr trug und dessen Brunnen versiegt war. Er befürchtete, daß er verhungern müßte, denn beides bildete seine Nahrung, und so wandte er sich an einen renommierten Wunderwirker um Hilfe.

»Ich kann Euch gewiß helfen«, sagte der Wundermann, »aber Ihr müßt mir hundert Goldstücke zahlen, wenn der Baum dazu gebracht werden soll, wieder zu tragen. Und«, fügte er hinzu, »Ihr müßt Euch bei Nacht von dem Baum fernhalten.«

Der Mann bezahlte, und der Magier nahm – bei Nacht – ein paar grüne Datteln und heftete sie zu Bündeln an den Baum, so daß es aussah, als wären plötzlich echte Früchte daran gesprossen.

Sein Kunde war überglücklich und fragte den Magier, ob er ihm auch mit dem versiegten Brunnen helfen würde.

»Gewiß«, sagte er, »aber Ihr müßt mir zweihundert Goldstücke zahlen und Euch bei Nacht von dem Brunnen fernhalten, wenn meine dienstbaren Geister ihr Werk verrichten.«

Der Handel wurde geschlossen, und in der Nacht hatte der Schuft den Brunnen durch Komplizen auffüllen lassen, indem sie mehrere Ziegenhäute voll Wasser herangeschleppt und hineingeleert hatten.

Als der Überglückliche sah, daß der Brunnen wieder randvoll war, fragte er den Magier: »Meine Frau ist unfruchtbar, und wir wünschen uns ein Kind.«

Da versprach der Zaubermann wiederum zu helfen: Diesmal für fünfhundert Goldstücke und vorausgesetzt, daß der Mann sich viele Nächte lang von seiner Frau fernhielt.

Der Brunnen trocknete natürlich wieder aus, und die Datteln verdörrten am Baum. Aber nach einigen Monaten kam die Frau mit einem Kindlein nieder. Die Geburt des Babys versetzte den Ehegemahl in so helle Freude, daß sie die beiden Enttäuschungen in seinem Kopf zur Gänze aufwog. Schließlich war dem Magier ja etwas gelungen, was andere nicht fertigbrachten, – oder nicht?

Frömmigkeit

Warum werden die Bemühungen frommer Menschen, die spirituelle Übungen praktizieren, sich auf eine bestimmte Art kleiden, sich an rituelle Vorschriften halten und sich ganz allgemein so verhalten, wie es ihnen von einer hohen religiösen Autorität empfohlen wurde, von Sufis so schlecht gemacht?

Lieber Freund, ich versichere dir, daß du weder heute noch in der Vergangenheit auf der Oberfläche dieser Erde einen Sufi finden wirst, der das tut, wovon du behauptest, daß Sufis es täten. Deine Frage gehört daher zur Kategorie jener berühmten Frage: »Haben Sie schon aufgehört, Ihre Frau zu verprügeln?«

Wogegen die Sufis aber tatsächlich sind, ist das Bekennen zu Frömmigkeit, ohne daß den Worten auch Taten folgen, und das Praktizieren von Ritualen ohne Inhalt.

Vielleicht hast du nichts dagegen, dir dazu die folgende Anekdote aus Saadis *Bustan* anzuhören:

Saadi und einige Gefährten besuchten einmal in einem entlegenen Teil der Türkei einen Mann, der in dem Ruf stand, gut und fromm zu sein. Er empfing sie freundlich und begegnete ihnen mit jeglichem Respekt. Doch dann verbrachte er die ganze Nacht im Gebet, während die Besucher mit hungrigem Magen sitzen blieben, obwohl ihr Gastgeber ein vermögender Mann war.

Schließlich sagte einer von Saadis Freunden: »Gebt uns lieber ein wenig zu essen, anstatt uns so viel Achtung zu zeigen. Tretet mir lieber mit Eurem Fuß auf den Kopf und gebt mir dafür etwas zu essen, anstatt in Ehrfurcht meine Schuhe zu berühren!«

Wenn du feststellst, daß sich diese frommen, spirituellen Leute mit Roben auf dem Leib und Ritualen im Kopf aufmerksam verhalten, andere gut behandeln und sich der Verleumdung enthalten, dann wirst du wahrhaft anständige und fromme Menschen gefunden haben. Wenn sie dagegen bei anderen – ganz egal, wem – ein Gefühl von Traurigkeit, Leid, Entbehrung oder Ablehnung hinterlassen, dann weißt du, daß du jene Sorte von Menschen gefunden hast, von denen die Sufis sprechen.

Glauben

Ist es nicht von Nutzen, wenn man sich in diesen Dingen zuerst einmal ziemlich sicher ist, bevor man weitere Schritte unternimmt? Ich finde, daß wir »glauben« müssen, bevor wir verstehen können.

»Sich sicher sein« und »glauben« bezieht sich auf unterschiedliche Zustände des Bewußtseins. Viele denken z.B., sie seien »sich sicher« in einer Sache, während sie lediglich von ihr besessen sind. Andere bezeichnen ihren Zustand als »glaubend« oder »gläubig«, wenn sie lediglich indoktriniert worden sind. Bis vor nicht allzu langer Zeit wurden Leute, die auf diesen Umstand hinwiesen, oft als Abgesandte des Teufels betrachtet: Das eine wie das andere zeigt, wieviel Aggression mit manchen Formen von Besessenheit und Konditioniertheit verbunden ist, und beides macht deutlich, wie wenig die Opfer ihren Zustand verstehen.

Der falsche Glauben über das Glauben und das »Sicher-sein« (das in vielen Fällen eher dem Todsicher-Sein arroganter Selbstsicherheit gleicht) ist so weit verbreitet, daß er kürzlich im Zusammenhang mit angeblich »Übersinnlicher Wahrnehmung« (ÜSW) getestet wurde.

Unter Personen, die behaupteten, sie besäßen solche Wahrnehmungsfähigkeiten, herrschte eine überwiegend negative Korrelation zwischen »Glaubenden« und ÜSW-Fähigkeit. Mit anderen Worten: Leute, die behaupteten, sie würden »glauben«, waren im allgemeinen weniger zu übersinnlicher Wahrnehmung fähig als Nicht-Glaubende. Andererseits neigten Personen, die behaupteten, sie wären sich ihrer Eignung für Studien über höhere Wahrnehmung »sicher«, achtmal *weniger* als die Normalbevölkerung dazu, diese Phänomene zu verstehen.

Zu »glauben«, bevor man versteht, ist für viele Menschen, so stellten wir fest, gleichbedeutend mit »indoktriniert zu werden, so daß man nicht versuchen muß, zu verstehen«. Diejenigen, die glauben *wollen*, um verstehen zu können, sind daher, wie sich herausstellt, im allgemeinen Menschen, die einen unbelegten Glauben wollen, also etwas, was sich einem tieferen Verstehen entzieht.

Wirklicher Glaube kommt nach dem Verstehen. Sobald man eine Sache verstanden hat, *muß* man sie glauben, denn nun hat sie den Status einer Tatsache. Sobald wir dagegen von »Glauben« sprechen im Sinn von etwas, das ohne Verstehen oder Wissen aufkommen kann, so ist dies im Grunde nur ein anderes Wort für Besessenheit und fällt eher in einen medizinischen, als in einen spirituellen oder psychologischen Bereich.

Das menschliche Glauben

Wenn eine große Anzahl von Menschen etwas glaubt, denken Sie dann, daß es wahr sein muß? Wahrscheinlich nicht, es sei denn, Sie gehören zufällig zu dieser Anzahl. Wenn ein hoher Prozentsatz einer Bevölkerung etwas glaubt, dann ist die Wahrscheinlichkeit jedoch groß, daß es für wahr gehalten wird. In den meisten Bevölkerungen dürfte die Zahl der Andersdenkenden daher nicht sehr groß sein.

Bis vor relativ kurzer Zeit bewegten sich die Leute nicht sehr viel von Ort und Stelle, und das bedeutet: Die überwiegende Mehrheit der Menschen pflegte über Generationen hinweg fortgesetzt an die Wahrheit bestimmter Dinge zu glauben, ohne daß die Wahrscheinlichkeit groß war, daß solche Glaubensansichten – wahre oder auch andere – gestört wurden.

Obwohl die menschliche Beweglichkeit inzwischen zugenommen hat, hinkt die der menschlichen Annahmen noch weit hinterher: Das menschliche Wissen mag zwar zugenommen haben, aber das menschliche Glauben ist ziemlich konstant geblieben.

Die Menschen haben nicht genügend Zeit, um zu erkennen, wieviel Wissen heute über das menschliche Denken und Verhalten vorhanden ist, und zwar ein Wissen, das sogenannte »Fakten« oder »Tatsachen« auf eine ganz andere Weise erklären könnte.

So hat z. B. die wissenschaftliche und/oder medizinische Untersuchung gewisser Probleme im Laufe der letzten Jahre gezeigt, daß diese sich in Wirklichkeit stark von dem Bild unterscheiden, das man bislang von ihnen hatte.

Betrachten Sie das folgende Beispiel. In einer Fabrik wurde ein chemisches Bleichmittel in Pulverform von einem Ort an einen anderen bewegt. Drei Arbeiter wurden durch dabei auftretende Dämpfe verletzt – aber nicht weniger als *sechzig* wurden ins Krankenhaus eingeliefert, da man bei ihnen Erkrankungssymptome festgestellt hatte. Als sie ankamen, entdeckte man, daß die siebenundfünfzig Personen an »Massenhysterie« litten und überhaupt nicht erkrankt waren.

Wären keine wissenschaftlichen Tests vorgenommen worden, dann hätte man diese Personen zweifellos auch als vergiftet betrachtet. Und niemand hätte diesen Glauben korrigieren können.

Wenn hysterische Erkrankungen fast zwanzigmal so häufig wie die tatsächlichen Verletzungen auftreten können, können Sie sich dann vorstellen, was dies, auf den menschlichen Glauben übertragen, bedeutet – und was die Menschen infolge solcher Arten von Glauben womöglich denken oder tun?

Der beste Beweis ...

Sicher gibt es kein besseres Beispiel für einen Fall, in dem sich beweisen läßt, daß Einbildung mit wahrer Empfindung verwechselt wurde – und es kann auch kein besseres geben –, als etwas, was ich auf einer Reise zu heiligen Stätten im Mittleren Osten erlebt habe.

Ich befand mich in Gesellschaft einer Gruppe sehr frommer Anhänger eines bestimmten Glaubens – um welchen es sich handelte, brauchen wir nicht zu erwähnen. Sie besichtigten Stätten, die wegen ihrer spirituellen Geschichte und Atmosphäre berühmt waren und meistenteils einer anderen religösen Tradition angehörten.

Ihr Führer war ein Neuling auf seinem Gebiet. Während wir von einem Ort zum nächsten zogen, las er daher zur Unterstützung seiner Aufgabe das zu Erwähnende in allen Einzelheiten aus einem *Guide Michelin* vor. »Hier wurden Märtyrer getötet... An dieser Stelle befand sich die Zelle eines bestimmten heiligen Mönchs... Hier hatte diese oder jene Person eine heilige Vision...«

Jedesmal blieben die frommen Pilger in ehrfurchtsvoller

Andacht stehen und ließen es an keinem Zeichen fehlen, wie intensiv sie das tiefe spirituelle Gefühl zu würdigen wußten, das die Orte ausstrahlten...

Dann wurden wir eines Tages zu einer historischen Stätte geführt, an der uns der Führer über die Greueltaten vorlas, die dort begangen worden waren: Ein bestimmter Tyrann, so zitierte er, habe massenweise edle Männer Gottes ermordet und das gesamte Areal sei mit einem Fluch beladen. Alle erschauderten und erörterten lebhaft, wie sie »die unmittelbare Essenz des Bösen«, von der sie umgeben waren, empfanden.

An jenem Abend waren sie auch im Hotel noch dabei, sich gegenseitig ihre schaurigen Erlebnisse zu schildern, als uns der Führer schamrot im Foyer zusammenrief und gestand, daß er aus Versehen die falsche Seite vorgelesen hatte. Trotz der »unmittelbaren Essenz des Bösen«, die alle gespürt hatten, standen wir zu jenem Zeitpunkt gerade in der Mitte eines Ortes, an dem Heilige bestattet waren...

Spirituelle Lehrer

Was geben spirituelle Führer ihren Anhängern wirklich?

Im Mittleren Osten und auch in Indien, wo die folgende Geschichte erzählt wird – und schon seit Jahrhunderten erzählt wurde –, haben sich die Menschen zu diesem Thema einige Gedanken gemacht. Zumindest hatten sie Gelegenheit, der Frage nachzugehen.

Drei wandernde Heilige wandten sich an den Kapitän eines Schiffs, ob er sie von Persien nach Afrika mitnehmen könnte. »Was könnt ihr, da ihr kein Geld habt«, fragte der Kapitän, »sonst zu der Überfahrt beitragen?«

»Meine Wahrnehmungen«, sagte der erste, »denn ich kann über so große Entfernungen sehen, daß ich Dinge, die für den gewöhnlichen Sterblichen unsichtbar sind, klar erkennen kann.«

»Meine Wahrnehmungen«, sagte der zweite heilige Mann, »denn ich kann Dinge hören, die für jeden anderen völlig unhörbar sind.«

Der Kapitän gab ihnen recht, daß sie für seine Fahrt von Nutzen sein könnten, und war bereit, sie mitzunehmen. Dann fragte er den dritten: »Und was ist Eure besondere Gabe?«

Der dritte heilige Mann sagte: »Ich weise auf Belanglosigkeiten hin, so daß nur übrigbleibt, was von Belang ist.«

»Das klingt mir nicht gerade interessant«, meinte der Kapitän, aber da er im Grunde seines Herzens ein freundlicher Mensch war, war er bereit, auch den dritten Heiligen unentgeltlich mitzunehmen.

Da die ersten beiden Heiligen, wie es schien, größere Begabungen als der dritte besaßen, setzte sich der Kapitän mit ihnen zusammen, und in der Hoffnung, er könne sich damit spirituelle Verdienste erwerben, sprach er auch ihre Bittgebete nach, während das Schiff mit südlichem Kurs dahinsegelte.

Plötzlich rief einer der drei Heiligen aus:

»Ich kann in weitester Ferne die Tochter des Königs von Indien erkennen, die am Fenster ihres Palastes sitzt und näht!«

Da schrie der zweite Heilige:

»Und *ich* kann hören, daß ihr gerade die Nadel aus der Hand gefallen ist und diese soeben den Boden unter ihr berührt hat!«

Der dritte Heilige, der bei ihnen gestanden war, blickte nur den Kapitän an, der sich von diesen Wundern bereits tief beeindruckt zu fühlen begann. Der Kapitän erhaschte den Blick und erinnerte sich, daß dieser für die Gabe stand, zu bemerken, was von Belang ist und was nicht.

»Ich denke«, sagte der Kapitän zu dem dritten heiligen Mann, daß die Zeit für mich gekommen ist, *Euer* Schüler zu werden, denn um ein Haar hätte ich Eure Lektion nicht verstanden: Nämlich herauszufinden, was ich zuerst benötige, bevor mir Auskünfte über das Leben der Prinzessin von Indien etwas nützen!«

Aber der Erste Offizier des Schiffs, so heißt es, war von den verblüffenden Fähigkeiten der beiden ersten Heiligen so tief beeindruckt, daß er deren Anhänger wurde. Und durch den Vortrag ihrer wahrhaft erstaunlichen Kräfte vermochten sie ihn viele Jahre an sich zu fesseln.

Also: Was wollen die Menschen in Wirklichkeit, und was geben spirituelle Führer ihren Anhängern wirklich?

Gold spricht, nicht der Glaube

Warum müssen Sufis ihre Lehren mit Ereignissen aus der Wirklichkeit veranschaulichen, während Philosophen und Psychologen ihre Lehren einfach so vortragen?
Ihre Annahmen sind nicht gänzlich neu, denn auch manche Psychologen des modernen Typs beginnen inzwischen mit Demonstrationen zu arbeiten, obwohl sie sich, was das Verstehen jener Form von Unterweisung betrifft, die sie oft als »Therapie« bezeichnen, immer noch vergleichsweise im Anfangsstadium befinden.

Wichtig ist, daß man die Leute dazu bringt, sich selbst zu sehen. Daß man sie fragt, was sie tun und warum das, was sie tun, einfach nicht funktioniert. Haben Sie noch nichts von der Anekdote über Jesus gehört, die Al-Ghazzali vor rund neunhundert Jahren im III. Buch seiner *Neubelebung der Religionswissenschaften* erzählte?

Jesus und das Gold

Es wird berichtet, daß Jesus einmal von einem Mann auf einer Reise begleitet wurde. Nach einiger Zeit gelangten die beiden an das Ufer eines Flusses und setzten sich nieder, um etwas zu essen. Sie hatten drei Stücke Brot als gemeinsame Wegzehr.

Jeder aß ein Stück und ließ das dritte unberührt. Dann stand Jesus auf und entfernte sich, um vom Fluß Wasser zu holen. Als er zurückkam, war von dem Brot nichts mehr zu sehen.

»Wer hat das Brot gegessen?« fragte er seinen Weggefährten.

»Ich weiß nicht«, antwortete der andere.

Dann setzten sie ihren Weg fort, bis sie einem Reh mit zwei Kitzen begegneten. Sie fingen eines davon und verzehrten sein Fleisch. Dann sprach Jesus: »Mit Gottes Erlaubnis, steh auf und wandle!« und das Rehkitz ward auf wundersame Weise wieder zum Leben erweckt.

Dann sprach Jesus:

»Sage mir beim Namen des Herrn, welcher dieses Wunder tat: Was ist mit dem Kanten Brot geschehen?«

»Ich weiß nicht«, antwortete sein Gefährte.

Danach gelangten sie wieder an einen Fluß, und Jesus überquerte ihn trockenen Fußes. »Sage mir bei dem Einen, welcher diese Macht verlieh: Wer hat das Brot gegessen?«

»Ich weiß nicht«, sagte der andere.

Schließlich erreichten sie eine Stelle, die voller Erde und Steine war.

Jesus häufte etwas Sand und Erde zusammen und sprach über beidem: »Mit Gottes Erlaubnis, werdet zu Gold!«

Sofort verwandelte sich der Staub in Gold.

Dann teilte Jesus das Feinmetall in drei Teile auf und sprach:

»Eine Portion ist für mich, die andere ist für dich und die dritte Portion ist für den, der die dritte Portion von jenem Brot gegessen hat.«

»Ich habe sie gegessen!« antwortete sein Gefährte.

Da sprach Jesus zu ihm: »Dann sind *alle drei* Portionen von dem Gold für dich« und entfernte sich.

Nun hatten aber zwei andere Männer das Gold gesehen, und sie beschlossen, seinen Besitzer zu erschlagen und das Gold zu rauben. Nachdem sie sich freundlich mit ihm bekannt gemacht hatten, schlugen sie vor, er solle in die nahe gelegene Stadt gehen, um ein Brot zu kaufen. Er war damit einverstanden, denn er selbst hatte vor, die beiden zu vergiften. Er kaufte also Brot und bestrich es mit Gift.

Als er zu den anderen zurückkehrte, fielen diese über ihn her und erschlugen ihn. Darauf verzehrten sie das vergiftete Brot und fanden gleichfalls den Tod.

Dann kam Jesus mit einigen seiner Jünger wieder an dieser Stelle vorbei, sah, was den drei Männern widerfahren war, und sprach: »Dies ist die Welt, daher fürchtet die Welt.«

Der Falter und der Ruß

Die Leute sprechen von psychologischer und spiritueller Evolution. Ist das aber nicht irreführend? Wenn sich grobstofflich physische Formen infolge des Zusammenspiels von inneren und äußeren Kräften verändern, wie kann dies dann auf feinstofflicheren Ebenen geschehen? Für mich klingt es, als sprächen wir über Gehirnwäsche und Indoktrination, wenn wir am menschlichen Bewußtsein in einer Weise arbeiten, die analog zu Prozessen der Evolution verläuft.

Das ist eine interessante Frage, denn sie gibt uns die Möglichkeit, den *Unterschied* (und nicht die Ähnlichkeit) zwischen Bewußtseins-Formung und sufischem Lernen herauszustellen.

Beginnen wir mit der heute sehr populären und wahren Geschichte vom Birkenspanner *(biston betularia)*, einer zunächst im englischen Manchester verbreiteten, hellgrauen Nachtfalter-Art.

Die Färbung von Körper und Flügeln dieses Insekts war grau, eine schützende Tarnung, die es ihm ermöglichte, auf den Bäumen mit seiner Umgebung zu verschmelzen und so den Vögeln zu entkommen, deren Beute es sonst geworden wäre. Einige Zeit nach der großen Industrialisierung von Manchester im Laufe des 19. Jahrhunderts war das Vorkommen von Rußablagerungen auf vielen Flächen so dominierend, daß die Falter sich von dem schmutzfarbenen Untergrund deutlich abzuheben begannen. Daraufhin war zu beobachten, daß die Falter aufgrund des Zusammenspiels ihrer genetischen Merkmale und der dunkleren Umgebung allmählich eine dunklere Farbe annahmen. Nach einem halben Jahrhundert war die überwiegende Mehrheit der Exemplare, die aus der Puppe schlüpften, schwarz. Diese Entwicklung vollzog sich auch in vielen anderen industrialisierten Gebieten der Welt.

Nun zum Bereich der Gesellschaft: Dort kommt es zu einem ganz ähnlichen Prozeß. Wenn Sie jemanden unter eine Gruppe von Menschen bringen, die sich anders kleidet, besondere Lieder singt und unvertraute Dinge praktiziert, was passiert dann? Der Betreffende wird die neue Umgebung entweder ablehnen, von ihr unberührt bleiben, oder er wird sie imitieren. Das hängt davon ab, wo er den meisten Komfort und die meiste Sicherheit findet. Bei Menschen, die eine genau definierte Idee von ihrer eigenen Identität sowie eine Gemeinschaft besitzen, mit der sie sich identifizieren, könnten Sie mit Ablehnung oder keiner Auswirkung rechnen. Unter solchen, die unsicher, entfremdet und ängstlich sind, werden Sie höchstwahrscheinlich Nachahmung beobachten. Diese »Konvertierten« werden nämlich etwas gefunden haben, was sie für Sicherheit halten.

Einnahme

Von all dem okkulten Humbug, den ich zu hören bekomme, wird mir richtig übel; und gegen die meisten der Leute, die sich damit befassen, habe ich eine richtige Aversion. Ich finde, gegen diese Infizierung unserer Gesellschaft sollte etwas unternommen werden. Was machen Sie dagegen?

Pseudohafte Systeme und verrückte Ideen haben in der Tat keinen guten Einfluß auf die Gesellschaft. Viele von denen, die ihnen nachlaufen, sind in gewisser Weise krank, und daher kann uns, wenn wir ihnen begegnen, wie vielleicht bei Leprakranken übel werden. Wenn aber eine Krankheit Übelkeit erregt und die Menschen, die an ihr oder durch sie leiden, ein unerfreulicher Anblick sind, was macht man dann dagegen?

Lepra erfordert Verständnis und Behandlung. Im Fall der eingebildet spirituellen Menschen, die in Wirklichkeit nur krank sind, weil sie schlechte Ideen eingenommen haben, müssen wir zuerst einmal verstehen, daß dies ihre Situation ist.

Nun zur Frage der Behandlung. Das Verbreiten von geeigneten Ideen ist eine der möglichen Therapien. Daneben gibt es noch andere, und diese werden von Spezialisten angewandt. Eine Aversion gegen etwas zu haben, wird das Übel nicht abbauen helfen. Und Heilmittel können nur von denen angewandt werden, die wissen, welche Heilmittel angezeigt sind.

Bei dem gewöhnlichen Menschen kann man es nur mit »Hygiene« versuchen, d. h. indem man sich selbst normal verhält, Mitgefühl für den Leidenden hat und dazu beiträgt, wesentliche und gesunde Gedanken bekanntzumachen.

Warnung

Engstirnige religiöse Schwärmer und Fanatiker haben stets gegen die Sufis opponiert, und dies, obwohl die Sufis soviel wie sonst niemand für die Erhaltung der Spiritualität getan haben.

Es gibt eine Geschichte, die dies treffend illustriert. Als ein verbitterter religiöser Pedant, der keinen Spaß verstand, einmal aus seinem Haus trat, sah er einen Sufi auf der Straße stehen.

Sofort schrie der Sufi: »Hund!«

Darauf erhob der Klerikale drohend seine Faust gegen ihn und wünschte alle Sufis zur Hölle.

Im selben Moment jagte der Hund heran, vor dem der Sufi ihn lediglich warnen wollte, und biß ihn...

Wandernde Geschichten

Aufgrund eines Satzfehlers wurde in einem meiner Bücher eine Geschichte meiner Erfindung als eine uralte traditionelle Erzählung bezeichnet. Diese Zuordnung brachte gewiß so manche auf die Idee, daß sie, wenn sie sie kopieren und umformulieren würden, immer behaupten könnten, sie hätten sie einer anderen Quelle als meinem Werk oder gar derselben Quelle wie ich entnommen.

Innerhalb von vier Jahren erschien die Geschichte erstens in den Büchern von zwei weithin verehrten ›spirituellen Lehrern‹ als deren »eigene Erfindung« ausgegeben (ich verklagte sie zu Schadenersatz wegen Verletzung des Urheberrechts); zweitens wurde sie umgeschrieben und als Science-fiction-Story veröffentlicht; drittens wurde sie von einem Gelehrten analysiert und als »ein aus prähistorischen Zeiten stammender Naturmythos« gedeutet; viertens wurde sie im Rundfunk als Geschichte vorgetragen, die ein Reisender und Wahrheitssucher in Asien von einem Mönch gehört haben will, und fünftens hatte sie ein kühner und bekannter zeitgenössischer Autor gleich zu einem ganzen Buch ausgearbeitet.

Die Kette von Beweisen ihrer Verbreitung reißt immer noch nicht ab. Als ich vor nicht allzu langer Zeit im Büro eines großen Verlegers saß, sagte dieser zu mir: »Die Art von Geschichten, die Sie schreiben sollten, ist das hier, was meine Tochter in einer Predigt im College gehört hatte«, und er erzählte mir meine eigene Geschichte. Ich zweifle aber, ob ich mit dieser Geschichte jemals ein noch kreisförmigeres Erlebnis haben werde als das, was mir vor gerade erst zwei Wochen passierte. Jemand schrieb mir einen Brief, dem er das Manuskript eines von ihm »eigenhändig verfaßten« Textes beifügte und worin er mich um Hilfe zu seiner Veröffentlichung bat. Es war meine eigene Geschichte, präsentiert in einer Form, die so aussah, als hätte sie jemand gelesen und einem anderen erzählt, der sie dann aufgezeichnet und umgeschrieben hatte in dem Wahn, daß dieses Verfahren ein »eigenhändiges Verfassen« sei ...

Im Vergleich dazu wirken die ausgiebigen Ergüsse von Literaturkritikern über meine Geschichte als »Offenbarung von Genialität und Geist« des Romanciers, der ein Buch daraus gemacht hatte, sogar noch weniger lachhaft.

Wunder ...

Ich weiß, daß Sie sich über Wunder lustig machen und sie als Schwindel abtun. Aber warum sollten wir denn nicht akzeptieren, daß es Wunder gibt, insbesondere dann, wenn wir das Zeugnis vieler renommierter Leute besitzen, daß sie stattgefunden haben?

Ich bestreite nicht, daß Wunder geschehen. Nur müssen Sie sich sehr sicher sein, daß etwas wirklich ein Wunder *ist* und nicht das Produkt eines Schwindels oder Mißverständnisses.

Ich wüßte nicht, wie man ein Wunder aufgrund eines Mißverständnisses als Wunder betrachten könnte ...

Nein? Dann werde ich Ihnen von einem erzählen, von dem ich am Rande berührt wurde. Ein Multimillionär, der der Anhänger eines bestimmten Gurus war, hatte sich an mich gewandt. Obwohl ein nüchterner Finanzmann, war er bekehrt worden, nachdem er »persönlich Zeuge eines Wunders geworden« war.

Das Wunder fand in einem Spielcasino statt. Ein Mann hatte ein ganzes Vermögen verspielt, ging hinaus, feuerte einen Schuß ab und fiel blutüberströmt zu Boden. Während man einen Rettungswagen holte, steckte der Casino-Manager, um einen Skandal zu vermeiden, dem reglos Daliegenden eine große Geldsumme in die Taschen.

Der Finanzmann befand sich im Kreis einer Gruppe von Leuten, die den besagten Guru auf seiner Durchreise begleiteten. Er sagte zu dem Guru: »Wenn Sie ein Wundertäter sind, dann machen Sie diese Leiche doch wieder lebendig.« Der Guru erhob seine Hände gen Himmel – und der »tote« Mann stand auf, wischte sich ein wenig Blut ab und entfernte sich!

Der Guru meinte es vielleicht aufrichtig, wollte den Toten wirklich wieder zum Leben erwecken und war davon überzeugt, daß es ihm gelungen war. Auch der Schüler war aufrichtig davon überzeugt, daß der Tote wieder zum Leben erweckt worden war. Schließlich war er derjenige, der um das Wunder gebeten hatte – das Ganze war folglich nicht von dem Guru inszeniert worden!

Was war also die Antwort? Sehr einfach: Der »tote« Mann hatte gehört, daß das Management des Casinos, wenn sich jemand in dessen Nähe umbrachte, regelmäßig die Taschen des Verblichenen mit Geld füllte, um nicht als Ursache mit seinem Tod in Zusammenhang gebracht zu werden. Der »Selbstmörder« hatte seinen Tod nur vorgetäuscht, um die Belohnung zu kassieren, und das war ihm auch gelungen. Das Ganze war eindeutig ein Schwindel und sonst nichts. Das Mißverständnis lag auf der Seite des Gurus und seines Schülers. Das war es, was ich damit sagen wollte.

Namen

Manche – aber natürlich nicht alle! – Mullas haben wirklich Stroh im Kopf. Und solche Leute werden, wie es ihre Art ist, fuchsteufelswild, wenn man sie als Spinner bezeichnet.

Eines Tages vergaß einmal ein Derwisch diesen Umstand,

als er sich mit einem Mulla unterhielt, und nannte ihn einen Esel.

Sofort wurde der Derwisch vor den örtlichen Kadi gezerrt und wegen Diffamierung angeklagt.

Er gab die Beleidigung zu, und der Richter sagte: »Für diesmal kommt Ihr gegen eine Kaution frei. Aber tut dies nicht noch einmal!«

»Euer Ehren«, fragte der Derwisch, »wäre es zulässig, wenn ich einen Esel als Mulla bezeichnen würde?«

»Das hängt davon ab«, meinte der Richter, »ob irgendein Mulla bei mir dagegen Klage erhebt. Doch nun verschwindet lieber und haltet Eure Zunge im Zaum.«

»Besten Dank, Euer Ehren«, antwortete der Derwisch, und zu dem Mulla sagte er: »Ich sehe jetzt, daß Ihr ein Mulla seid, verehrter Mulla!«

Missionare

Was halten Sie von Missionaren und von Leuten, die zu einem anderen Glauben übertreten? Wenn jeder eine Basis von Glauben und Verhalten braucht, um seinem gewöhnlichen Leben einen festen Stand zu geben, bevor er nach höherem Verstehen strebt, wie es das Prinzip der Sufis ist, was ist dann der Unterschied zwischen den verschiedenen Formen des Glaubens und Handelns, zwischen denen man wählen kann?

Wie die Sufis seit Jahrhunderten betont haben, kommt es nicht darauf an, ob Sie Ihren religiösen Glauben ändern, sondern die Frage ist die, ob Sie wirklich einen religiösen Glauben haben. Sie bezeichnen sich vielleicht als Mitglied einer bestimmten Religion, während Sie in Ihrem Denken und Handeln ein Ungläubiger oder Götzenanbeter sind.

Kürzlich erzählte mir ein christlicher Missionar aus Indien, daß er dort viele Jahre lang gelebt und gelehrt hatte. Eines Tages habe er einen Inder gefragt:

»Möchten Sie nicht gerne ein Christ werden?«

»Doch, sehr gerne sogar«, sagte der Inder, »vorausgesetzt, daß auch Sie zur gleichen Zeit ein wahrer Christ werden. Ich habe gehört, wie Sie predigen, ich habe beobachtet, was Sie tun, und kann daher nicht der Ansicht zustimmen, daß Sie bereits ein Christ wären.«

Der Missionar sagte, das hätte ihn so sehr beschämt, daß er das Land verlassen und »nie mehr gewagt habe, sich als einen Zeugen des Christentums zu bezeichnen«.

Ich glaube, Ihre Frage läßt sich nur wirklich beantworten, wenn wir uns darin einig sind, ob wir über Gläubige oder über Propagandisten sprechen. Gläubige sind Menschen, die im Einklang mit dem handeln, was sie angeblich glauben, Propagandisten sind Menschen, die anderen vorschreiben, was sie glauben oder tun sollen.

Reis-Christen

Seit Generationen wird Indien als gewaltiges Missionsgebiet gefeiert. Die verschiedensten Konfessionen wetteifern um die Seelen der hungernden Millionen. Man erzählt sich eine Geschichte, wie ein Derwisch, ein mittelloser Wanderer, zu einem sogenannten »Reis-Christen« wurde.

»Ich ging zu den Protestanten, und sie boten mir einen Sack Reis als ›Rehabilitations-Prämie‹, wenn ich zu ihnen übertreten würde. Dann suchte ich die Katholiken auf und erzählte ihnen davon. Da ließen sie durchblicken, daß sie vielleicht in der Lage wären, mir doppelt soviel zu bieten: zwei Sack Reis.«

Während er einem seiner Derwisch-Brüder von seinen Abenteuern berichtete, unterbrach ihn dieser: »Aber soviel ich verstanden habe, seid Ihr auf das Angebot der Protestanten eingegangen. Warum das?«

»Weil für mich damit erwiesen war, daß die Protestanten weniger bestechlich sind.«

8. Teil

Heilige Rituale, Tänze, Zeremonien

Wenn Sie eine bestimmte Wirkung erzielen wollen, benutzen Sie die Mittel, die Ihnen zur Verfügung stehen. Licht läßt sich »farblich variieren«, indem man einen Farbfilter zwischen die Lichtquelle und das Auge setzt. Hat man keine geeigneten Lichtquellen und Farbfilter zur Hand, so könnte man versuchen, diese Effekte annäherungsweise zu erreichen oder zu kopieren. Wenn Sie kein geeignetes technisches Instrumentarium finden, könnten Sie, damit ein Zuschauer eine bestimmte Reihe von Farben sieht, z. B. auch zwanzig Personen in farbige Kostüme kleiden, die vielleicht noch mit besonderen Zeichen versehen werden, und sie sich durch das Gesichtsfeld des Betreffenden bewegen lassen. Was dabei herauskommt, könnte ein ›ritueller Tanz‹ sein. Dann würden Anthropologen hergehen und darin Parallelen zu, sagen wir, der Färbung des Pfaus feststellen und den Schluß ziehen, daß das Ganze mit einem Pfauenkult in Verbindung steht. Aus funktionalen Gründen könnten Sie diese Abfolge von Bewegungen in eine dramatische Aufführung einbauen. Es mag sein, daß sich die Teilnehmer selbst – oder andere – der Funktion des Lichteffekts, die sie erfüllen, nicht bewußt sind. Ausgehend von dem, was sie über die Bedeutung des Mediums, in dem sie mitwirken, glauben verstanden zu haben, würden sie sich dann alle möglichen Rollen einbilden – z. B. die, sie seien große Schauspieler. Wie könnten sie auch wissen, daß ihre persönlichen Ansichten über den Sinn im Vergleich zu der eigentlichen Intention des Ganzen nebensächlich sind?

Was einst als die sogenannte »Signaturen-Lehre« (Gleiches affiziert Gleiches) bekannt war und heute von der

Wissenschaft stark belächelt wird, gilt für uns auch heute noch. Es tritt lediglich in leicht veränderter Form auf, das ist alles. In dieser Form nimmt der moderne Forscher an, daß etwas, weil es, sagen wir, wie ein Fruchtbarkeitstanz aussieht, auch ein Fruchtbarkeitstanz sein muß. Daß es aber auch eine frühere oder tiefere Bedeutung oder eine feinschichtigere Realität gibt, wovon diese Form nur ein grotesker Abklatsch ist – um dies zu erkennen, ist er noch nicht genügend kultiviert.

»Zusammengehörigkeitsgefühl«

Nichts erhellt den nicht-spirituellen, sondern sehr sozialen Charakter vieler Beziehungen so deutlich wie das Bedürfnis nach Kontakt, Verbindung, Vereinsbildung, Beziehung. Die Menschen haben das Gefühl, daß sie die Nähe einer Person von Heiligkeit suchen sollten, daß sie auch andere an ihrem Segen teilhaben lassen sollten und daß eine gewisse Form von häufigem oder ständigem Kontakt eine gewisse spirituelle Dimension hat.

Natürlich gibt es aber auch Zeiten und Orte, wo es wichtiger ist, daß Menschen mit gleichen spirituellen Interessen eher getrennt voneinander, als zusammen sind. Diejenigen, die das verstehen und diese Erfahrung gemacht haben, sind die spirituellen Menschen. Diejenigen, die das nicht verstanden haben, sind Teil eines soziologischen Phänomens, nämlich der Herde bzw. des Herdentriebs.

Nach dem Ursprung dieses Verlangens, sich zur Herde zusammenzuschließen, braucht man nicht lange zu suchen. Denen, die die Herde anführen, fehlt etwas: Sie empfinden Zweifel und Unbehagen, wenn sie keinen Kontakt mit Gleichgesinnten haben. Denjenigen, die sich auf Geheiß der »Hirten« zur Herde sammeln, fehlt ebenfalls etwas. In ihrem Fall besteht jedoch mehr Hoffnung, daß sie in einen Stand versetzt werden, wo sie nicht mehr von anderen abhängig sein müssen, wo sie von ihrem Mangelgefühl geheilt sind, anstatt es durch den Herdentrieb ständig bestätigen zu lassen.

Anwesend sein

Was nützt es, Versammlungen zu besuchen, in denen man manche der diskutierten Themen nicht verstehen kann? Hat es irgendeinen Vorteil, Mitglied einer Studiengruppe zu sein, wenn man sich nicht für Theorie oder Erklärungen in Worten interessiert?

Die Antwort auf diese Fragen ist in beiden Fällen die gleiche. Sie liegt in der Tatsache, daß all diese Materialien auf vielen Ebenen zugleich wirken. Etwas, was in philosophischer Form oder in einer komplizierten Terminologie ausgedrückt wird, hat auch noch eine andere Seite. Diese Seite kann wirken, wenn man nicht dem folgt, was scheinbar die Hauptrichtung des Gedankens ist.

Der Rest der Antwort ist: Die Gruppe ist so zusammengesetzt, daß mit ihrer Hilfe unter den Mitgliedern, zwischen der Lehre und den Individuen sowie zwischen dem Lehrer und den Lernenden eine Kommunikation ermöglicht wird durch einen Prozeß, wovon die Worte nur eine der äußeren Gestalten sind.

Dies ist der Grund, weshalb wir in einer traditionelleren Ausdrucksweise zu sagen pflegen: In einer Versammlung von Weisheit auch nur anwesend zu sein, ist wirksamer als jedes andere Studium, ob praktischer oder sonstiger Art, das man außerhalb einer solchen betreibt.

Zudem gibt die Anwesenheit in einer Lehrsitzung den Leuten die Möglichkeit, durch eine innere Entwicklung und nicht durch die Verwendung von Worten ein Stadium zu erreichen, in dem es möglich wird, mit ihnen in direkte Kommunikation zu treten.

Diese Besonderheiten echter Lehrgruppen und nicht irgendeine Notwendigkeit oder irgendein Verlangen, zur Behaglichkeit des Vortraghaltens Leute um sich zu scharen, sind die Wurzeln des Gruppensystems. Aus diesem Grund wird jeder echte Unterricht zumindest teilweise in größeren oder kleineren Gruppen abgehalten. Und um dieses System noch weiter zu verbessern, werden Untergruppen gebildet.

Die Mystiker

Wie unterscheiden sich die Menschen verschiedener religiöser Auffassungen in ihrem Umgang mit dem Geld?
Das ist für eine kurze Antwort eine zu umfangreiche Frage. Es gibt jedoch eine Version, von der ich gehört habe, daß sie einige ihrer Finanzgebaren beschreibt:

Es starb einmal ein Mann, so heißt es, und seine Freunde, eine Gruppe von Mystikern, versammelten sich auf der Beerdigung um seinen offenen Sarg. In jenem Land war es Brauch, Geld in den Sarg zu werfen.

Im einzelnen wird folgendes berichtet:

Der Yogi, der für seine Unterweisungen Geld verlangte, warf 5 Dollar hinein;
der Mönch, der für den Opferstock seines Klosters verantwortlich war, warf 10 Dollar hinein;
der Sufi, der nichts von Verschwendung hielt, holte die 15 Dollar wieder heraus und warf einen Scheck über 100 Dollar hinein;
der Zen-Meister war der Totengräber. Er nahm den Scheck an sich und löste ihn ein!

Natürlich glaube ich nicht ernsthaft, daß sich die genannten Leute tatsächlich nach diesem Muster verhalten. Das Muster, das ich in der Geschichte sehe, besteht vielmehr darin, daß der erste Mann jemand ist, der etwas von dem hineinwirft, was er verdient hat; der zweite ist einer, der etwas hinzufügt von dem, was man ihm gegeben hat; der dritte ist der, der zu verwenden versteht, was andere verschwenden; der letzte ist derjenige, der sich etwas nimmt, was nicht ihm zugedacht ist. Und was in dieser Analogie hineingeworfen oder herausgenommen wird, ist *baraka*, spirituelle Energie. Die Etiketten wie Mönch, Zen-Meister etc. sollten Sie natürlich nur als unwesentliche Zutaten betrachten, die der Geschichte mehr Farbe verleihen.

Yoga und Erleuchtung

Manche Leute behaupten, Yoga habe nichts mit Religion zu tun, während in der Fachliteratur zu lesen ist, daß es eine hinduistische Mystik sei. Kann man zu Erleuchtung gelangen, wenn man Yoga-Übungen macht?
Dazu gibt es in Indien selbst eine Geschichte:

Ein Mann, der in Indien Yoga-Übungen gemacht, meditiert und sich auf die vorgeschriebene Art ernährt hatte, kam eines Tages zu dem Schluß, daß er wahres Wissen brauche. Er reiste zu den entlegensten Orten, und nach vielen Jahren fand er tief im Wald einen Asketen und wurde sein Schüler.

Schließlich tat sich ihm einen Spalt weit die Wirklichkeit auf und er erkannte, daß alle scheinbare Realität eine Illusion ist.

»Ich bin erleuchtet!« rief er aus. »Das ist das wahre Yoga!«

»Ja«, antwortete der Guru, »du scheinst Fortschritte zu machen, auch wenn du noch ein wenig ungestüm bist. Aber sage mir eins – was ist eigentlich dieses ›Yoga‹, von dem du da redest?«

Die ›Arbeits‹-Phase

Wie in einem gewöhnlichen Unternehmen ist die »Arbeits«-Situation mit gewissen Anforderungen verbunden. Wenn wir einen Tisch herstellen wollen, benötigen wir dazu Holz, Nägel, Arbeit und Kenntnisse.

Angenommen, jemand möchte ein Haus möblieren und hat Material und Helfer dafür, aber das Möblieren von Häusern ist in der Gegend unbekannt. Nehmen wir weiter an, es wäre entweder unschicklich oder unmöglich für ihn, den Leuten, die er zur Hand hat, das gesamte Projekt zu erklären. Die Leute sind willens, ihm zu helfen, und er läßt sie wissen, daß auch sie dabei profitieren werden. Was tut der Mann also?

Er trägt das Material zusammen oder er hat es bereits getan. Dann paßt er es dem Zweck an, der ihm vorschwebt, oder er hat es bereits getan. Wenn vier Beine und eine Tischplatte zugeschnitten sind, zeichnet er bestimmte Stellen auf der Holzplatte an und sagt: »Schlagt hier Nägel ein und nagelt diese Holzteile an dieses größere Holzteil.« Wenn das geschehen ist, ist der Tisch komplett. Dann ist er als ein Gegenstand zu erkennen, dessen Verwendungszweck man vorführen kann. Seine Beziehung zu anderen Gegenständen wie etwa zu Stühlen wird ebenfalls auf eine oder mehrere Arten sichtbar.

Unser Mann ist nun ein Schreiner, dessen Ziel nicht das Schreinern an sich, sondern das Möblieren eines Hauses ist. Die einzige Möglichkeit, dies zu tun, ist in diesem Fall, seine Gehilfen als Schreiner arbeiten zu lassen.

Für den Anfänger ist das gesamte Unternehmen verwirrend und schwer verständlich. Wenn man ihm aufträgt, ein Holzstück zu nehmen und es glattzuschleifen, dann sieht er zunächst nicht, worauf das Ganze hinausläuft. Er möchte zuerst den ganzen Tisch sehen. Man muß ihm versichern, daß er mit dem Schleifen seines Holzstücks (aus dem am Ende etwas werden wird) an einer Arbeit bzw. einem Werk

beteiligt ist. Er befindet sich tatsächlich in einer Arbeits-
phase, aber er möchte sie erklärt bekommen. Das Erklären
könnte jedoch dazu führen, daß Zeit verlorengeht, die für
die Vollendung der gesamten Aufgabe zur Verfügung steht.

Bei der Organisation einer umfassenden Aktivität ist
nicht zu vermeiden, daß die künftigen Schreiner während
ihrer Arbeit »im dunkeln tappen«. Der große afghanische
Lehrer Rumi benutzte einmal die folgende Allegorie: Wenn
ein Zelt errichtet wird, sagte er, arbeiten manche an den
Seilen, manche an den Paneelen, manche an den Heringen
und Pflöcken. Die Aufgabe eines jeden ist wichtig. Wenn
jeder seine Aufgabe erfüllt hat – wie herrlich, dann steht ein
Zelt!

Bei unserer Aufgabe müssen wir uns stets vor Augen
halten, daß wir uns in einer Arbeitsphase befinden. Daß der
einzelne ihren Sinn versteht, ist weniger wichtig – ja sogar
weniger möglich –, als daß die Aufgaben tatächlich ausgeführt werden. Um dem Ausführen dieser Art von Arbeit ein
plausibles oder sogar auch mysteriöses Format zu verleihen,
haben sich unzählige Organisationen gebildet, von denen
heute nur noch die leeren Hülsen existieren.

Wer sich jedoch von Äußerlichkeiten blenden läßt, für
den ist dies ein schlechtes Zeichen.

Die ›Arbeits‹-Phase (II)

Sobald das menschliche Bewußtsein auf die Möglichkeit
zweckmäßigen Handelns und Organisierens eingestimmt
ist, neigt es dazu, allmählich den Geleisen des Automatismus zu folgen. Die Leute sehen z. B. jemanden etwas tun,
und schon wollen sie alle es ebenfalls tun. Sie sehen, daß
jemand reich ist – und schon wollen sie alle reich sein. Oder
sie sehen, daß jemand Respekt genießt – und schon wollen
sie auch Respekt genießen. Dieser Faktor ermöglicht es, daß
die Menschen in der Masse wie Räder in einer Maschine

funktionieren, sich sehr oft damit abfinden, Sklaven zu sein, und gleichzeitig weiter die Illusion nähren können, daß sie in der Lage sind, in einer Pyramide aufzusteigen.

Dementsprechend werden die Leute in einer ›Arbeits‹-Phase annehmen, daß jeder, wenn Möbel hergestellt werden sollen, ein Schreiner-Meister werden muß. Die Wahrheit ist jedoch wirkungsvoller, vielschichtiger und wichtiger.

Und so kommt es, daß in einer Aktivität, während sie voranschreitet, die einen ihren Ausdruck und ihre Rolle in diesen, die andere in jenen Aspekten der Aktivität finden werden. Die einen werden finden, daß sie sich diese Fertigkeit, die anderen, daß sie sich jene Fähigkeit erwerben müssen.

Seit Ewigkeiten herrscht Verwirrung aufgrund der Tatsache, daß der gewöhnliche Mensch lieber glaubt, das Leben sei ein Weg, den alle gehen, und jeder müsse – oder sollte – eine ähnliche Stufe erreichen und durchlaufen. Auch hier ist die Wahrheit wieder viel differenzierter. Man könnte sagen, daß Leute, die auf diese Art denken, damit automatisch zum Ausdruck bringen, daß es ihnen – zumindest vorübergehend – an der Fähigkeit gebricht, in tieferen Begriffen zu denken. Sie denken lediglich in Oberflächlichkeiten, die aus Erfahrung auf sehr gewöhnlichen, unwichtigen Gebieten verallgemeinert wurden.

In der Wirklichkeit ist die Arbeits-Phase jedoch eng mit dem verbunden, was wir als »Funktion« bezeichnen. Funktion bedeutet hier, daß man Fortschritte nur in dem Ausmaß machen kann, zu dem man fähig ist, und in dem Umfang, den die Arbeit zu einem bestimmten Zeitpunkt erfordert.

Manche Leute sind damit zufrieden, daß sie arbeiten, und sie erwarten, daß man ihnen sagt, was sie tun sollen. Dies, so finden sie, genügt. Sie haben zu lernen, daß es nicht richtig ist, sich einer Arbeit zu unterwerfen, wenn dies ohne eine gewisse Einstellung dazu geschieht. Ohne diese können sie für die Arbeit sogar ohne Nutzen sein. Andere verlangen eine bestimmte Menge an Wissen als Preis, um zu weiterem bereit zu sein. Diese werden eine leichte Beute für Menschen, die darauf spezialisiert sind, lediglich ein *Gefühl* von Erfahrung zu vermitteln. Solche Leute müssen vielleicht in der betreffenden Zeit zuerst wieder die Fähigkeit erlangen, auf eine besondere Art und Weise passiv zu sein. Beide haben etwas zu lernen. Denn sie können nicht von der Annahme ausgehen, daß sie die Lage richtig beurteilen.

Antike Monumente

Was können uns die Tempel und Wunder der Vergangenheit heute noch geben?
Da wären verschiedene Dinge zu nennen. Die meisten Menschen wissen so gut wie nichts darüber. Wenn der einzelne von den bedeutenden Werken der Vergangenheit etwas haben soll, muß er sich unbedingt darüber im klaren sein, daß sie Elemente an Wert enthalten, die weit über das hinausgehen, was das »barbarische« Bewußtsein zu erfassen vermag. Um eine Idee davon zu vermitteln, möchte ich auf Faktoren hinweisen, die Ihnen wahrscheinlich fremd sind. Die Tempel und Monumente – von China, Griechenland, Ägypten, Südamerika – hatten viele Funktionen. Die geringste davon war die, zu beeindrucken, ›Atmosphäre‹ zu schaffen, die Emotionen anzusprechen. Weil diese Stätten zu bestimmten Zwecken benutzt wurden, erhielten sie eine Qualität, die in bestimmten Fällen immer noch mit ihnen verbunden ist. Nur wer das Werk versteht, kann sich jene Substanz nutzbar machen, die manchmal als *baraka* bezeichnet wird.

Nachlässige und fixierte Menschen, die glauben, sie hätten etwas von dem Wunder dieser Orte erlebt, sind im allgemeinen nur ›kultivierte Barbaren‹. Der Tadsch Mahal im Mondlicht war für sie ein ergreifendes Erlebnis. Oder sie sind Opfer von ›Konditionierung‹, d. h. sie haben so viel über den Schrein von Buddhas Zahn gehört, daß sie den völlig subjektiven Eindruck haben, sie hätten etwas Transzendentales erlebt, als sie ihn besuchten. Bei solchen Menschen haben wir es nur mit emotionalen Schwärmern zu tun.

Die Dimensionen und die Lage bestimmter Bauwerke sind ein anderes Thema. Ein Bauwerk hat aus vielen Gründen, wovon die ästhetische Wirkung für unsere Blickrichtung vielleicht als die unwichtigste zu betrachten ist, eine ganz bestimmte Lage. Wiederum kann es sein, daß die dynamische ›Funktion‹ (in dem Sinn, wie wir diesen Begriff verwenden) des Bauwerks seit vielen Jahrhunderten wie im Fall der meisten griechischen Baudenkmäler verschwunden ist. Sie wurde ersetzt durch etwas anderes, an einem anderen Ort und zu einer anderen Zeit. Was davon noch übriggeblieben ist, ist das leere Gehäuse, das die emotionalen, intellektuellen, mathematischen oder anderen Stimuli liefert, die den kultivierten Barbaren zu der irrigen Annahme verleiten, es handle sich um ein Wunder. Es kann jedoch sein, daß es heute für die ›Arbeit‹ sowie in Hinblick auf Wissen und Weisheit keine bedeutungsvolle Funktion hat.

Wer diese wichtigen Aspekte nicht direkt zu erkennen vermag, wird von ihnen selten auch nur etwas ahnen. Und diejenigen, die sie nur vom Hörensagen kennen, haben allzuoft phantastische und diffuse Theorien darüber verbreitet, die die Leute noch weiter in die Irre führen.

Besondere Bedeutungen des Dienens

Können Sie etwas über das Prinzip des Dienens im Zusammenhang mit der menschlichen Entwicklung sagen?
Hier ein Aspekt davon:

Ein Mensch könnte einem anderen dienen, weil er dies tun muß. Dieses »Es-tun-Müssen« enstammt im allgemeinen der Selbstsucht. »*Ich* tue dies oder das, weil *ich* etwas dafür bekomme.« Das Motiv bleibt auch dann noch selbstsüchtig, wenn das Ziel dabei ist, sich Verdienste zu erwerben, oder, wie es im religiösen Kontext heißt, in den Himmel zu kommen. Wenn Dienst an einem anderen oder an einer Sache aus dem Grund geleistet wird, weil eine Notwendigkeit für diesen Dienst besteht, so kann auch dies unerwünscht sein. In moderner Psychologie könnte eine solche Motivation als masochistisch bezeichnet werden.

Was ist wirkliches Dienen – und zwar ein Dienen, das weder aus Angst vor Bestrafung, noch aus Verlangen nach Belohnung, noch zum momentanen Vergnügen geleistet wird? In unserer Tradition haben Leute wie Rabia oder Hujwiri die Tatsache hervorgehoben, daß eine feinere Auffassung darüber erlangt werden muß. Erst wenn diese herrscht, und nicht vorher, haben der einzelne und die Anstrengung als Ganzes einen richtigen Nutzen vom Dienen.

Im allgemeinen nehmen die Leute an, daß Dienst und Dienen nur in eine der drei von mir genannten Kategorien fallen *kann*. Wenn sie von dieser Annahme ausgehen, machen sie die Möglichkeiten zu einer Verfeinerung der Wahrnehmung zunichte, indem sie eine unzusammenhängende Masse an Material, das sie nicht analysieren, für etwas halten, was sich weiter als bis zu dem groben Sichten, das sie selbst daran vorgenommen haben, nicht analysieren läßt.

Was ist das Ergebnis?

1. Bei den Psychologen ein fehlerhaftes, partielles und daher begrenztes Verständnis des menschlichen Denkens und Handelns.
2. bei außenstehenden Beobachtern irrige Annahmen wie die, daß alles Dienen lediglich mechanisch oder emotional sei und davon abhinge, daß ein Mensch einen anderen oder ein Individuum eine Gemeinschaft oder eine Gemeinschaft ein Individuum oder eine Idee einen Menschen unterdrückt.
3. bei Menschen, die mit religiösen, politischen oder anderen Aktivitäten zu tun haben, eine Bindung – und zwar

eine blinde – an Menschen und Dinge oder sogar an Ideen ohne jede *reale* Auffassung von dem, was korrekte Pflicht oder was die Funktion des ›Dienstes‹ innerhalb der Entwicklung ist.

Wie läßt sich nun wahres ›Dienen‹ lernen? Nicht von Leuten, die lediglich mechanisches oder emotionales Dienen propagieren, denn das eine wie das andere ist in Wirklichkeit Knechtschaft. Zu diesen gehört die Mehrheit spiritueller und anderer Lehrer, die nur sogenannte »Lehrer« sind, weil sie selbst noch nicht die äußerliche, grobe Auffassung vom Dienen durchbrochen haben. Sie sorgen für den Fortbestand von Knechtschaft und verlangen sie, da sie zuweilen tatsächlich glauben, diese sei wirklich ein Teil der gottesdienstlichen Hingabepflicht des Menschen.

Dienen läßt sich nur von solchen Menschen lernen, die zu sehen vermögen, warum, wo und was der ›Dienst‹ eines einzelnen oder einer Gruppe in einer bestimmten Situation bedeuten kann und soll, wobei die jeweilige Situation als ein Teil der gesamten menschlichen Evolutionssituation gesehen wird.

Über das Erkennen ...

Ich sah einmal eine Gruppe von Leuten auf dem Lande beim Camping. Sie waren zu sechst, und jeden Morgen und Abend wurde einer – und nur einer – von wilden Bienen geplagt, die ihn umschwirrten, wie wenn sie in seinem Haar oder Gesicht nach einer Blüte suchten.

Warum rückten die Bienen nicht auch den fünf anderen zu Leibe? Irgend etwas an diesem Mann zog sie an. Es dauerte eine Weile, bis man es herausfand. Die Bienen rochen den Pflanzenduft in der Rasierseife dieses Mannes, weil der darin enthaltene Duftstoff eine *echte* Blütenessenz und keine synthetische war!

Die Bienen konnten erkennen, was echter Duft ist, die

anderen Camper – die auch verschiedene Düfte verwendeten – hingegen nicht. Den Menschen kamen alle Düfte gleichermaßen »echt«, gleichermaßen wie Parfüms vor. Die Bienen dagegen waren die Spezialisten, die sich auskannten: sie waren auf das Echte, die Menschen dagegen auf das Falsche programmiert.

Es stimmt zwar, daß die Bienen nicht vollkommen waren, daß sie nicht in einem umfassenden Sinn den Menschen vorzuziehen gewesen wären, denn man hätte sie z. B. als dumm einstufen können, weil sie unfähig waren, zu erkennen, daß »Duft« nicht unbedingt »Blüten« zu bedeuten hat.

Aber wenn die Notwendigkeit bestanden hätte, zwischen echtem und synthetischem Duft zu unterscheiden, dann wäre es nützlich gewesen, Bienen dazu zu benutzen, und nutzlos gewesen, Menschen zu benutzen.

Den Menschen, so könnte man argumentieren, genügte das Synthetische für ihre Zwecke. Das ist richtig. Aber sobald wir die Anekdote als eine Analogie betrachten, müssen wir zugeben, daß das Echte etwas erfordert, was fähig ist, das Echte zu erkennen. Sogar auch dann, wenn das Synthetische zu manchen Dingen nützlich sein kann. Alles hängt davon ab, was wir wirklich suchen.

Die geheime Bedeutung der Reinkarnations-Theorie

»Die Seele gelangt von der Gottheit aus in die grobe materielle Welt. Danach muß sie wieder zur Gottheit zurückkehren, indem sie nacheinander sechs Phasen durchläuft, nämlich die der

Engel
Dämonen
Menschen

Vierbeiner
Vögel
Reptilien.«

Wortwörtliche Exegeten und Leute ohne Verstand haben angenommen, diese in traditionellen Lehren zu findende Äußerung würde bedeuten, daß Mitglieder der Spezies Mensch den ganz wörtlich gemeint physischen Körper eines der genannten sechs Geschöpfe »bewohnen« könnten.

In Wirklichkeit meint die Lehre aber:

> Das menschliche Wesen hat sechs Seelen-Zustände. Jeder wird durch eines dieser Geschöpfe symbolisiert. (Obwohl in absteigender Reihenfolge angegeben, könnte sich die Seele von jedem dieser Zustände aus zu ihrer Vollendung entwickeln.)

Das Reduzieren des Metaphorischen, Illustrativen auf das Wörtliche ist eine der üblichsten Degenerationen menschlichen Denkens. (In gleicher Weise könnte verstandloses Denken natürlich auch das Gegenteil fertigbringen, nämlich zu glauben, das Wörtliche sei nur metaphorisch gemeint.)

Der Zweck eines echten (aufgeklärten) Lehrers ist es, wenn nötig, die wahre »Technologie« und Bedeutung von Symbolen zu offenbaren. Daher sind die größten religiösen Lehrer bekanntlich immer »Reformatoren« und nicht schöpferische Innovatoren gewesen.

(Die Bedeutung des Satzes vom »Eingehen in die Gottheit, von wo der Lehrer wiederkehrt in menschlicher Gestalt, um die Fehler zu läutern und den Pfad zu lehren« ist daher, wenn man ihn im Licht des Vorausgegangenen betrachtet, in Wirklichkeit recht klar.)

Gefahren des automatischen Argumentierens

Ich habe das Gefühl, daß ich, wenn ich mit meiner Selbstentwicklung lange genug fortfahre, das Ziel erreichen werde. Ich glaube, daß die Methode in ihrer Anwendung besteht. Ich habe sehr viele Arten studiert und ich sehe eine allgemeine Richtung vor mir, und bin mir sicher, daß ich imstande sein werde, ihr im weitesten Sinn zu folgen. Ich glaube auch, daß der Mensch den Weg alleine finden muß. Können Sie etwas dazu sagen?

Ich kann nicht nur, sondern ich muß. Was Sie über Ihr Gefühl sagen, setzt voraus, daß Sie bestimmte Dinge wissen. Eines davon ist, daß Sie eine gefestigte Persönlichkeit sind, die in der Lage ist, eine solche Reise zu unternehmen. Das wollen wir im Moment beiseite lassen, denn wir müssen darauf hinweisen, daß in Ihrer Frage noch andere naive Annahmen enthalten sind. Eine dieser vorgefaßten Meinungen ist sehr gravierend, nämlich die:

Sie gehen davon aus, daß das, was für einfachere (weniger komplexe) Unternehmungen gut ist, auch hier gut ist. Mit anderen Worten, Anstrengung und Hingabe sind für Sie nichts Unbekanntes. Sie haben, sagen wir, einen Fußmarsch von dreißig Meilen vor sich. Sie sagen sich, daß Sie – vorausgesetzt, Sie besitzen genügend Disziplin und genügend Erfahrung aus früheren Fußmärschen – das Ziel erreichen werden. Dieses Gefühl veranlaßt Sie, mit Hilfe des geistigen Phänomens der »Übertragung« dieselbe Argumentation automatisch auf Ihren gegenwärtigen Fall anzuwenden. Das ist jedoch alles andere als zulässig. In gewöhnlichen und vertrauten Unternehmungen haben Sie bereits Ähnliches getan. Mit anderen Worten, Sie wissen, was Sie tun. In diesem Fall wissen Sie es aber nicht. So sprechen Sie z. B. nur von den allgemeinen gemeinsamen Nennern in dieser Art der Suche. Aber Sie lassen nicht erkennen, daß Sie sich über die relative Wichtigkeit dieser Faktoren im klaren wären.

Wenn man eine Strecke weit zu Fuß geht, besteht das Problem lediglich darin, einen Fuß vor den anderen zu setzen und eine bestimmte Strecke weit zu gehen. Auf unserem Gebiet gibt es jedoch mehr Dimensionen. Es ist, als ob Sie einen Schritt gehen, dann siebeneinhalb Schritte weit seilhüpfen und anschließend ein Lied singen müßten. Sie haben von alledem überhaupt keine Ahnung. Das ist die Gefahr automatischer Annahmen. Die Redensart, »der Mensch muß seinen Weg alleine finden«, ist zwar recht gut. Aber für Sie bedeutet er nicht, was er bedeuten sollte. Sie müssen sich Mühe – aber nicht blinde Mühe – geben.

Sie müssen den Weg aus dem Wald hinaus finden, aber damit Sie es schaffen, bevor Sie an Altersschwäche sterben oder aufgeben, weil Sie sich nicht mehr auskennen, brauchen Sie einen Weg, auf dem Sie gehen können. Der Weg, auf dem Sie im Augenblick gehen, sind Annahmen, die unbrauchbar sind. Wir bewundern einen Menschen, der seinen Weg durch eine weglose Wüste alleine finden will. Wir bewundern ihn aber nicht, wenn er keine Ausrüstung, keinen Proviant und kein Orientierungsvermögen besitzt.

Die Methode besteht in ihrer Anwendung: gut, aber die Anwendung muß eine zweckmäßige sein. Wissen Sie denn, wie sie aussieht? Was Sie in Ihrer Äußerung sagen, heißt soviel wie: »Ich will auf einen Berg hinaufgelangen. Ich bin fähig, meine Stiefel an den Schnürriemen hochzuziehen. Also werde ich mir die Stiefel anziehen und mich daran hochziehen.« Versuchen Sie das einmal. Um irgendwo hinzugelangen, müssen Sie Orientierungspunkte haben oder Instrumente, um mit Hilfe von Beobachten oder Peilen und Plotten ans Ziel zu gelangen. Sie haben keines von beidem. Was Sie dagegen haben, ist ein wohliger und prickelnder Hang zum Geheimnisvollen. Bis jetzt wissen Sie noch nicht, wo es langgeht. Aber Sie wissen nicht, daß Sie es nicht wissen. Und nur wenige Leute werden Ihnen das sagen; denn so sind die Leute eben.

Wie ich Sie sehe

Ich sehe Sie vor mir wie einen der großen Lehrer der Antike, wie Sie umringt von Schülern dasitzen und die Beschränktheiten ihrer Ansichten aufzeigen. Von alledem geht irgendwie ein unheimlicher Duft aus, der micht anzieht. Ist dies der Sog, der die Leute um jeden echten Lehrer schart?

Wenn Sie mich auch als einen sehen könnten, der in einen Garten hineinspaziert ist, in dem die Leute keine Kartoffeln großziehen können, weil bereits die jungen Triebe von Unkraut erwürgt werden; und der durch die Furchen spaziert und das Unkraut ausreißt; und der, nachdem das Unkraut ausgerissen ist, vielleicht, vielleicht auch nicht, noch etwas anderes zu bieten hat; aber der gewisse Dinge in einer gewissen Reihenfolge tun muß, obwohl ungeduldige Menschen bereits nach Kartoffeln schreien, wenn die Triebe noch nicht stark genug entwickelt sind – dann können Sie von mir und meiner Arbeit vielleicht etwas profitieren.

»Wärme deine Hände am Lagerfeuer der Derwische« in jeder Hinsicht: das ist das Minimum ihrer Gastfreundschaft. Aber halten Sie auch Ihr Pfund Steak bereit, um es über diesem Feuer zu braten, damit Sie etwas zu essen bekommen. Erinnern Sie sich an den Sufi-Spruch: »Wer schmeckt, weiß.« Sie müssen in diese Würste wirklich hineinbeißen, so attraktiv allein schon der Gedanke an die generelle Möglichkeit einer Mahlzeit für einen, der Hunger hat, auch sein mag.

Derwische setzen sich auf der Reise um ihr Feuer, um sich zu wärmen und um etwas zu essen. Sie mögen vielleicht auch reden, singen und tanzen. Jeder, der um der Wärme willen herkommt, wird sie bekommen. Ähnlich verhält es sich auch mit anderen Dingen.

Aber nur eine Motte stürzt immer wieder kopflos auf eine Flamme zu, bis sie daran verbrennt.

Nicht für Sie

Ein Mulla, der kein gutes Leben geführt hatte – er war ein Heuchler gewesen, der ständig als Asket gekleidet ging –, starb eines Tages und fand sich in den niederen Gefilden wieder.

Da tauchte ein Dämon auf, sah kurz in einer Liste nach und sagte: »Du bist ein neunzigprozentiger, aber kein hundertprozentiger Sünder. Das bedeutet, daß du zwischen verschiedenen Qualen wählen darfst.«

»Und was bedeutet das?« fragte der Mulla.

»Das bedeutet«, sagte der Dämon, »daß du mir nun folgst und wir uns die verschiedenen Torturen ansehen und du dir eine aussuchst.«

Mit diesen Worten führte er den Mulla einen langen Gang mit Türen auf beiden Seiten hinunter. Im ersten Raum, dessen Tür er öffnete, wurden Leute mit rotglühenden Kohlen gefüttert; im zweiten wurden sie mit weißglühenden Eisen gebrandmarkt; im dritten wurden ihnen Stück um Stück die Gliedmaßen ausgerissen, und so fort. »Irgendwo muß es doch noch eine bessere geben«, meinte der Mulla, und so lehnte er jede der angebotenen Peinigungen ab.

Dann öffnete der Dämon eine weitere Tür. In *diesem* Raum sah der Mulla einen Mann, der als Asket verkleidet war, an einem Tisch sitzen und köstlich aussehende Erdbeeren verschlingen.

»Ja! Das ist sie! Das ist die Marter, die ich haben möchte!« schrie der Mulla.

»Gut, Raum 599 . . .«, der Dämon holte seine Liste hervor, sah nach, dann sagte er: »Nein, bedaure, das war ein Versehen und ist nicht für Sie. Dieser Raum ist für das ewige Quälen der Erdbeeren reserviert!«

Voraussetzungen...

Irrige Annahmen, der unsichtbare Vertrag: welch weites Feld für menschliche Studien!

In einem kürzlich erschienenen Buch sah ich, daß der Autor, ein Journalist, glaubt, Zeitungsredaktionen seien natürliche Anziehungspunkte für Verrückte jeglicher Sorte, für Leute, die Aufmerksamkeit erregen wollen, Leute, die überzeugt sind, daß man sie sehen, mit ihnen reden, ihnen zuhören und Beachtung schenken sollte.

Aber dasselbe hörte ich auch von hiesigen Staatsbeamten, besonders von jenen, die hinter der schußsicheren Glasscheibe der Sozialhilfeämter hocken. Aber auch Bank-Manager und Angestellte von Baugenossenschaften glauben, daß Leute, die im nächsten Moment aus der Haut fahren, ja sogar handgreiflich werden können, gerade sie dazu auserkoren hätten, ihnen besondere Aufmerksamkeit zu widmen. »Jeder Ladenbesitzer«, meinte neulich jemand zu mir, »hat seine Stammkunden, die Zeit, Unterhaltung und Bestätigung für ihre Theorien, Kredite, Geschenke und, was ihnen sonst noch einfällt, verlangen. Jetzt verstehe ich«, fuhr der Betreffende – er war der Direktor eines Ladenketten-Imperiums – fort, »warum sie vor dem Buckingham Palace Wachen und Polizei stehen haben.«

Was mich dabei am meisten interessiert, ist, was vorausgesetzt wird. Gerade habe ich einen Brief von einer Dame vor mir, die nicht nur glaubt, ich wüßte alles über die Vergangenheit, die Gegenwart und die Zukunft – sondern die mich auch unbedingt besuchen und mit mir über ihre Probleme sprechen möchte. Da lange Erfahrung – nicht Vorausahnung – mir sagt, daß ein solches Treffen keinen Wert hätte, und zwar für sie so wenig wie für mich, habe ich ihr mehrmals geschrieben und die Ehre dankend abgelehnt. Aber sie läßt immer noch nicht locker.

Das Erstaunliche an dieser Dame – und an vielen Hunderten von anderen, die dem nämlichen Verhaltensmuster folgen – ist, daß sie einfach nicht gewillt ist, zu akzeptieren, was der »Mann, der alles weiß«, sagt. Als sie das letzte Mal schrieb, habe ich ihr, und das war vielleicht verrückt von mir, geantwortet: »Da ich alles weiß, weiß ich, daß ein Treffen für uns nicht von Vorteil wäre.«

Man unterschätze jedoch nie den Einfallsreichtum des Aufmerksamkeitssuchers. Ihre Antwort lautete nämlich: »Ich weiß, daß Sie alles wissen. Aber ich weiß auch, daß Sie mit Ihrer Ablehnung eines Treffens nur meine Ergebenheit testen.«

Als die Aufmerksamkeitssucher anfingen, mich zu Hause aufzusuchen, an der Tür läuteten, behaupteten, sie kämen zum Gasablesen, oder brüllten, es wäre besser, sie reinzulassen, oder sie würden mir die Hölle heiß machen, suchte ich Rat bei meinem örtlichen Polizeiwachtmeister.

Würde er denken, ich sei ein Betrüger und tische ihm ein raffiniertes Ammenmärchen auf, damit ich ihn, wenn mich nächstens irgendein wirklich kummerbedrückter Unglücklicher belästigen sollte, zu Hilfe rufen könnte? Die Vorahnung wußte mir nichts zu sagen. Also suchte ich ihn auf, ohne mich zu irgendwelchen Annahmen verleiten zu lassen.

Als ich meine Geschichte ausgepackt hatte, blickte er mich unendlich traurig an. »Well, Sir, alles, was ich dazu zu sagen habe, ist, daß ich lieber *Ihren* Job anstelle von meinem hätte. Zwanzig Leute in drei Monaten? Mann, ich hatte schon mehr, seitdem ich heute morgen den Laden aufschloß. Und der Doktor direkt gegenüber sagt, daß kaum mal jemand, der anläutet oder anruft, wirklich krank ist. Was die Leute brauchen, ist Aufmerksamkeit, mehr nicht ...«

Und doch habe ich weder den Eindruck, daß ich so dringend Aufmerksamkeit bräuchte, noch glaube ich, daß all diese Besucher mich deshalb besuchen, weil ich eine ungeheuer wichtige Persönlichkeit oder sowas bin ...

Telepathie

Wie kann man telepathische Kräfte entwickeln oder wie kann einer die Gedanken anderer lesen oder in die Zukunft schauen?

Die dazu nötigen Voraussetzungen sind in Sufi-Kreisen bestens bekannt. Die Frage ist im allgemeinen nicht, wie man's macht, sondern ob man es kann.

Der Mensch kann die Dinge, von denen Sie sprechen, bereits wahrnehmen. Wenn man sagt, er »entwickelt die Fähigkeit«, so ist das soviel, wie wenn man sagen würde, die Sonne dreht sich um die Erde, denn das scheint nur so zu sein.

In Wirklichkeit ist es nämlich so, daß emotionale Spannung, darunter auch die, die erzeugt wird, wenn man unbedingt etwas haben will, das Wirken dieser Fähigkeiten verhindert.

Warum wird dann so häufig berichtet, daß Menschen in Zeiten emotionaler Spannung paranormale Einblicke erlangen; und warum erzielen Wissenschaftler, die gelöst und unvoreingenommen sind, keine Resultate?

In Zeiten emotionaler Spannung erlangen Menschen *niemals* paranormale Einblicke. Sie erhalten sie (wenn überhaupt unter diesen Umständen) nur dann, wenn sie ihren emotionalen Zustand durch Überwinden ihrer Emotionen abgebaut haben. In diesem Moment sind sie vorübergehend ohne Wünsche und können blitzartig bestimmte Dinge wahrnehmen. Was die Wissenschaftler betrifft, so erzielen sie deshalb nur wenige oder überhaupt keine Resultate, weil sie gerade *nicht* unvoreingenommen und gelöst sind: sie *wollen* ja Ergebnisse erzielen. Das ist wichtig für sie. Und daher verhindern sie, daß diese Funktion eintritt, und behindern sie in anderen. Auch die Versuchsobjekte ihrer Experimente befinden sich in ähnlichen Emotionszuständen, die die gleiche Wirkung haben.

Dieser Prozeß wird im letzten Buch von Rumis *Mathnawi*

beschrieben, wo er das Bewußtsein des Menschen als einen Kanal bezeichnet, der mit lauter Unrat gefüllt ist, und dieser hindert ihn am Denken. Wenn das Wasser gereinigt worden ist, erscheint auf seiner Oberfläche die Spiegelung dessen, was jenseits davon liegt. »Nachsicht zu üben«, sagt er, »ist dabei soviel wie das Wasser mit Abwässern zu verschmutzen.« Zu diesen gehören Wahnvorstellungen und Täuschungen; sie verstopfen den Verstand und halten ihn davon ab, richtig zu arbeiten.

Neugier

Heute besuchte mich ein Mann mit einem mächtigen Bündel von Briefen unterm Arm.

Da er nichts Besseres zu tun gehabt habe, so erklärte er mir, habe er in verschiedenen Zeitungen und Zeitschriften eine Dauer-Annonce geschaltet. Der Text lautete:

»Sensationelle Sufi-Geheimnisse! Näheres auf Anfrage unter Postfach...«

Die Reaktion war gewaltig. Was ihn aber am meisten interessierte, war die Tatsache, daß nicht nur eine große Zahl namhafter hinduistischer, jüdischer, christlicher und muslimischer Geistlicher und Prälaten »Geheimnisse« erfahren wollten – sondern daß verschiedene Gestalten, die behaupteten, sie wären Sufi-Meister und -Lehrer, ebenfalls – so schien es – das Bedürfnis hatten, ihr Wissen auf den neuesten Stand zu bringen!

»Wenn sie alle versuchen, von mir, der nichts weiß, etwas zu lernen«, sagte er, »dann frage ich mich, was sie selbst eigentlich *wissen*...«

9. Teil

Ein bißchen Anthropologie

Würde man die Leute fragen: »Was hätten Sie lieber: ein wenig Anthropologie oder eine Million Dollar?«, dann würden die meisten sicher antworten, sie nähmen die Million. Soziologen und andere sind sich heute natürlich im klaren, daß das, was die Leute sagen, nicht unbedingt das ist, was sie tun würden; außerdem stehen auch nicht ganze Millionen Dollar für den Test zur Verfügung. Als aber gefragt wurde, welche Tageszeitung sie lesen, stellte man fest, daß so viele Leute behaupteten, sie läsen die »Times«, daß diese Tageszeitung, wenn sie die Wahrheit gesagt hätten – dem aus der Umfrage ermittelten Durchschnitt zufolge –, täglich mehrere Millionen Exemplare verkaufen würde. Daher ist es in Wirklichkeit doch nicht so riskant, davon auszugehen, daß sich die meisten Leute – inklusive der Anthropologen – lieber für die Million als für die Anthropologie entscheiden würden. Diejenigen, die sich anders verhalten, sind vielleicht nicht nur statistisch gesehen unbedeutend, sondern höchstwahrscheinlich auch ziemlich unnormal...

Warum die Entscheidung für das Geld und nicht für das Lernen? Um dies zu sehen, müssen wir einen langen Weg zurück – vielleicht bis hin zur Anthropologie selbst, sicher jedoch über sie hinaus – gehen; aber wenn wir das tun, dann werden wir klarsehen.

Nehmen Sie einen Menschen, ein Tier, egal ob Vogel oder Reptil. Er oder es bewegt sich in einem bestimmten Territorium, tut eigentlich nichts Besonderes, und das Leben ist ein eintöniges Einerlei. Das Geschöpf fährt gewissermaßen im ersten Gang dahin.

Dann stößt er, sie oder es plötzlich auf die Quelle eines Reizes: Nehmen wir einmal an, es sei ein angenehmer. Es kann sich um etwas Eßbares handeln, es kann sich um Sex handeln, es kann sich um alles mögliche handeln, was für »Wirbel« d. h. für eine Resonanz sorgt. Dieses Ereignis macht das Leben lebenswert. Es macht alles gleich erfreulicher. Es ist fast so, als würde man einen Schatz finden. Die soeben entdeckte Frucht schmeckt köstlicher, ganz wie die Million Dollar für etwas steht, was eine Fülle freudeverheißender Reize auslösen kann. Wissen, Studium, Anthropologie löst dagegen nichts dergleichen aus.

Nach der unmittelbaren Freuden-Suche kommt die Phase, wo die Vernunft ins Spiel kommt oder das Wissen. Die Vernunft sagt einem, daß man einen schützenden Unterschlupf braucht. Einen Unterstand zu bauen, ist nichts Aufregendes, auf alle Fälle nicht so erregend wie ein so erfreulicher Sinneseindruck wie das Entdecken eines köstlichen Geschmacks, Geruchs oder Anblicks. Hier gibt es eine Hierarchie der Wichtigkeit.

Noch ein bißchen Anthropologie

Wenn Sie in Europa oder Nordamerika jemanden behandeln, als wäre er ein unzivilisierter »Eingeborener«, dann wird er in entsprechender Weise reagieren.

Sie können ihn z. B. in ein Gespräch über abstruse Themen oder über Dinge verwickeln, die angeblich wichtig für ihn sind, und er wird entsprechend reagieren.

Aber... Sie könnten den kultiviertesten Intellektuellen vor sich haben und sagen ihm nur, daß Sie gerade dabei sind, seinen Namen in arabischer Schrift zu schreiben, und schon werden Sie ihn so sicher um den Finger gewickelt haben, als wäre er ein Afrikaner oder Asiate, der zum ersten Mal das Produkt einer Polaroid-Kamera erblickt.

Ich habe schon so manchen Professor, Diplom-Ingenieur, Wissenschaftler oder Geschäftsmann zum Verstummen und Zappeln vor Ungeduld gebracht – indem ich, um dies zu demonstrieren, behauptete, ich könnte seinen Charakter aus seiner Handfläche ablesen.

Daneben gibt es auch noch jede Menge anderer Anzeichen dafür, daß die Menschen genauso reagieren werden, wie Sie sie behandeln.

Wie die Welt funktioniert

Seitdem ich auf die Notwendigkeit hinweise, daß wir die Ebbe und Flut unserer eigenen Emotionen erkennen und sie zu verstehen lernen, so daß wir sie steuern und nicht sie uns, hat dies eine ungeheuere Flut von Kommentaren ausgelöst. Da sie von Emotionen angetrieben werden, sagen die Leute natürlich, daß dies die einzige Art sei, wie die Sache funktionieren kann. Diejenigen, die die Emotionen idealisieren, bilden sich sogar ein, sie würden »verdorben«, wenn sie nicht unbemerkt über sie kämen. Das hält sie aber nicht davon ab, Emotionen einzusetzen, wo immer sie können ...

Aber es gibt eine uraltes Gleichnis zu jenem Glauben, daß die Dinge nun einmal auf eine bestimmte Weise in die Welt gesetzt sind und daß niemand sie ändern kann. Es ist

Die Geschichte vom weinenden Welpen

Es war einmal ein Mann, der einer Frau den Glauben aufschwatzen wollte, ein bestimmter Hund sei die Reinkarnation ihres einstigen Gemahls, damit er ihn ihr verkaufen und mit dem Welpen, der nur eine wertlose Promenadenmischung war, noch einen fetten Gewinn machen konnte.

Also gab er dem Hündchen einige Wochen lang immer, wenn es Hunger hatte, ein Stück Brot zu fressen, das mit Feuersenf bestrichen war. Das trieb dem Tier natürlich die Tränen in die Augen.

Dann suchte er die Frau auf und sagte, er *müsse* ihr einfach das Tier verkaufen, denn eine Vision habe ihm gezeigt, daß es ihr verstorbener Gemahl in anderer Gestalt sei.

Als sie ihn zweifelnd anblickte, meinte er:

»Laßt uns die Probe aufs Exempel machen, denn Ihr braucht mir nicht zu glauben, bevor Ihr die Sache nicht mit eigenen Augen gesehen habt. Wißt Ihr noch, wie Ihr für Euren Gemahl gekocht habt, und wie sehr ihm schmeckte, was Ihr gekocht habt? Wir wollen seine Erinnerung ein wenig auffrischen. Holt ein Stück Brot, bietet es dem Hund an, und wenn er ein ungewöhnliches Interesse zeigt, werdet Ihr wissen, daß das, was ich sage, wahr ist.«

Die Frau holte ein altes Stück Brot, hielt es dem Welpen hin, doch anstatt es sofort zu verschlingen, blickte er sie mit vorwurfsvollen Augen an, die sich mit Tränen füllten.

Und so kaufte sie den Hund und liebte ihn heiß und innig, und nichts hätte sie jemals davon überzeugen können, daß er nicht ihr seliger Gemahl war – denn schließlich hatte sie ja einen schlagenden Beweis!

Nagen

Insgesamt ist mein Leben in keiner Weise befriedigend für mich, und doch macht mir vieles von dem, was ich mache, Spaß, und das macht mir das Leben lebenswert. Kann daran etwas falsch sein, solange ich damit keinem anderen etwas zuleide tu?

Das hängt davon ab, welche Folgen das, was Sie tun, letztlich hat. Wenn Sie dies wüßten, wären Sie bereits weise und würden, so bilde ich mir ein, diese Frage nicht stellen.

Daher kann ich nichts dazu sagen, außer Sie an jene Maus zu erinnern, die gefragt wurde, warum sie die Isolation eines Hochspannungskabels abnagte, und die darauf antwortete: »Es macht mir einfach Spaß, und außerdem tu ich damit keinem was zuleide, oder?«

Des Fischers Nachbar

Es war einmal ein armer Fischer, der es mit seiner Hände Arbeit gerade eben schaffte, Körper und Seele zusammenzuhalten.

Eines Tages warf er sein Netz aus und zog einen Fisch aus dem Wasser, in dessen Bauch sich ein goldener Ring befand. Er trug den Ring zum König, denn das war alles, was er mit dem Kleinod anzufangen wußte.

Der König war hoch erfreut und gab ihm dafür weit mehr, als der Ring wert war, aber in Form von Säcken voll Kleingeld, das ein Fischer besser gebrauchen konnte und wovon er mehr verstand.

Als der Fischer nach Hause kam, bat er seinen kleinen Sohn, zum Nachbarn zu gehen und sich dessen Waage und Gewichte auszuleihen, um das Geld zu wiegen.

Der Nachbar, der sich für sehr gescheit hielt und entschlossen war, alles, was er nur konnte, über den Fischer in Erfahrung zu bringen, schmierte die Waagschale mit Fett ein. »Was immer er haben mag«, so dachte er bei sich, »etwas davon wird an dem Fett klebenbleiben, und so werde ich erfahren, was er da im Hause hat.«

Und so klebte, als die Waage zurückgebracht wurde, natürlich eine Silbermünze an dem Fett.

Da kam der Nachbar zu dem Schluß, daß er unbedingt in Erfahrung bringen müsse, wie es der Fischer zu Geld gebracht hatte. Abwechselnd horchten er und sein Weib vor dem Fenster des Fischers, so daß sie hören konnten, was sie hören konnten – denn beide waren ein wenig schwerhörig, wollten es aber nicht zugeben.

Während der Nachbar horchte, hörte er also, wie der Fischer mit seiner Frau darüber redete, was er getan hatte. Er verstand jedes Wort, außer daß er glaubte, der Fischer habe statt »einen goldenen Ring zum König« etwas von »einem ganzen Sack voll Katzen« gesagt – denn in ihrer Sprache klangen die beiden Sätze sehr ähnlich.

Sofort ging er nach Hause und verbrachte mehrere Tage damit, so viele Katzen einzufangen, wie er nur konnte. Dann brachte er sie dem König. Als sie aber im Thronsaal freigelassen wurden, gebärdeten sie sich wie wild, bissen Höflinge und Hofdamen und zerkratzten die kostbaren Draperien. Des Fischers Nachbar wurde natürlich in einen Kerker geworfen.

Wenn man etwas anfängt, ohne die erforderlichen Grundlagen zu haben, so wird das Ganze manchmal ähnlich enden wie diese Geschichte.

Dies begreifen die Leute aber nicht, denn sie führen andere Ursachen an für etwas, was in Wirklichkeit ihr eigener Mangel an richtiger Vorbereitung ist. Was den Nachbarn des Fischers betrifft, so zog dieser aus seiner Habgier und Schwerhörigkeit keine Lehre, denn er brachte es auch noch fertig, den Fischer zu beschuldigen, er hätte »gewußt, daß er vor dem Fenster stand, und ihn absichtlich getäuscht«.

Aber *wir* würden so was natürlich niemals tun, oder?

Denunzieren

Es war einmal ein Derwisch, der besaß ein kleines Haus in der Stadt, wo die Leute ihn von Zeit zu Zeit zu besuchen pflegten, um in den Genuß seiner Lehre zu kommen.

Eines Tages saß er gerade da, als jemand aus einem fernen Lande kam und um Erlaubnis bat, zu seinen Füßen sitzen zu dürfen.

»Tretet ein und seid willkommen«, sagte der Derwisch.

Seit Jahren hatte der Besucher von der Weisheit und Heiligkeit jenes Derwischs reden gehört und viele Monate lang hatte er gespart, um genug Geld zusammenzubringen, damit er die Reise unternehmen konnte, um ihn aufzusuchen. Doch machte sich in ihm die Befürchtung breit, daß er sich in seiner hohen Meinung über ihn getäuscht haben könnte.

Jedesmal, wenn er den Derwisch aufsuchen ging, saß der heilige Mann einfach da, gab keinerlei Weisheit von sich und ignorierte den Gast. Und was ihn noch sprachloser machte: Der Derwisch tat nichts gegen das ständige Geplärr und Gepolter aus dem Nachbarhaus. Der Lärm kam von einem Säufer, der niemals nüchtern zu sein schien.

Schließlich raffte der Besucher genügend Mut zusammen, um den Derwisch zu fragen: »Ich bitte Euch, Herr, warum zeigt Ihr den Alkoholiker vom Nachbarhaus nicht an, da er Eure Ruhe stört; außerdem ist es hierzulande gegen das Gesetz, sich zu betrinken, und daher ist es sowohl eine gesellschaftliche, als auch eine persönliche Pflicht, die Polizei zu informieren.«

Der Derwisch tat einen tiefen Seufzer und antwortete: »Es ist schwer, die gesellschaftliche Pflicht auf Kosten der Selbstsucht zu erfüllen. Der Mann von nebenan ist süchtig nach dem Suff. Ich bin wiederum süchtig danach, Leute anzuzeigen. Zeige ich ihn also an, so werde ich meine eigene Sucht nähren und noch ärger machen. Daher mögen die, deren gesellschaftliche Pflicht erfüllt oder nicht vonnöten ist, andere Leute denunzieren.«

»Aber soll er denn weiter leiden, wenn er geheilt werden könnte?« fragte der Gast.

»Wenn meine Sucht nachläßt, werde ich mich um die von anderen kümmern«, sagte der Derwisch.

Und so gelangte der Reisende zu der Überzeugung, daß der Derwisch selbstsüchtig und daher unwürdig war.

Nichtigkeiten

Ein Sufi und sein Schüler rasteten gerade auf einem hohen Fels, als sie sahen, wie zwei Männer von Räubern angegriffen wurden.

Sie waren zu weit entfernt, um einzugreifen, und die Diebe machten sich sofort aus dem Staub.

Der Sufi und sein Gefährte begaben sich hinab zu der Stelle, wo sie die beiden Kaufleute gesehen hatten, und fanden sie, wie sie sich gerade zurück zur Landstraße schleppten. Sie verbanden ihnen die Wunden und boten ihnen etwas von ihren eigenen knappen Erfrischungen an. Dann sah der Schüler zu seiner Verblüffung, wie der Sufi beiden die Hände küßte.

»Baba, warum küßt Ihr diesem Mann die Hand?« fragte er ihn.

»Weil er trotz seines Alters zuerst gegen die Räuber ge-kämpft hat wie ein echter Mann, bevor sie ihn in die Flucht schlugen.«

»Aber dann begreife ich nicht, warum Ihr auch dem anderen Mann die Hand geküßt habt. Schließlich rannte der doch weg und ließ den älteren alleine kämpfen.«

»Der jüngere Mann«, sagte der Sufi, »brauchte keinen Mut, denn er besaß Scharfblick. Er wußte zwei Dinge, die kein anderer der Anwesenden sah. Erstens, daß, wenn alle vier gekämpft hätten, dreien die Augen ausgestochen wor-den wären, denn dann hätte der Kampf eine andere Form angenommen. Zweitens, daß sein eigener Heldenmut bei allen anderen so viel Bewunderung erregt hätte, daß sie sich nie von ihrer Abhängigkeit von Emotionen befreit und sie fortan überall gesucht hätten, in Liebe und Krieg, in Handel und Verbrechen, in Spiel und Nichtigkeiten. Und sie alle hätten abgelassen von der Arbeit am Geist.«

Demut

Ein von Demut besessener Missionar besuchte einmal einen Derwisch unserer Tage, und es entspann sich der folgende Dialog:

»Gibt es etwas Schlechteres als Mangel an Demut?«

»Ja, mit dem Finger auf den Mangel an Demut anderer zu zeigen, ist schlechter.«

»Und was ist besser als Bescheidenheit?«

»Überheblich zu werden, wenn Überheblichkeit vonnöten ist.«

»Und wann ist sie vonnöten?«

»Wenn neidische Leute möchten, daß Ihr ›demütig‹ seid, damit sie Euch zum Schweigen bringen können.«

Ein guter Rat

Hin und wieder bricht Gesundheit sogar in den borniertesten und bürokratischsten Situationen hervor. Vielleicht ist dies einer der Gründe, warum Humor so ungeheuer wichtig ist. Tyrannen, die andere unterdrücken und auch selbst von Ideen und Übung unterdrückt werden, besitzen selten auch nur einen Funken Humor. Daher versuche man Humor zu finden und zu fördern, wo man nur kann.

Einmal trat ich an den Schalter der Einwanderungskontrolle eines bestimmten Landes und traf dort auf einen verbiestert dreinblickenden Beamten, der mir eine endlose Liste von Fragen vorlas.

Kaum hatte er jedoch seine Frage nach dem Namen meiner Großmutter väterlicherseits beendet, da brach er in schallendes Gelächter aus.

Höflich wartete ich ab. Als er sich wieder ein wenig gefaßt hatte, sagte er:

»Als ich einmal einem die nächste Frage stellte: ›Wurde bei Ihnen jemals Geisteskrankheit festgestellt?‹, sagte der Betreffende mit tiefstem Bedauern im Blick: ›Oh, nein, leider noch nicht, aber das können Sie wirklich sofort nachholen!‹«

Analogie

Können Sie mir eine Analogie geben zu unserer Situation in dem Sinn, daß wir der Existenz einer anderen Dimension gegenüberstehen, die wir im Grunde nicht begreifen können?

Analogie allein, d. h. solange der einzelne die Analogie nicht richtig begreifen kann, ist im Grunde so gut wie nutzlos. Ich kann Ihnen nur die Möglichkeit dazu andeuten in Form eines vertrauten Gefühls, bei dem es sich aber um keine richtige Analogie handelt. Hier ist sie trotzdem:

Sie sitzen in einem Flugzeug und essen ein Sandwich. Das Flugzeug, Sie und das Sandwich rasen mit einer Geschwindigkeit von mehreren hundert Stundenkilometern durch die Luft. Davon bemerken Sie aber überhaupt nichts, es sei denn, Sie blicken aus dem Fenster und sehen unter sich einen festen Punkt. Aus praktischen Gründen lassen Sie dieses Rasen unberücksichtigt, weil es Sie scheinbar nicht berührt.

Die Geschwindigkeit ist da, wird aber nicht wahrgenommen.

Nett

Ein weiser Mann erzählte mir einmal: Ein Gelehrter, der von Eifersucht und Unsicherheit zerfressen war, bestieg eine Kanzel und begann gegen mich loszuwettern.

Anschließend fragte mich mein Gastgeber beim Abendessen, warum der Gelehrte so heftig geworden sei – und was ich denn getan hätte, um ihn derart aufzuregen.

Bevor ich noch antworten konnte, unterbrach mich ein anderer Gast, ein wirklicher Weiser: »Meister«, sagte er zu unserem Gastgeber, »wenn Sie den Gelehrten so gut kennen würden wie ich, dann hätten Sie die Frage nicht in dieser Form gestellt!«

»Wirklich?« fragte unser Gastgeber. »Und was ist es denn, was Sie über den Gelehrten wissen und was die Frage so sehr verändern würde?«

»Wenn Sie ihn so gut kennen würden wie ich«, fuhr der Weise fort, »dann hätten Sie erkannt, daß der Gelehrte in Wirklichkeit versuchte, *nett* zu sein!«

Das Bewußtsein für das Gute

Am Telefon haben Sie eine Geschichte von einem »Anschiß« erzählt. Sie war wirklich sehr komisch. Der Mann, der das Mädchen zusammenstauchte, schien damit aber nicht viel gewonnen zu haben. Das Mädchen auch nicht, denn es war nicht schuld. Wozu war das Ganze dann gut?

Ja, wozu eigentlich? Ein Apfel fiel von einem Stamm. Wozu war das gut? Ein Mann hob ihn auf und aß ihn. Wozu war das gut? Als der Apfelbutzen verfaulte, gingen die Kerne auf und ein Baum wuchs heran. Wozu war das gut? Weitere Äpfel fielen herab, wurden gegessen, produzierten Kerne, die aufgingen, zu neuen Bäumen heranwuchsen und so fort. Wozu ist überhaupt etwas gut? Glauben Sie, so etwas ließe sich so leicht berechnen?

Erinnern Sie sich daran: »2 × ›falsch‹ ergibt *nicht* 1 × ›richtig‹.« Gut, was ergibt 2 × ›falsch‹ aber dann? Und 2 × ›richtig‹? Worüber reden Sie eigentlich? In Wirklichkeit *reden* Sie über etwas, was man nur *wahrnehmen* kann. Solange Sie nur Schnipsel von den Dingen auflesen und versuchen, sie mit so etwas wie einem individuellen »Zu-etwas-gut-Sein« zu verbinden, werden Sie nicht imstande sein, zu wissen, was gut und was schlecht ist. »Was für ein Glück! Ich habe ein Vermögen gewonnen.« »Was für ein Elend! Jetzt habe ich mich mit dem Geld zu Tode gesoffen!« »Was für ein Pech! Jemand hat ihm alles gestohlen.« »Jede dunkle Wolke hat einen silbernen Saum.« »Ein übler Wind, der keinem Gutes bringt.«

Ja, aber ich weiß, *daß es irgendwo in meinem Innern ein Gefühl für das Gute und eine Abneigung gegen das Schlechte gibt.*

Wenn Sie das wissen, dann hören Sie auf, es mit einem oberflächlich bewerteten, bruchstückhaften und künstlich »erstarrten« ›Guten‹ gleichzusetzen. Folgen Sie dem inneren ›Guten‹ und benutzen Sie es. Wie können Sie beides tun?

Wenn Sie Angst haben, das innere Gefühl für das Gute könnte nicht wirklich vorhanden sein, dann werden Sie sich natürlich nur damit trösten, »es könnte benutzt werden, wenn ich es benutzen wollte« – und weiterhin die Dinge auf die alte und absurde Weise bewerten.

Aber gibt das einem nicht einen persönlichen Freibrief dafür, wahllos alles zu tun, mit dem Argument, daß irgendwas daran schon gut sein wird oder daß es nichts ›Schlechtes‹ gibt, was wirklich schlecht ist?

Nicht, wenn Sie das Muster kennen und ein echtes Bewußtsein für das Gute haben, das etwas deutlich Faßbares in Ihrem Inneren ist. Wenn dieses Bewußtsein entwickelt ist, werden Sie dem ›unabhängigen‹ (objektiven) Guten und nicht dem eingebildeten folgen. Wenn Sie nichts dergleichen in sich spüren, dann folgen Sie dem ›festgesetzten Guten‹. Versuchen Sie es aber nicht zu berechnen, denn das schaffen Sie nicht. Sie benutzen nämlich eine grobe Faustregel – und sobald Sie das erkennen, werden Sie zumindest etwas erreicht haben. Von da aus können Sie dann weitere Fortschritte machen oder auch nicht. Am schwersten fällt es dem Menschen, zu erkennen, wo der Startpunkt ist. Er versucht nämlich schon weit vor dem Punkt zu starten, an dem er auch bereit ist, zu starten.

Wie viele Meilen ...?

Häufig beklagen Sie sich darüber, daß sich unberechtigte oder unwissende Leute mit Sufi-Materialien befassen. Daran kann aber doch sicher nichts falsch sein? Denn irgendeine Information ist doch sicher besser als gar keine? Auch eine Anhäufung von Fakten und Argumenten muß doch sicher von Nutzen sein?

Halt, warten Sie einen Augenblick. Sie stellen eine Frage nach der anderen, und was Sie sagen, klingt allmählich wie Rhetorik.

Sufisches Wissen ist keine Anhäufung von Fakten oder Argumenten: – es ist Erfahrung.

Immer mehr und noch mehr Information über die Sufis oder sufische Erfahrung ist ziemlich unnötig. Je mehr Sie haben, desto gröber das Ergebnis und desto mehr verschwindet der sufische Gehalt darin.

Wissen Sie, wie dick ein Blatt Papier wird, wenn es am Anfang eine Dicke von 1/1000 Inch hat und dann fünfzigmal »verdoppelt«, d.h. jeweils in der Mitte gefaltet wird?

Ein Inch?

Nein. Versuchen Sie's nochmal.

Zwanzig Inches?

Nein.

Ich geb's auf.

Sie sehen – Sie können sich so etwas wie die richtige Antwort auf etwas streng Materielles, geschweige denn auf etwas Subtileres, nicht einmal vorstellen. Die Antwort lautet, daß Sie, wenn Sie ein Blatt von 1/1000 Inch Dicke fünfzigmal zusammenfalten – angenommen, es wäre möglich –, am Ende einen Papierstapel von über 17 000 000, ja, siebzehn Millionen Meilen Dicke erhalten.

Werden leblose Fakten nur »verdoppelt«, so vermehrt sich lediglich ihr totes Gewicht.

Geduld, Glaube und Ehre

Im Osten wie in vielen Ländern des Westens gibt es kein Erstgeborenenrecht. Das bedeutet, daß Könige und andere Adlige ihren Stand nicht automatisch erben, sondern ihn sich erst verdienen müssen. Der Vater entscheidet dann, wer von den Kandidaten der würdigste ist.

Es war einmal ein König, der hatte drei Söhne. Als er fühlte, daß es an der Zeit war, seinen Nachfolger zu ernennen, befahl er seinen drei Söhnen, auf Abenteuer in die Welt hinaus zu ziehen.

»Jeder von euch«, sagte er, »soll eine Frau finden, denn der Erbe des Throns muß eine Gefährtin haben. Wer mit seiner Braut die wertvollste Mitgift heimführt, wird mein Nachfolger sein.«

Die drei jungen Männer zogen also los, ein jeder mit seinen eigenen Ideen. Der erste Prinz kehrte binnen weniger Tage mit einer Prinzessin aus einem Nachbarland zurück – beladen mit einem unermeßlichen Schatz: 3000 Kamelladungen an Silber, Gold und Edelsteinen. »Diese sollen zur Stärkung des Reiches dienen«, sagte er seinem Vater. »Ich zweifle, ob die anderen etwas ähnlich Prächtiges vorweisen können.«

Der zweite Sohn befand sich immer noch auf der Suche nach einer sagenhaft reichen Braut, als ihn die Nachricht von dem Erfolg des ersten jungen Mannes erreichte. Ihm wurde klar, daß er sich auf diesem Gebiet nicht mit ihm messen konnte, und so setzte er sich nieder und dachte nach. Und so wählte er schließlich eine besonders brillante Frau zur Braut: Sie war Dichterin, Philosophin und bewandert in jeder Art von Wissenschaft.

»Diese Dame«, ließ er seinen Vater wissen, »wird für Euer Land und Euer Volk noch wertvoller sein als Schätze.«

Der dritte Sohn, der nie viel auf Reichtum oder Verstand gegeben hatte, folgte einfach seines Trampeltiers Nase nach, und so drang er immer tiefer in den Urwald ein und wartete geduldig, was sein Schicksal ihm bringen und wie er damit umgehen mochte.

Nach vielen Tagen fand sich der Prinz in einem Land voll feinen Gebäuden und üppig bebauten Feldern wieder. Bevor er weiteres über die Gegend entdecken konnte, wurde er von einer Horde Affen gefangen, zum Palast geführt und dort in einen tiefen Kerker gesperrt.

Während man ihm zu essen brachte und er zu Freiübungen an die frische Luft gelassen wurde, erkannte er von Mal zu Mal, daß dieses Reich ganz und gar von jener Affenart bevölkert und beherrscht wurde, die ihn aufgegriffen hatte.

Anders als alle, von denen er je gehört hatte, verhielten sich diese Affen weithin wie menschliche Wesen. Sie pflügten den Boden, pflegten Debatten, erließen Gesetze und lasen sogar Bücher. All dies taten sie jedoch auf ihre Weise, und viele ihrer Bräuche entsetzten ihn. Zudem konnte er nicht mehr als ein paar wenige Worte von ihrer Sprache verstehen, die auf Grunz-, Lach- und Stöhnlauten basierte.

Unter den Affen befanden sich, wie er entdeckte, noch andere Menschen, allesamt Gefangene wie er selbst. Es war ihm nicht erlaubt, mit diesen Unglücklichen zu sprechen, und er fand keine Möglichkeit zu fliehen.

Eines Nachts, als er in seiner Zelle lag, vernahm er eine Stimme, die Stimme einer Frau, und sie sagte: »Prinz, wollt Ihr mich heiraten?«

Zuerst dachte er, es sei eine Sinnestäuschung, aber als die Stimme Nacht für Nacht ihre Frage wiederholte, gelangte er zu dem Glauben, sie müsse echt sein. Die Stimme war von einer fremdartigen und fesselnden Schönheit, und ohne ihre Besitzerin gesehen zu haben, verliebte sich der Prinz. Schließlich antwortete er: »Ja, natürlich will ich Euch heiraten.«

Am nächsten Morgen holten die Affen den Prinzen aus seinem Gefängnis, fütterten und wuschen ihn und führten ihn zum Palast. Dort sah er eine tiefverschleierte Gestalt in tiefen Kissen sitzen, und umgeben von allem, was zu einer

Vermählung erforderlich war. Unter den menschlichen Gefangenen, die versammelt waren, befanden sich auch ein Mulla und Trauzeugen. Menschliche Diener brachten für alle Anwesenden Rosenwasser und köstliches Obst.

Als während der Zeremonie der entscheidende Moment gekommen war, wurden die Schleier der Braut zurückgeschlagen, so daß der Prinz sie zum ersten Mal sehen konnte. Er schaute der Besitzerin der melodiösen Stimme ins Angesicht und erblickte – einen Affen!

Die Stimme vergessend, tat der Prinz zunächst einen Satz zurück und war entsetzt. Aber dann dachte er: »Ich habe mein Wort gegeben, und als Prinz muß ich zu ihm stehen. Sofern Geduld von irgendeinem Wert ist, wird Geduld mich retten. Was immer geschieht, meine Ehre verlangt, daß ich ausführe, was ich unternommen habe.«

Sprach's und setzte seinen Namen unter den Ehekontrakt.

Sowie er unterzeichnet hatte, sah er, daß sich die Affendame in eine menschliche Prinzessin von hinreißender Schönheit verwandelt hatte. Der stattliche Affe auf dem Thron, ihr Vater, war zu einem menschlichen König geworden, der nun sprach: »Wißt, mein Prinz, daß wir in Wirklichkeit Menschen sind. Zur Strafe für unseren Mangel an festem Glauben wurden wir von einem Zauberer in Affen verwandelt. Wir hatten zu warten, bis ein menschliches Wesen mit Geduld, Ehre und festem Glauben erscheinen würde. Daher haben wir so viele Menschen gefangen, wie wir nur konnten, auf der Suche nach einem solchen Mann.« Und er schloß seinen neuen Schwiegersohn vor Feude und Dankbarkeit in die Arme.

Nun kehrte der junge Prinz mit seiner Braut und unter dem Geleit einer mächtigen Horde äffischer Bediensteter – denn die meisten Leute hatten ihre natürliche Gestalt nicht wiedererlangt – in des Prinzen Stammland zurück.

Als sie am Fuße des Thrones standen und dem König von ihren Abenteuern berichteten, versenkte dieser das Haupt des Überlegens in die Tasche der Weisheit. Dann sprach er:

»Die beste von allen drei Gaben, die meine Söhne mitgebracht haben, ist die deine, mein Sohn und Nachfolger! Denn diese Gabe – Geduld, Glaube und Ehre – ist weit höher zu bewerten als materielle Güter und intellektuelle Bildung.«

Bei diesen Worten wurden alle Affen, die sich in des Prinzen Gefolge befanden, auf wunderliche Weise wieder in Menschen zurückverwandelt. Ihr Anführer wandte sich an den König und sprach:

»O Brunnen der Weisheit! Wißt, daß zwar viele unserer Mitbürger durch das Denken und Handeln Eures edlen Sohns von ihrem Zauberbann erlöst wurden, aber manche von uns dennoch verzaubert blieben. Wir hatten nämlich auf den Moment zu warten, wo einer bestimmte Gedanken und Taten tatsächlich höher werten würde als Wohlstand und Schläue; jemand, der wie Ihr beweisen würde, daß er diese Dinge auch in praktischer Weise würdigt.« Dann küßte er in Ehrerbietung dem Königssohn die Hand.

Und so sonderbar es klingt, danach fanden sich alle Menschen im Lande, die Anbeter von Kleinlichkeit oder eitlem Denken, von Geld oder Gütern waren, ihrerseits in Affen verwandelt wieder.

Als der gute König starb, herrschten der Prinz und seine Angetraute viele Jahre in Glück und Gerechtigkeit über ihr Land. Und die verbleibenden Übeltäter in Wort oder Tat, die zu Affen geworden waren, hatten bis zum Erscheinen eines nächsten Erlösers zu warten, nachdem sie genügend Zeit gehabt hatten, über ihr Übeltun nachzudenken.

Der tapfere Händler-Ritter

Es war einmal ein reicher Mann, dessen Lebenserfahrung sich darauf beschränkte, daß er sich kaufte, was ihm gefiel, daß er die Wirkung genoß, die sein Besitz auf andere machte, und daß er sich Arbeit erfand.

Als seiner Frau eines Tages auffiel, daß ihm manche der Lebenserfahrungen fehlten, die andere Leute besitzen, schlug sie ihm vor, sein Glück im Handel versuchen.

»Wenn du alles Nötige für mich in die Wege leitest, damit ich mit Gefährt und Ware ausgerüstet bin, wird es mir selbstverständlich eine Freude sein, mein Glück im Handel zu versuchen. Schließlich haben mich mein Glück und meine Vorsicht dahin gebracht, wo ich nun stehe – warum sollte beides mich nicht noch weiter bringen können?«

So leitete sie denn das Nötige in die Wege, um einige Sack Korn zu kaufen, kleidete ihn in eine Kaufmannstracht und schickte ihn aus, sein Glück zu versuchen. Er saß im Sattel eines edlen Rosses und wurde gefolgt von einem Muli, das beiderseits bepackt war mit Säcken voll Korn zum Verkauf.

Nachdem er eine Weile gereist war, begann sich die Nacht herabzusenken, der frischgebackene Kaufmann pflockte seine Tiere an und legte sich hinter einem Felsvorsprung an der Straße zum Schlafen nieder.

Direkt neben seinem Schlafplatz befand sich der Eingang zu einer Höhle, in der eine Gruppe von Kaufleuten, bepackt mit vielen kostbaren Schätzen, die Nacht zu verbringen gedachte. Als sie ankamen, legten sie eine Trompete neben den Eingang, damit jeder, der während der Nacht einen verdächtigen Laut vernahm, keine Zeit verlieren würde, um Alarm zu blasen, so daß sie erwachen und sich und ihre Ware gegen Räuber verteidigen konnten.

Aber die Händler hatten natürlich den schlafenden frisch-gebackenen Kaufmann nicht bemerkt, und dieser war bei ihrem Nahen nicht erwacht. Nach einer Weile rollte er sich herum im Schlaf, stieß gegen die Trompete, die Trompete rollte über den abschüssigen Boden, bis, o Wunder aller Wunder!, ihr Mundstück an seinem Mund zu liegen kam, als er sich gerade durch einen tiefen Traum prustete, und so blies sein Atem Alarm, und die Händler schraken in großer Furcht aus dem Schlaf, während er selbst ruhig weiter-schlief.

Im Innern der Höhle stellten die Kaufleute fest, daß niemand von ihnen fehlte. Wer hatte also den Alarm geblasen? Sie kamen zu dem Schluß, daß sie von einer kühnen und mächtigen Diebesbande umringt sein mußten, die dabei war, sie anzugreifen, und im nächsten Moment hereinstürzen und einen jeden massakrieren konnte. Verrückt vor Panik stürmten sie aus der Höhle und stoben, ihre Waren im Stich lassend, in alle Richtungen davon.

Einer der Händler erblickte des Möchtegern-Kaufmanns Roß, schwang sich in den Sattel und nahm vor den imaginären Räubern Reißaus. Dieses Geräusch weckte den frischgebackenen Kaufmann auf. Als es hell war, entdeckte er, daß sein Pferd verschwunden war und daß man dafür eine gewaltige Menge Ware zurückgelassen hatte.

»Die hatten es ja ungemein eilig, mit mir ins Geschäft zu kommen, doch ich schätze, dies ist ein fairer Tausch«, sagte er zu sich. Dann nahm er die gesamte hinterlassene Ware und kehrte zurück in seine Heimatstadt, wo ihn die Menge mit Beifall empfing und schrie: »Der ist gewiß unter einem günstigen Stern geboren! Aber er muß auch ein meisterhafter Geschäftsmann sein, um einen einzigen Gaul in eine so gewaltige Geldsumme zu verwandeln!«

Infolgedessen war unser frischgebackener Händler überzeugt, daß er ein meisterhafter Geschäftsmann war. Nur seiner Frau, die ihn bestens kannte, war klar, daß die Geschichte einen Haken haben mußte, den ihr Gemahl nicht bemerkt hatte.

Aber die Menschen haben nur einen Blick für die Erklärung, die auf der Hand liegt, und der reiche Mann war mit seinen eigenen Vorstellungen über die Ursache und Wirkung dessen, was er erlebt hatte, zufrieden. Nun sagte er zu seinem Weib:

»Du hattest recht, daß ich meine Erfahrungen erweitern muß. Nun, da ich bewiesen habe, daß ich ein Kaufmann sein kann, denke ich, daß ich ein Jäger werden soll.«

Seine Frau war einverstanden. Aber sie wollte die Wirklichkeit herausfinden, die sich, dessen war sie sicher, hinter dem äußeren Anschein verbarg. Nachdem sie ihn mit den nötigen Waffen und einem Pferd ausgerüstet hatte, wünschte sie ihm Lebewohl und begnügte sich mit der Warnung:

»Man mag sich auf Jagd begeben, doch auch auf der Straße lauern Gefahren. Ein bewaffneter Mann kann mit mächtigen Kriegern aneinandergeraten. Darauf bedacht, ihre Macht zu beweisen, patrouillieren sie auf den Straßen und fordern jeden heraus, der des Weges kommt!«

Aber der reiche Mann, der ein Händler geworden war und nun ein Jäger wurde, betrachtete sich auch als einen Krieger. Er sagte:

»Sosehr mich deine Sorge um mich rührt, brauche ich doch weder Warnung noch Unterstützung. Jeder Held mag sich ruhig nähern – ich werde ihn schon in die Flucht zu schlagen wissen!«

Und so ritt der neugeschaffene Jäger los.

Kaum war er außer Sicht, verkleidete sich seine Angetraute als Krieger und hüllte die untere Hälfte ihres Gesichts in ein Turbanende, um ihre Züge zu verschleiern. Dann schwang sie sich auf ein schnelles Pferd und galoppierte zu einer Stelle, wo, wie sie wußte, ihr Gemahl vorüberkommen mußte.

Als sie mit ihm zusammentraf, schwang sie ein Schwert durch die Luft und schrie mit tiefem Baß:

»Haltet an und kämpft, sofern Ihr Euch als einen ganzen Mann bezeichnet!«

Den Ehemann packte helles Entsetzen. Er warf sich auf die Erde, legte sein Jägerkleid ab und bot es samt seinem Roß und seinen Waffen dem Angreifer an. Die verkleidete Gemahlin packte die Beute zusammen, ritt davon und versteckte sorgsam alles, bevor ihr Gemahl nach vielen Stunden staubbedeckt nach Hause kam.

»Aber was ist denn mit dir passiert!« fragte sein Weib: »Du siehst ja aus, als hätte man dir übel mitgespielt...«

»Nicht im geringsten, Frau!« donnerte der Held. »Ich bin dem wildesten und gefährlichsten Ritter der Welt begegnet, dessen Gesicht jedoch vermummt war; – ich besiegte ihn mit größter Leichtigkeit und schlug ihn in die Flucht!«

»Aber was geschah mit deinem Pferd, mit deinen Waffen?« fragte sie.

»Erinnerst du dich nicht mehr, Frau, daß ich den Handel, nachdem ich damit ein Vermögen gemacht hatte, an den Nagel hängte und mich dem Waffenhandwerk zuwandte? Nachdem ich diesmal den größten Ritter der Landstraße besiegt hatte, brauchte ich das ganze Rüstzeug nicht mehr und warf es ihm vor die Füße als Trost für seine Schmach!«

»Und nun?«

»Nun bin ich bereit zu neuen Taten!«

Horten

Es war einmal ein sehr verehrter Derwisch, der in einer kleinen Zelle an einer Karawanenroute sein Leben mit religiösen Übungen erfüllte.

Eines Tages brachte eine Gruppe von Kaufleuten eine große Menge Gold und ließ sie an seiner Tür zurück. Am nächsten Morgen war es verschwunden, aber die Reisenden hatten den Einwohnern der Nachbarstadt von ihrer frommen Gabe erzählt, und so fragten sich die Leute, ob der Derwisch sich das Gold angeeignet hatte.

Viele Jahre später starb der Derwisch, und die Leute begannen ihm ein Grabmal (*maqbara*) zu errichten, dem sie auch seine Zelle einverleibten. Als sie an dem Bauwerk arbeiteten, stürzte eine Mauer ein und der Hort an Gold fiel heraus.

Mit dabei befand sich, auf ein Schild geschrieben, die folgende Botschaft:

»Dies war gehortet worden, um Versuchung fernzuhalten. Tragt Sorge, daß auch ihr nicht in Versuchung geratet.«

Diese Geschichte wird von Derwischen erzählt, um zu zeigen, wie ihresgleichen oft mißverstanden werden und wie hart sie daran arbeiten, der Versuchung selbst zu widerstehen und auch andere davon abzuhalten, ihr zu erliegen.

Aber die Geschichte wird auch von Sufis und anderen erzählt, um den Unterschied zwischen einem Sufi und einem Derwisch zu illustrieren. Der Derwisch ist der Mann der Regeln und Gesetze, der sich an Glauben und Praktiken klammern muß, da er in Wirklichkeit nicht weiß. Der Sufi ist derjenige, der weiß, wie er sich z. B. von der Versuchung lösen kann, und auch, wie er mit Gold umzugehen hat, wenn es ihm angeboten wird.

Man denke aber nicht, daß in dieser Hinsicht zwischen Sufis und Derwischen ein Gegensatz besteht. Der Derwisch steht für das höchste moralische Exemplar des gewöhnlichen Menschen und der Sufi für das höchste Exemplar des bewußten Menschen.

Musik und das Gute

Wie heute weithin bekannt ist, legen die Sufis Wert darauf, daß Musik sehr selektiv aufgeführt und gehört werden muß, wenn sie nicht unerwünschte Wirkungen haben soll, und daß ein wahllos zusammengesetztes Publikum, das sie hört, unbewußt auf eine unerwünschte Weise beeinflußt wird. Gibt es irgendwelche Beweise für diese Wirkung, die auch gewöhnliche Leute von ihrer Wahrheit überzeugen können? Schließlich wird die Musik außerhalb von Sufi-Kreisen im allgemeinen mit dem Guten und mit höheren Dingen verbunden...

Die Sufis nehmen dies nicht so wichtig, denn wenn etwas mit einer solchen Bestimmtheit behauptet wird, braucht es nicht »bewiesen« zu werden. Außerdem versucht niemand irgend jemanden von der Wahrheit dieses Umstandes zu »überzeugen«.

Davon abgesehen ist dies jedoch eine Tatsache, die allen, die darüber Forschungen angestellt haben, heute zweifellos bekannt ist, und sogar auch auf einer niedereren Ebene. Wenn Sie am 24. Dezember 1981 während der Jahr für Jahr gesendeten Wiederholung von Weihnachtsliedern zwischen 7 und 8 Uhr morgens das BBC-Programm eingeschaltet hatten, so werden Sie davon gehört haben.

In dieser Sendung berichtete ein kanadischer Forscher von einem Experiment mit Weihnachtsliedern, das er im gleichen Jahr durchgeführt hatte.

Er nahm zwei Gruppen von Versuchspersonen. Die eine hörte Weihnachtslieder, die andere wurde im Stillen gelassen. Danach schilderte er den Mitgliedern beider Gruppen ein »Verbrechen« und fragte, welche Strafe sie jeweils dem Täter geben würden.

Diejenigen, die keine Musik gehört hatten, sagten »fünf Jahre Gefängnis«. Die Personen, die den Weihnachtsliedern *ausgesetzt* worden waren, wollten lieber eine Strafe von elf Jahren erteilen.

Frieden und Wohlwollen werden nicht dadurch verursacht, daß man davon singt; – an diesem Fallbeispiel konnten wir sogar das »Gesetz von der umgekehrten Wirkung« beobachten.

Was aus der Sicht der Sufis passiert, ist, daß der emotionale und nicht der spirituelle Pegel erhöht wird, und das Ergebnis, das auf das ungeläuterte Selbst wirkt, bringt die Charakterzüge ans Licht, die im Bewußtsein präsent sind und die weder durch früheres Training berührt, noch durch Musik und Lieder, also etwas, was angeblich mit dem Guten in Relation steht, verbessert (oder vielleicht verschlechtert) wurden.

Hinter dem Bild

Wir alle wissen, daß die Menschen andere nach der äußeren Erscheinung beurteilen, und daß die Kunst, ein gutes oder wirksames ›Image‹ zu entwickeln, wichtiger ist als der Mensch, der hinter dem Bild steckt. Was ist aber an diesem ›Bild‹ so falsch?

An einem Bild in diesem Sinn ist nichts falsch, aber wenn nichts anderes als ›Image‹ da ist, dann kann ein Mangel an Courage vorliegen und nur zu gut funktionieren, wie in dem Fall des Philosophen und der sündigen Gasse.

Der Philosoph und die sündige Gasse

Es war einmal ein Philosoph, der glaubte, die äußere Erscheinung spiegle so sehr die Wirklichkeit wider, daß Menschen, wenn sie etwas *tun*, was gut *aussieht*, auch gut *sind*. Er glaubte auch, daß man vermeiden sollte, schlecht auszusehen, denn die Leute könnten glauben, man sei tatsächlich schlecht.

Da fragte ihn einmal ein Sufi:

»Aber wenn der gute Anschein für Gut-Sein gehalten werden kann, welchen Namen geben wir dann dem wirklichen Gut-Sein? Wenn andererseits die Leute denken, daß etwas schlecht ist, nur weil es schlecht aussieht, welchen Begriff verwenden wir dann für etwas, was gut ist, aber schlecht aussieht, oder was schlecht ist, aber gut aussieht?«

Der Philosoph meinte darauf:

»Dies ist nichts als Wortklauberei. Ich glaube, daß Gutes zu tun auch gut ist.«

Wie es der Zufall wollte, war der Philosoph sehr kurzsichtig, weshalb er sich nur selten allein außer Haus wagte. Eines Tages beschloß er jedoch, trotz seiner Behinderung einen Spaziergang durch die Stadt zu unternehmen, in der er lebte.

So kam es, daß er durch eine Gasse bummelte, die nirgendwo andershin als zu einem sündigen Haus führte – und dabei wurde er von vielen geachteten Menschen der Stadt beobachtet.

Innerhalb von erstaunlich kurzer Zeit war es jedermann zu Ohren gekommen, daß man den Philosophen an einem Ort gesehen habe, wo man ihn nicht hätte sehen sollen.

Seine Schüler scharten sich um ihn und verlangten empört nach einer Erklärung.

Der Philosoph sagte:

»Meine lieben Freunde, ich kann nur sagen, daß mir aufgrund meines schwachen Augenlichts ein Versehen unterlaufen ist. Ich empfehle, euch anzuhören, was der Sufi zu diesem Thema und zu dieser Art von Verdacht und Urteil zu sagen hat.«

Aber die Schüler schrieen:

»Kommt, verlassen wir auf der Stelle diesen verachtenswerten Kerl! Er hat nicht nur etwas getan, was uns allen Unehre macht; sondern er unterstützt auch noch jenen berüchtigten Sufi, der, wie wir alle wissen, behauptet, der äußere Schein sei ohne Belang!«

Der Philosoph verlor natürlich seinen guten Ruf in der Stadt. Und er verlor auch all seine Schüler – weil er ihnen zu gut beigebracht hatte, nur auf den äußeren Anschein zu schauen. Und weil sie auf ihn gehört hatten, konnten sie ihn am Ende nicht verstehen.

Der Pfad des Tadels

Sie haben vom sogenannten ›Pfad des Tadels‹ gesprochen. Können Sie etwas mehr dazu sagen?

Der ›Pfad des Tadels‹ ist im Persischen unter der Bezeichnung *rahimalamat* bekannt. Obwohl man von einem ›Pfad‹ spricht, ist es in Wirklichkeit eine Phase der Aktivität und wird auf die verschiedensten Arten angewendet. Von den meisten Anwendungsarten hat man im Westen nicht einmal eine Ahnung. Manche Gebräuche des *Malamati*-Systems (oder Systems der ›Tadelswerten‹) sind nur ihren Anhängern bekannt oder denen, die Malamatismus studieren.

Die Malamati-Methode wird in vielen Mulla-Nasrudin-Geschichten verwendet. Daneben soll sie auch mit Freimaurer-Ideen eng verwandt sein. Freimaurer, die in der Türkei Kontakt zu Malamatis haben, wiesen darauf hin, daß es Affinitäten zwischen den Ritualen beider Gruppen gebe.

Der Lehrer läd »Tadel« auf sich. Er könnte z. B. eine schlechte Tat sich selbst zuschreiben, um einem Schüler zu lehren, wie er sich zu verhalten hat, ohne ihn direkt zu kritisieren. Zu direkter Kritik kann man nämlich nicht immer greifen, um das Hindernis einer schlechten Charaktereigenschaft abzubauen. Dies ist der Moment, wo die Malamati-Erfahrung zum Zug kommt.

Wenn Sie sagen: »Ich habe die schlechte Angewohnheit, dies oder das zu tun oder zu denken«, dann entfernen Sie den persönlichen Aspekt und verhindern damit, daß die Bemerkung vom Selbstwertgefühl des Lernenden abgeblockt oder geschluckt wird.

Viele Leute folgen dem Malamati- (oder tadelnswerten) Verhalten, indem sie sich sogar selbst als Übeltäter ausgeben, um diese Charakterzüge in anderen sichtbar zu machen. Der Grund dafür ist der, daß der Mensch, sobald er einen anderen etwas tun sieht oder sagen hört, dazu neigt, im stillen ein Urteil über ihn zu fällen. Rumi und andere bezeichnen dies als »sich einen Spiegel vorhalten und das Spiegelbild als den anderen Menschen bezeichnen«.

Ein typisches Merkmal von *gumrahis* (Verirrten) oder Lehrern mit niederem Potential ist es, daß sie der Versuchung erliegen, von dieser Technik in massiver Form Gebrauch zu machen, denn das Malamati-Verhalten darf nur mit größter Vorsicht verwendet werden.

Der erste, der dieses System publik machte, war Dhu'n-Nun Misri (»der mit dem Fisch«), der mit der Deutung von altägyptischen Lehren in Verbindung gesetzt wird.

Perspektive

Sie sagen, Sie halten nichts von der Verwendung von Büchern, um Omen und Antworten auf Fragen zu finden. Ich habe jedoch festgestellt, daß ich mich, wenn mich eine brennende Frage beschäftigt, jedesmal viel besser fühle, wenn ich ein bestimmtes Orakelbuch wahllos auf irgendeiner Seite aufschlage und die dort stehende Botschaft lese. Und im allgemeinen finde ich auch, daß dort gute Ratschläge geboten werden.

Im Zusammenhang mit Omen und dergleichen sollten Sie sich über eines im klaren sein: Wenn man Leuten, die z. B. »unter dem Zeichen Zwillinge geboren« sind, das »Horoskop« für Leute vorliest, die »unter dem Zeichen Widder (oder Stier oder unter sonst einem) geboren« sind, dann werden sie mit überwältigender Mehrheit bestätigen, daß es sie treffend beschreibt – vorausgesetzt natürlich, man gibt es als »Zwillings«-Horoskop aus und verrät nicht, daß es sich um ein ganz anderes handelt! Somit haben wir es hier mit der Macht der Suggestion zu tun.

Was den Wert von etwas betrifft, das noch so kurios sein mag, aber dazu führt, daß wir uns besser fühlen, so lassen Sie dabei die Frage unberücksichtigt, ob etwas, was dazu führt, daß Sie sich besser fühlen, nicht auch dazu beiträgt, daß Sie sich zwar nicht schlechter *fühlen*, aber daß es Ihnen schlechter *geht*.

Dazu gibt es eine kurze Geschichte, die eine Perspektive aufzeigen soll, die Leuten in Ihrer Situation fehlt:

Es war einmal eine alte Frau, die ein Huhn zum Markt trug, denn sie war entschlossen, es loszuwerden, da es aufgehört hatte, Eier zu legen. Aber niemand wollte das Geflügel haben. Da kam die Alte schließlich auf eine Idee. Sie ging zu einem Zahnarzt und fragte ihn: »Könnten Sie mir für diese Henne einen Zahn ziehen? Immerhin wird es Sie nichts kosten, Ihre Kunst auszuüben, und Sie bekommen dafür noch dazu ein Huhn.«

Der Zahnarzt war einverstanden. Aber nachdem er den Zahn gezogen hatte, fragte er: »Warum sollte ich denn diesen Zahn ziehen – er war doch völlig gesund?«

»Das schon«, sagte die Frau, »aber irgendwie mußte ich doch das Huhn loswerden, oder!«

Vielleicht konnten Sie »das Huhn loswerden« – aber die Frage ist: zu welchem Preis?

Besitz und besitzen

Wird Besitz und Besitzen im Bewußtsein der Leute nicht mit ›Beziehungen‹ verwechselt? Und hat dies nicht etwas mit unserem Eigenwillen zu tun?
Ja, beides wird miteinander verwechselt. Denken Sie nur an die verschiedenen Verwendungen des Possessivums »mein« und wie es mit der Art verbunden ist, wie wir über uns denken. Nehmen wir ganz zufällig die Beispiele: »mein« Vater, »mein« Sohn. Zu beiden stehen Sie in einer unterschiedlichen Beziehung, aber für beide verwenden Sie dasselbe Bezugswort. Oder nehmen Sie »mein« Geld, etwas, worüber Sie angeblich verfügen – und »meine« Tasse, etwas, woraus Sie zufällig gerade trinken und das während dieses Zeitraums als Ihr Eigentum betrachtet wird.

Aus unserem Blickwinkel können wir hier eine ungeheuere Ineffizienz in der Arbeitsweise des Verstandes erkennen, da diese aufgrund der Konnotationen des Wortes »mein« eine Art von »mein« einfach von einer Situation auf eine andere überträgt und sich damit selbst durcheinanderbringt. Andererseits gibt es aber auch qualifizierte und absolute – scheinbare – Arten von »mein«. Auch hier gerät man in die Falle. »Meine Pflicht« etwa ist nicht absolut, außer es ist eine Art von Pflicht, die nur wenigen Menschen wirklich bekannt ist. Aber da das Wort »Pflicht« mit der Zeit die Bedeutung von etwas Beständigem angenommen hat, gerät der Verstandesmechanismus durcheinander und kann nicht immer feststellen, wann eine bestimmte Pflicht in Wirklichkeit aufgehoben wurde. Daher versuchen die Menschen weiterhin Pflichten zu erfüllen, die keine Pflichten mehr sind (sofern »Pflicht« etwas Beständiges für sie bedeutet); oder sie betrachten eine langfristige Pflicht manchmal als eine kurzfristige.

Dies alles ist kein reines Spiel mit Worten, sondern es zeigt auf, daß das Spielen mit Worten die Denkfähigkeit des menschlichen Verstandes ad absurdum führt. Eine fest etablierte präzise Methode des Denkens im weitesten Sinn gibt es nicht. Der Verstand, der mit so ineffizienten Materialien arbeitet, kann daher feiner nuancierte, d. h. präzisere oder wirklich objektive nicht erfassen.

Probleme der Welt

Unsere Gesellschaft befindet sich in einem Gärungsprozeß, und es wird ganz offen ausgesprochen, daß diese Zivilisation krank ist. Ich bin mir dessen bewußt, von wieviel Unrecht wir umgeben sind und welche materiellen Bedrohungen uns jeden Moment vernichten können. Ganze Gemeinschaften sitzen einander an der Kehle, und Übel, von denen wir glaubten, wir hätten sie besiegt, greifen in noch stärkeren Formen erneut um sich. Obwohl ich bereit bin, mein Scherflein beizutragen, und obwohl ich gute Werke und, so weit wie möglich, auch die Schwachen gegen die Starken unterstütze, wenn die Schwachen im Recht sind, möchte ich gerne wissen, wie wir überleben können, sofern wir überhaupt überleben werden. Eines der Dinge, die mir die meisten Sorgen machen, ist, daß rechtschaffene Menschen aus Blindheit die gröbsten Fehler begehen, wenn sie versuchen, in den besten Absichten oder aus objektiv moralischen Prinzipien zu handeln.
Wenn es kein Wissen, sondern nur Information gibt, werden die Menschen – im besten Fall – im Einklang mit dem

Umfang an Informationen handeln, der ihnen zur Verfügung steht. Im schlimmsten Fall, und das ist der häufigere, werden sie im Einklang mit Impulsen oder Emotionen handeln, die mit dem Intellekt verknüpft sind und ausgelöst werden durch das, was Sie als objektiv moralische Prinzipien bezeichnen. Der Ausdruck »objektiv moralisches Prinzip« ist freilich eine Phrase, die scheinbar ungeheuer viel, in Wirklichkeit aber nicht mehr als einmal gewählte Annahmen bedeutet.

Wenn Sie sich die Leute betrachten, die sich über das, was richtig ist, und das, was richtig zu tun ist, ernsthafte Sorgen machen, dann werden Sie feststellen, daß ihr dominierendes Wesensmerkmal darin besteht, daß sie Sorgenmacher sind. Sie machen sich Sorgen über Atombomben, über Unrecht und so fort. Sie treffen Entscheidungen als Ergebnis von Sorgenmachen. Und das Ergebnis, das dabei herauskommt, hat natürlich Schlagseite.

Diese Leute haben keinen echten Sinn dafür, was als Ergebnis einer bestimmten Handlung eintreten kann, und so handeln sie aus dem Augenblick heraus. Natürlich führen die Folgen ihrer Handlungen zu weiteren sorgenmachenden Entwicklungen. Sie hören nicht auf, zu glauben, das Erkennen eines Übels sei eine Sache und das Sich-Sorgen-Machen bis zu dem Punkt, wo man etwas dagegen unternimmt, sei eine andere Sache. Die Leute machen sich Sorgen über die Armut. Sie verbannen die Armut aus ihrer Mitte, und die Kriminalitätsrate steigt an. Daher machen sie sich nun wiederum Sorgen über die ansteigende Kriminalität, aber diesmal Sorgen, weil sie sich falsch verhalten haben.

Sie sagen nicht: »An unserer Art, die Dinge zu betrachten, muß etwas falsch sein, denn sie führt beständig dazu, daß wir diese furchtbaren Fehler machen.« Solche Leute sind Menschen, die nichts lernen und nichts vergessen. Solange sie nicht in der richtigen Weise nach dem richtigen Verstehen ihrer Situation suchen, werden sie den gleichen unvermeidlichen Weg beständig weitergehen.

Gegenleistung

Warum arbeiten Leute für Sufis und tun damit Dinge, die, wie mir scheint, in keinem Zusammenhang mit ihrem Studium stehen? Ich habe z. B. Schüler gesehen, die einen Sufi und seine Gäste sklavisch bedienten oder sich um sein Haus kümmerten und dergleichen mehr...

Weil der Sufi als Gegenleistung dafür alles in seiner Macht Stehende für sie tut. Wenn ein Installateur Ihre Wasserleitung reparierte und Sie dafür etwas für ihn tun würden, dann käme Ihnen das sicher nicht komisch vor, oder? Bedürfte es eines Kommentars, wenn ein Bäcker einem Metzger, der ihm ein Stück Fleisch gegeben hat, dafür einen Laib Brot gäbe? Oder würden Sie dann fragen: »Warum gibt der Bäcker das Brot her und warum nimmt der Metzger es an?«

Diese Frage stellen Sie überhaupt nur deshalb, weil Sie daran zweifeln, ob die Schüler für ihre Dienste etwas als Gegenleistung erhalten. Und daran zweifeln Sie nur deshalb, weil diese nicht etwas erhalten, was Sie in der Maßeinheit Gegenleistung messen können. Daher ist das nur Ihr Problem und nicht das der Schüler oder irgendeines anderen. Ihr Problem ist, die Stufe zu erreichen, auf der Sie die weniger grobe Gegenleistung zu erkennen vermögen, die der Lehrer erbringt. Wenn Sie zum Beispiel taub, aber nicht blind wären und sehen würden, daß man Ihnen etwas gibt, wobei Sie aber akustisch nicht verstehen könnten, *wofür* Sie es bekommen oder was es ist – denn es könnte etwas sein, was man nur hören, aber nicht sehen kann (z. B. eine Information) –, dann könnten Sie vielleicht eine ähnliche Bemerkung machen. Und die einzige Antwort an Sie, die Sie vielleicht unhöflich finden würden, die aber dennoch der Wahrheit entspräche, wäre in diesem Fall: »Da Sie taub sind, können Sie es nicht wissen, bevor Sie nicht hören können.«

Der Diamant

Wie viele Menschen wissen, ist es Brauch, ein Geschenk mitzubringen, wenn man eine spirituelle Persönlichkeit besucht. Das ist gewöhnlich zugleich ein Zeichen des Respekts, der Beweis eines persönlichen Opfers sowie etwas, was der Empfänger für barmherzige und andere Werke verwenden kann.

Es wird weithin geglaubt – und ich habe mich oft mit eigenen Augen davon überzeugen können –, daß Geschenke in Form von Sachwerten oder Geld, die einem Sufi gemacht werden, in den Bereich von wahrhaft bedeutenden Operationen und menschlichen Dienstleistungen gelangen – und dafür etwas als Gegengabe für den Gebenden auslösen.

Daß es zu dieser »Alchimie« jedoch nur bei wahren Sufis kommt, ließe sich durch verschiedene Vorfälle bestätigen, von denen ich ein typisches Beispiel anführen kann.

Ein Mann fand einmal einen stattlich großen Diamanten. Nachdem er ihn hatte schneiden und schleifen lassen, schenkte er ihn einem Derwisch und nicht einem Sufi. Als einen Derwisch könnte man, grob gesagt, das Pendant zu dem betrachten, was man im Westen als einen Mönch oder Klosterbruder bezeichnet. Im Osten werden solche Leute von den meisten lediglich als Menschen betrachtet, die nach höherem Wissen streben. Andere, wie der Mann, der den Diamanten fand, bilden sich dagegen ein, es wären Männer von Heiligkeit.

Der besagte Derwisch war zwar kein Dieb, und doch war er trotz allem, was er sich so einbildete, auch kein spiritueller Erdenbürger. Er gab den Diamanten einer Frau, die seit kurzem verwitwet war und mehrere Kinder durchzubringen hatte. Weil aber, so wird berichtet, das Vehikel, nämlich der Derwisch, außerstande war, den Diamanten so zu plazieren, daß seine Wirkung »in dem wirklich wichtigen Bereich« gesichert war, konnte sie nicht erkennen, daß er echt war. Sie gab ihn einfach einem der Kinder. Das kleine Mädchen benutzte ihn zum Spielen, bis es erwachsen war. Die Familie machte harte Zeiten durch, und der Diamant lag derweil achtlos in einer Nähschachtel.

Über zwanzig Jahre später entdeckte ihn der Mann, der ihn einst gefunden hatte, unter einem Haufen Krimskrams an einem Marktstand und kaufte ihn zum Preis von einem Laib Brot. Dann brachte er ihn zu einem Sufi, und der fragte ihn: »Was habt Ihr dafür bezahlt?« »Soviel wie für einen Laib Brot«, antwortete der andere. »Recht so«, sagte der Sufi, »denn mehr sind Dinge dieser Welt nicht wert. Und doch können wir damit einen ganzen Krieg abwenden.« Wie dies zustande kam, ist eine andere Geschichte – aber soviel sei gesagt: es funktionierte.

Empört

Welches sind die empörendsten Briefe, die Sie bekommen?
Die empörendsten von allen kommen von Leuten, die wissen möchten, warum mich etwas, was sie empört, nicht empört, und das reicht von der Politik bis hin zu Kritik an mir. Gleich danach kommen diejenigen, die empört sind, weil ich ihre Briefe nicht beantworte oder, noch wahrscheinlicher, weil ich ihnen nicht die Antworten gegeben habe, die sie haben wollten. Je mehr sie sich empören, desto mehr Briefe schreiben sie, so daß sie mich mit so vielen Briefen beehren, daß ich imstande wäre, nichts anderes zu tun, als sie zu beantworten, wenn ich sie beantworten müßte, doch dann bekämen sie natürlich ganz sicher keine Antwort und wären imstande, sich noch mehr zu empören.

Der böse Geist und das glückliche Paar

Es war einmal ein glücklich verheiratetes Paar, und da beschloß ein böser Geist, es zu entzweien. Zuerst wandte er sich in Gestalt eines alten Weibes an die Frau und flüsterte ihr zu, daß ihr Gemahl deshalb ein so zerstreutes Verhalten an den Tag lege, weil er in eine andere Frau verliebt sei. Danach begab er sich in Gestalt eines Handlesers zu ihrem Gemahl und erzählte ihm, seine Frau habe heimlich etwas mit einem anderen Mann.

Als der Ehemann an jenem Abend von seiner Arbeit nach Hause kam, war es nur natürlich, daß ihm mit seiner Frau nicht ganz wohl war und seiner Frau nicht mit ihm. Aus dieser gespannten Atmosphäre schloß jedoch er wie sie, daß irgend etwas an dem, was man ihm und ihr hinterbracht hatte, wahr sein mußte.

Natürlich waren sich beide ihres Verdachts nicht sicher, und dies blieb dem Dämon nicht verborgen, und so entwickelte er eine weitere Phase seiner Attacke auf das eheliche Glück. Der Frau erzählte er, daß er einen Zauber besäße, der die Treue ihres Gemahls wieder zurückbrächte. »Dieser«, sagte er, »läßt sich ausführen, wenn du ihm drei Haare aus dem Bart schneidest. Hier ist ein Rasiermesser, mit dem du es tun mußt.«

Dann sagte er dem Ehemann, der an der Wahrheit der Wahrsagung des Handlesers bereits zu zweifeln begann, daß seine Gemahlin noch in der nämlichen Nacht versuchen werde, ihn umzubringen.

Als der Mann nach Hause kam, schlug ihm seine Frau vor, sich doch ein wenig hinzulegen und auszuruhen, und dies tat er und gab vor zu schlafen. Sobald sie glaubte, der Moment sei sicher, holte sie das Rasiermesser hervor und schlich sich damit an ihn heran – und der Gemahl schlug die Augen auf und sah diesen »Beweis« ihrer mörderischen Absichten.

Der Ehemann, so fährt die Geschichte fort, tötete seine

Ehefrau, und die Nachbarn, zu Hilfe gerufen, erzürnt und von Panik ergriffen, töteten ihn. Am Ende ergriff ein jeder in Stadt Partei für ihn oder sie, es kam zum offenen Kampf, und fast alle fanden den Tod. – – –

Zum Autor

Idries Shah, geboren 1924 in Indien, entstammt einer alten afghanischen Familie, deren Ursprung über die des Propheten Muhammad hinaus bis auf die sassanidischen Herrscher Persiens zurückreicht. Er ist britischer Staatsbürger und Mitglied u. a. des »Club of Rome«, der »British Association for the Advancement of Science«, der »Royal Society« sowie Direktor des »Institute for Cultural Research«, London. Sein Œuvre von Publikationen über den Sufismus umfaßt inzwischen über dreißig Werke, mehrere davon als »Books of the Year« ausgezeichnet. Sein Buch »The Sufis« (dt., *Die Sufis. Botschaft der Derwische, Weisheit der Magier,* Diederichs Gelbe Reihe Bd. 27, 9. Auflage 1994) wurde in zahlreiche Sprachen übersetzt und gilt nach wie vor als das Standardwerk zum Sufismus.

Idries Shah
Die Sufis

Botschaft der Derwische, Weisheit der Magier
Diederichs Gelbe Reihe Band 27, 320 Seiten mit 4 Abb.
und Frontispiz

Das unerreichte Meisterwerk über den Sufismus von einem großem Sufilehrer. Der Sufismus, die Mystik des Islam, offenbart sich
in Lehrgeschichten der Derwische und Magier, die frappierende
Erkenntnisse enthalten. In ihnen bewahren sich Glaubensvorstel-
lungen, die im Westen in Vergessenheit geraten sind. An Deutun-
gen unerschöpflich reich, öffnen sich unserem Bewußtsein neue
Wege.

Omar Ali-Shah
Sufismus für den Alltag

Aus dem Englischen von Clemens Wilhelm
Bearbeitet von Kathleen Göpel
Diederichs Gelbe Reihe Band 101, 272 Seiten

Mit Weisheit und Klarheit, mit Witz und treffenden Bildern gibt
Omar Ali-Shah Richtlinien und Lösungswege vor, wie sich der
einzelne in der modernen Welt zurechtfinden kann, wie er handeln
kann und wie er in die Lage versetzt werden kann, wahre Erkenntnisse zu erlangen. Ein echtes Schlüsselbuch voller unkonventionel-
ler Impulse.

Eugen Diederichs Verlag

DIEDERICHS GELBE REIHE

DG 1   I Ging

DG 5   Han Shan: 150 Gedichte vom Kalten Berg

DG 6   Das Totenbuch der Tibeter

DG 7   Heinrich Zimmer: Der Weg zum Selbst

DG 8   Helmuth von Glasenapp: Pfad zur Erleuchtung

DG 12   Hellmut Wilhelm: Sinn des I Ging

DG 13   Geshe Lhündub Söpa u. Jeffrey Hopkins: Der Tibetische Buddhismus

DG 14   Dschuang Dsi: Das wahre Buch vom südlichen Blütenland

DG 15   Upanishaden

DG 16   Mahabharata

DG 17   Über den Rand des tiefen Canyon

DG 18   Popol Vuh

DG 19   Laotse: Tao te king

DG 20   Annemarie Schimmel: Rumi

DG 21   Bhagavadgita / Aschtavakragita

DG 22   Kungfutse: Gespräche. Lun Yü

DG 23   Al Ghasali: Das Elixier der Glückseligkeit

DG 24   Basil Johnston: Und Manitu erschuf die Welt

DG 26   Le Saux/Abhishiktananda: Die Spiritualität der Upanishaden

DG 27   Idries Shah: Die Sufis

DG 28   Liä Dsi: Das wahre Buch vom quellenden Urgrund

DG 29   Tantra in Tibet

DG 30   Chang Chung-yuan: Tao, Zen und schöpferische Kraft

DG 31   Li Gi. Das Buch der Riten, Sitten und Bräuche

DG 32   Annemarie Schimmel: Und Muhammad ist Sein Prophet

DG 33   Heinrich Zimmer: Indische Mythen und Symbole

DG 35   Der Sohar. Das heilige Buch der Kabbala

DG 37   Annemarie Schimmel: Gärten der Erkenntnis

DG 39   Emma Brunner-Traut: Die Kopten

DG 40   Orpheus. Altgriechische Mysterien

DG 42   Mong Dsi: Die Lehrgespräche des Meisters Meng K'o

DG 44   Thomas Hoover: Die Kultur des Zen

DG 45   Ramayana

DG 46   Germanische Götterlehre

DG 47   Hans Findeisen u. Heino Gehrts: Die Schamanen

DG 48   Rätsch/Ma'ax: Ein Kosmos im Regenwald

DG 51   Erfahrungen mit dem I Ging

DG 52   Franz Carl Endres u. Annemarie Schimmel: Das Mysterium der Zahl

DG 54   Nordische Nibelungen

DG 55   Mary Steiner-Geringer: Tarot als Selbsterfahrung

DG 56   Albert Y. Leung: Chinesische Heilkräuter

DG 57   Chactun. Die Götter der Maya

DG 61   John Blofeld: Taoismus

DG 62   Alfred Douglas: Ursprung und Praxis des Tarot

DG 63   Janheinz Jahn: Muntu

DG 64   Richard Wilhelm u. C. G. Jung: Geheimnis der Goldenen Blüte

DG 65   Astrologie des I Ging

DG 67   Heinrich Zimmer: Abenteuer und Fahrten der Seele

DG 68   Wolfram Eberhard: Lexikon chinesischer Symbole

DG 71 Christian Rätsch:
Indianische Heilkräuter

DG 73 Hans Wolfgang Schumann:
Der historische Buddha

DG 74 Heinrich Seuse u. Johannes
Tauler: Mystische Schrif-
ten

DG 76 Mahatma Gandhi: Weg-
weiser zur Gesundheit

DG 78 Robert Aitken: Zen als
Lebenspraxis

DG 79 Robert Aitken: Ethik des
Zen

DG 82 Annemarie Schimmel:
Muhammad Iqbal

DG 84 Namkhai Norbu: Der
Zyklus von Tag und Nacht

DG 85 M. Hiriyanna: Vom
Wesen der indischen
Philosophie

DG 86 Ikkyu Sôjun: Im Garten
der schönen Shin

DG 87 Chantal Zheng: Mythen
des alten China

DG 88 Rocque Lobo: Traum und
Karma im Ayurveda

DG 89 Uwe Topper: Sufis und
Heilige im Maghreb

DG 90 Taisen Deshimaru:
Die Lehren des Meister
Dogen

DG 91 Weisheit der Völker

DG 92 Volker Zotz: Der Buddha
im Reinen Land

DG 93 L. S. Dagyab: Buddhisti-
sche Glückssymbole im ti-
betischen Kulturraum

DG 94 Mo Ti: Von der Liebe des
Himmels zu den Menschen

DG 96 Benjamin Walker: Gnosis

DG 97 Seyyed Hossein Nasr:
Ideal und Wirklichkeit des
Islam

DG 98 Das Weisheitsbuch des
Zen

DG 99 Hans Wolfgang Schumann:
Buddhismus

DG 100 Peter Sloterdijk u. Martin
Buber: Mystische Zeugnisse

DG 101 Omar Ali-Shah: Sufismus
für den Alltag

DG 102 Annemarie Schimmel: Von
Ali bis Zahra

DG 103 Rients R. Ritskes: Zen für
Manager

DG 104 Barbara C. Sproul: Schöp-
fungsmythen der östlichen
Welt

DG 105 Barbara C. Sproul: Schöp-
fungsmythen der westlichen
Welt

DG 106 Geshe Thubten Ngawang:
Vom Wandel des Geistes

DG 107 Sri Chinmoy: Veden, Upanishaden, Bhagavadgita

DG 108 Friedrich Weinreb: Kabbala
im Traumleben des Men-
schen

DG 109 Dominique Viseux: Das
Leben nach dem Tod

DG 110 René Grousset: Die Reise
nach Westen

DG 111 Dennis Genpo Merzel:
Durchbruch zum Herzen
des Zen

DG 112 Åke Hultkrantz: Schamani-
sche Heilkunst und rituelles
Drama

DG 113 I. P. Couliano: Jenseits dieser Welt

DG 114 Hans Wolfgang Schumann:
Mahayana-Buddhismus

DG 115 Christian Rätsch: Heilkräuter der Antike

DG 116 Gerhard Wehr: Spirituelle
Meister des Westens

DG 117 Hartmut Kraft: Über innere
Grenzen

DG 118 Isabelle Robinet: Geschichte des Taoismus

DG 119 Idries Shah: Sufi-Wege zum
Selbst

DG 120 H. P. Blavatsky: Theo-
sophie und Okkultismus

Annemarie Schimmel
Mystische Dimensionen des Islam

Die Geschichte des Sufismus
736 Seiten, Leinen mit Schutzumschlag

Professor Annemarie Schimmel gibt hier erstmals eine fundierte Geschichte und Analyse der islamischen Mystik – des Sufismus – von den Anfängen bis zur jüngsten Entwicklung.

»Mystische Dimensionen des Islam ist ein Beweis dafür, daß akademische Gelehrsamkeit auch eine ästhetische Disziplin ist, denn hier liegt ein wahrhaft schönes Buch vor.«
International Journal for Philosophy of Religion

Annemarie Schimmel
Gärten der Erkenntnis

Das Buch der 40 Sufi-Meister
Diederichs Gelbe Reihe Band 37, 272 Seiten mit 40 Kalligraphien

Annemarie Schimmel präsentiert ein historisches Lesebuch der islamischen Mystik und zugleich eine Art Lebensbuch. Vierzig sufische Meister werden in Lehre und Dichtung dargestellt.

Michaela M. Özelsel
40 Tage

Erfahrungsbericht einer traditionellen Derwischklausur
Mit einer Einleitung von Annemarie Schimmel
237 Seiten, Festeinband

Das faszinierende Tagebuch einer deutschen Frau, die sich in Istanbul einer Derwischklausur und in 40 Tagen Einsamkeit und Fasten einen außergewöhnlichen Zugang zu Allah und zu sich selbst findet.

Eugen Diederichs Verlag